Parent responsable, enfant équilibré

www.quebecloisirs.com

UNE ÉDITION DU CLUB QUÉBEC LOISIRS INC.
© Avec l'autorisation des Éditions de l'Homme
© 2003, Les Éditions de l'Homme, une division du groupe Sogides
Dépôt légal — Bibliothèque nationale du Québec, 2003
ISBN 2-89430-609-1
(publié précédemment sous ISBN 2-7619-1799-5)

Imprimé au Canada

François Dumesnil

Parent responsable, enfant équilibré

Remerciements

L'auteur remercie la direction de l'hôpital Rivière-des-Prairies, soit le docteur Manuel Galiana, directeur des services professionnels, et madame Hélène Lamirande, chef du service de psychologie, pour le soutien dont il a bénéficié tout au long de la rédaction de cet ouvrage. Il remercie également mesdames Lysanne Langlois et Manon Guay, qui ont mis leurs efforts en commun pour en réaliser la mise en forme. Il tient enfin à souligner l'apport critique de son collègue et ami André Paquet en vue d'en assurer la rigueur.

Introduction

Il ne suffit pas de mettre un enfant au monde pour devenir parent. Peu de gens se demandent, au moment où ils décident d'avoir un enfant, s'ils disposent de ce qu'il faut pour accéder à la condition de parent. En fait, bien peu pensent même qu'il y a là matière à s'interroger, tellement il paraît évident que tout adulte normal possède les aptitudes nécessaires pour élever des enfants convenablement.

Selon cette logique, devenir un bon parent est perçu simplement comme une affaire d'expérience et toute personne peut un jour ou l'autre revendiquer une certaine compétence en la matière. Les ouvrages destinés à guider les parents dans l'éducation de leurs enfants ne font bien souvent que renforcer cette impression, du fait qu'ils réduisent la condition parentale à l'exercice d'une compétence. On y retrouve généralement un relevé des principales difficultés qu'un parent est susceptible d'affronter et la stratégie appropriée pour chacune d'elles. Un enfant refuse-t-il de participer aux tâches ménagères? Montre-t-il une disposition à la violence? Est-il incapable d'accepter une séparation? Manifeste-t-il une curiosité inhabituelle pour les activités sexuelles? Dans chaque cas le parent se voit proposer une attitude ou un comportement qui contribuera à faire disparaître le problème et lui permettra de jouer son rôle efficacement. Il s'agit seulement de trouver la bonne solution.

Si être parent se résumait à appliquer des stratégies éducatives, alors on pourrait admettre que le parent naît avec l'enfant, qu'être parent c'est d'abord assumer une fonction que chacun peut exercer avec plus ou moins de bonheur, selon son expérience et celle des autres. Or, la réalité n'est pas aussi simple. L'actualité montre quotidiennement des pères et des mères convaincus d'avoir donné une éducation adéquate à leur enfant, mais qui constatent leur échec avec dépit ou désarroi. Régulièrement, des parents témoignent dans les médias de leur expérience malheureuse avec des enfants rebelles, violents, décrocheurs, toxicomanes ou fugueurs. Ils affirment leur conviction d'avoir bien agi avec eux et manifestent leur incompréhension.

En l'absence de carences éducatives flagrantes, les observateurs sont naturellement portés à chercher des explications dans des facteurs extérieurs à la cellule familiale comme le système d'éducation, l'influence des camarades, les valeurs transmises par le cinéma et la télévision, les conditions économiques, l'avenir incertain ou peu reluisant pour les jeunes, la déshumanisation des grandes villes, l'isolement des petites, etc. Il s'agit là d'analyses un peu courtes. On ignore par exemple que de nombreux enfants exposés aux mêmes conditions défavorables se présentent, au terme de leur développement, comme des individus épanouis et sereins, capables de se réaliser et de vivre en harmonie avec leur entourage. Il est permis de penser que si certains s'en sortent moins bien, c'est qu'ils n'ont pas été suffisamment outillés pour combattre les multiples facteurs de stress en société ; cette hypothèse ramène en droite ligne à la famille et oblige à remettre en question la perception populaire concernant la condition parentale.

Quand des stratégies éducatives apparemment appropriées ne fonctionnent pas, certains observateurs se retranchent dans une forme de fatalisme : oui, prétendent-ils, on peut être un bon parent et se retrouver quand même avec des enfants à problèmes. Or, cette situation ne signifierait-elle pas que la réalité parentale est plus complexe qu'il n'y paraît à prime abord et qu'elle ne peut être réduite à une simple compétence ?

C'est ce que cet ouvrage vise à démontrer. Nous verrons d'abord ce qui fait d'une personne un parent, au-delà de la condition naturelle de paternité ou de maternité, puis nous examinerons ce que signifie être parent dans la vie quotidienne. Si chacun peut prétendre avoir dès sa naissance ce qu'il faut pour contribuer à mettre au monde un enfant, l'aptitude à favoriser son développement de façon optimale n'est pas, elle, génétiquement déterminée. On naît père ou mère, on devient parent. Nous allons décrire et analyser les conditions qui permettent de le devenir... et de le rester en dépit de tout ce qui nous en éloigne.

PREMIÈRE PARTIE

NOTIONS DE BASE

CHAPITRE PREMIER

LE PETIT D'HOMME[1]

Une fois leur petit mis au monde, les animaux adoptent généralement d'instinct les comportements requis pour orienter adéquatement son développement. Les humains ne peuvent cependant s'en remettre comme eux à une série d'automatismes pour mener à terme leur tâche parentale, car l'enfant humain est une réalité plus complexe dont il faut considérer le caractère singulier si on veut comprendre les particularités de son développement. C'est parce que le petit d'homme est plus qu'un animal, que le parent humain est plus qu'un père ou une mère.

Dès lors, il faut commencer par reconnaître ce qu'il y a de particulier dans la condition d'enfant. Ainsi, nous serons en mesure de déterminer les facteurs qui favoriseront son développement de façon optimale. C'est en sachant ce qui fait l'enfant que nous saurons ce qui fait le parent.

---

1. Cette expression est utilisée par Rudyard Kipling pour désigner Mowgli dans *Le Livre de la jungle.*

Vers l'humanisation

À bien des égards, le vécu du nourrisson s'apparente à celui des animaux. Pendant les premières semaines de sa vie, l'enfant ne présente que des besoins primaires et son existence est centrée sur sa quiétude physiologique. Ce n'est qu'après quelques mois qu'il se démarque significativement du monde animal, non seulement sur le plan intellectuel mais aussi sur le plan affectif.

En même temps que le nourrisson satisfait ses besoins, proteste énergiquement lorsqu'il ressent un inconfort, se calme lorsque l'irritant disparaît, exerce sa motricité et explore son environnement, il développe des liens privilégiés avec son entourage, le plus souvent avec sa mère en premier lieu, qu'il serait en mesure de distinguer très précocement selon ce que tendent à démontrer certaines études. L'expérience répétée d'être nourri, soigné, bercé, enveloppé, transporté et stimulé, en un mot materné, mène inévitablement à l'éclosion d'une familiarité qui va en s'accentuant; l'enfant en vient à ressentir comme apaisante, rassurante et plaisante la présence de certaines personnes, en raison des expériences gratifiantes auxquelles elles sont intimement associées. De là les réactions de joie à l'apparition du visage maternel ou, à l'opposé, les manifestations d'inquiétude face à des bras étrangers. Jusque-là, rien de bien différent de ce que sont susceptibles de vivre les animaux, dont le cheminement vers la maturité passe par une période de dépendance aux géniteurs!

Mais voici que quelque part entre les derniers mois de la première année et les premiers de la seconde, l'enfant commence à ressentir un nouveau besoin qui va marquer de son empreinte le cours de sa vie affective pour le reste de son existence. Auparavant, toutes les fois qu'il sollicitait le regard de son père ou de sa mère, c'était pour recevoir des soins. Parce qu'il avait froid ou faim, pour sortir de la baignoire, pour atteindre un objet hors de sa portée, pour être nettoyé, bercé, rassuré ou protégé d'un danger. Progressivement, le parent se trouve placé devant une attente nouvelle qui prendra éventuellement le pas sur toutes les autres et qui se situe en marge des rapports utilitaires entretenus jusqu'alors. L'enfant ne se satisfait plus d'être nourri, soigné et stimulé, il veut être regardé. Non seulement le parent doit-il lui donner ce qu'il veut, mais il doit en plus porter attention à ce qu'il fait de ce qu'il veut.

Pendant des années, la quête d'un regard constitue la toile de fond de chaque expérience vécue par l'enfant. Regard des parents d'abord, puis par extension, de tout l'entourage. Avec l'apparition du langage, l'importance de cette exigence devient encore plus manifeste. Chacune des prouesses de l'enfant, chaque nouvelle acquisition, chaque décou-verte est systématiquement suivie de l'incontournable «Regarde, maman!» ou «Regarde, papa!», formulé avec une insistance qui en signale l'urgence. Il faut le regarder marcher, courir, sauter, lancer, attraper, danser, grimper, etc. Il faut regarder chacune de ses productions, se montrer attentif à chaque nouvel apprentissage. Il faut même le regarder regarder (une émission de télévision, un spectacle). Et toute personne qui peut servir à cette fin est mise à contribution: les parents, les frères et sœurs, les oncles, les tantes, les voisins, la gardienne, les passants ano-nymes, et même l'automobiliste croisant son chemin, qu'il interpelle de la voix et de la main dans l'espoir d'obtenir un fugitif instant d'attention.

Il est ainsi évident que les enfants cherchent activement à capter l'attention[2] et que lorsqu'ils trouvent preneur, que ce soit au cours d'une réunion de famille ou dans la salle d'attente du médecin, ils ne lâchent pas prise facilement. La tante célibataire qui a voulu faire preuve de gentillesse en s'intéressant au dessin de sa petite nièce risque fort d'en recevoir une avalanche dans les minutes qui vont suivre. De la même façon, l'oncle qui s'est montré amusé par les pitreries de son

---

2. Il s'agit en fait davantage d'un besoin d'être investi que d'obtenir de l'attention. Nous préciserons la nuance un peu plus loin.

jeune neveu aura fort à faire par la suite pour le convaincre d'aller s'occuper à autre chose et de le laisser respirer.

Ces exemples font ressortir l'urgence unique dans laquelle les enfants se trouvent très tôt dans leur vie : canaliser sur eux les regards environnants. Nous ne faisons référence à l'activité visuelle que pour faire image, parce que c'est le plus souvent le regard qui est effectivement sollicité. La réalité est à la fois moins tangible et plus complexe. Ce que l'enfant demande n'est pas simplement de l'attention, comme on est porté à le croire. S'il en était ainsi, le regard d'un chien ou d'un chat suffirait à le satisfaire, ce qui est rarement le cas. L'enfant recherche le regard humain parce qu'il a besoin qu'on lui donne du sens et non de l'attention ; or, aucun autre regard que le regard humain ne peut donner du sens. C'est la conséquence affective de l'accession au fonctionnement symbolique, qui peut se définir comme la capacité de transformer la réalité tangible en représentations mentales.

Le passage du besoin d'avoir au besoin d'être (quelqu'un)

Au cours de la deuxième année de sa vie, l'enfant acquiert la capacité de s'abstraire de la réalité immédiate et de créer un univers parallèle peuplé de représentations. Il se représente tout ce qui existe, y compris lui-même. Il ne s'agit pas ici d'une simple image de son enveloppe corporelle mais bien de la constitution d'un personnage interne complexe qu'il désignera comme étant *je* ou *moi,* et auquel il cherchera par la suite à donner une consistance. Au besoin d'avoir qu'il partageait depuis sa naissance avec les autres animaux s'ajoute alors un besoin nouveau : *être.* On peut répondre à toutes ses exigences, lui donner autant de nourriture ou de jouets qu'il en veut, cela ne suffit plus. Il ressent le besoin impérieux d'alimenter la représentation naissante qu'il a de lui-même.

La quantité d'énergie déployée par l'enfant à partir de ce moment pour canaliser sur lui le regard des gens qui l'entourent indique deux choses : d'abord que le besoin d'être constitue une expérience vitale dont l'importance ne fait que s'accroître avec les années, ensuite que l'enfant n'est pas outillé pour le satisfaire par lui-même. L'accession à la capacité de se représenter soi-même vient en effet complètement changer les règles du jeu du point de vue de la finalité de l'existence. Dès l'instant où l'enfant découvre cette nouvelle dimension de lui-même, il se produit un déplacement des priorités. Il ne s'agit plus simplement de croître, se reproduire et mourir. L'enfant prend ses distances par rapport aux lois de l'espèce et s'engage dans une quête parallèle, celle de devenir quelqu'un. Le mouvement naturel d'actualisation du potentiel, normalement destiné à assurer la survie de l'espèce, est alors détourné de son cours et mis au service de la survie intérieure. Ce mouvement a dès lors peu à voir avec les impératifs conventionnels de conservation et de reproduction, et il peut même aller à leur encontre[3].

Au début, le besoin est ressenti confusément par l'enfant. Il est porté à solliciter le regard des gens qui l'entourent et à affirmer sa valeur sans véritablement réaliser ce qu'il recherche, mais il est conforté dans sa démarche par la sensation euphorisante qu'il éprouve lorsque quelqu'un s'intéresse à son activité. Graduellement, la nécessité se précise. Il veut *être* le plus possible, s'incarner dans une représentation en expansion continuelle. Chaque expérience nouvelle est susceptible d'avoir un caractère constituant et, ainsi, de le faire grandir intérieurement. Chaque fois qu'il apprend un nouveau mot, résout un problème, surmonte une difficulté, porte un vêtement neuf, improvise une finesse ou exprime une mimique originale, il se place en position de devenir davantage.

---

3. C'est le cas notamment des personnes qui se sacrifient pour leur idéal, à l'encontre du besoin de conservation, et de certaines qui entrent en religion, à l'encontre du besoin de reproduction.

Au fil du développement, cette dimension, d'abord secondaire, devient centrale et essentielle. L'enfant, qui agissait et faisait parallèlement l'expérience accidentelle d'être quelqu'un, commence à agir *pour* être quelqu'un. Sa préoccupation principale n'est plus d'accroître sa maîtrise sur le monde qui l'entoure comme c'est le cas chez les animaux, même si cette préoccupation demeure présente. Il concentre son activité sur ce qui lui permet d'avoir le sentiment d'être quelqu'un. Et il en sera ainsi pendant des années.

Prenons le cas d'une petite gymnaste de six ou sept ans qui passe une heure ou deux par jour à planer entre ciel et terre, ou celui d'un petit garçon du même âge qui, dès qu'il en a l'occasion, enfile ses patins et va s'exercer à lancer au filet; on est loin de l'adaptation si on considère la finalité ultime (gagner une médaille, un trophée) et tout autant du principe du plaisir si on s'attarde aux efforts déployés. Que dire de l'engouement universel pour des figures aussi populaires que Superman et les tortues Ninja, ou, à un autre niveau, pour Madonna et Michael Jackson! Des enfants peuvent en venir à organiser leur vie autour de tels personnages, cherchant toutes les occasions de les voir en action, se procurant leurs reproductions, les objets à leur effigie, empruntant leur langage, leurs gestes, leurs habitudes, leur tenue vestimentaire, etc. Ce ne sont pas là des phénomènes isolés mais une partie importante du quotidien de l'ensemble des enfants de tous âges. N'est-il pas étonnant que des enfants puissent se mettre ainsi en frais pour des activités dont le seul aboutissement possible est l'expérience d'une incarnation fugitive?

L'urgence *d'être* mobilise les enfants du lever au coucher. Elle fait pression en sourdine derrière chaque comportement, chaque échange, et elle détermine pour une large part l'humeur du moment. L'enfant a été choisi le premier pour répondre à une question, le voilà rayonnant! Il a été mis de côté lors d'un jeu, le voilà effondré! Il lui faut prouver qu'il a la plus belle bicyclette, qu'il a vu avant tous les autres le nouveau film à l'affiche. Il cherche à convaincre son entourage que c'est lui qui a le plus d'amis.

Il veut raconter l'histoire qui saura susciter l'intérêt général. Il craint de quitter ses camarades trop longtemps de peur de rater quelque chose.

À la maison, il se montre constamment aux aguets pour s'assurer que rien dans l'attitude de ses parents ne puisse être interprété comme l'indice d'une préférence pour un frère ou une sœur, préjudice ultime à son intégrité personnelle. Ce qu'il y a de plus intolérable pour un enfant qui est victime d'une injustice de la part de ses parents, ce n'est pas le préjudice lui-même mais ce qu'il indique. L'enfant qui a reçu une portion de dessert moins grande que celle de sa sœur ou qui a été écarté d'une sortie sans raison valable éprouve une sensation de privation objective, mais ce n'est rien à côté de la détresse intérieure causée par l'absence de considération à son endroit que signifie cette privation.

Au moment de l'accession à la pensée symbolique, l'enfant découvre donc une nouvelle dimension de lui-même : il a la capacité unique de s'incarner dans une représentation. À la capacité d'*avoir* qu'il partage avec les animaux se greffe ainsi la capacité d'*être*. La quête dans laquelle il s'engage alors modifie radicalement le cours de son développement ; sa préoccupation prioritaire devient la *croissance intérieure,* et l'acharnement qu'il met, à partir de ce moment, à s'approprier le regard des gens qui gravitent autour de lui indique qu'il est largement dépendant de son entourage pour atteindre son but.

Ce n'est certainement pas par choix, encore moins par plaisir, que l'enfant s'astreint, jour après jour, à solliciter à tout moment l'attention de ses parents ou à jouer du coude à la garderie pour obtenir sa part d'attention. Il se passerait certainement volontiers de cette contrainte s'il le pouvait. S'il persévère en ce sens, c'est uniquement par nécessité. À ce stade de son développement, il ne dispose pas de l'outillage nécessaire pour donner lui-même du sens à son activité et il se trouve de ce fait dépendant du regard des autres.

Plusieurs questions restent à explorer. Si l'enfant a besoin du regard d'autrui pour se constituer intérieurement, quel mécanisme lui fait défaut ?

Quand y aura-t-il accès? Quelles sont les conséquences de cette condition de dépendance? Ces interrogations mettent en évidence la nécessité de comprendre comment se construit cette intangible et pourtant si présente version de soi-même que l'on appelle le psychisme.

Le développement intérieur

Le processus par lequel un enfant en vient à s'incarner dans une représentation passe d'abord par l'expérience qu'il fait de lui-même dans un contexte donné. Il attrape une balle, tape sur un tambour, enjambe un obstacle, pousse un autre enfant qui voulait lui enlever son biscuit, renverse une lampe, fait la course avec son père, refuse d'aller se coucher, goûte à un nouvel aliment; dans chacune de ces situations, comme dans les centaines d'autres qui composent sa vie quotidienne, l'enfant se trouve en position d'*être* quelque chose. Chaque fois qu'il s'engage d'une façon ou d'une autre dans la réalité, son expérience est susceptible d'être retenue comme une composante de sa construction interne. Mais la correspondance entre ce qui est vécu à l'extérieur et ce qui est retenu à l'intérieur ne s'établit pas automatiquement, pour la simple mais étonnante raison que l'enfant n'est pas équipé pour la réaliser par lui-même. Il doit mettre son entourage à contribution.

Si l'enfant acquiert assez précocement la propriété d'*être,* ce n'est que plus tard, à la suite d'un processus de maturation, qu'il développera la capacité de se *regarder être*. Il vit le moment présent, mais il est incapable d'avoir le recul nécessaire pour mettre son expérience en perspective et ainsi donner du sens à son activité. Par analogie, on pourrait dire que l'enfant a l'outillage cérébral qu'il faut pour emmagasiner des photographies par lui-même, mais qu'il ne dispose pas de l'appareil lui permettant de les réaliser. L'objectif se situe dans l'œil de la personne qui le regarde. C'est pourquoi il s'engage dans ce qui se présente comme une chasse aux regards mais qui constitue essentiellement une quête de sens.

Chaque fois que l'enfant vit une expérience, il se tourne vers le parent pour savoir ce qu'il *est* à ce moment précis. Et c'est ce qu'il voit de lui-même dans les yeux de son parent qui détermine la nature et l'intensité de l'empreinte interne. Plus ce qui est vécu mobilise l'adulte de référence, plus l'empreinte devrait être forte. Réussit-il à lancer une balle avec précision? Réaction: «Tu es habile.» Attend-il son tour pour recevoir sa collation? Réaction: «Tu es patient.» Prête-t-il son jouet? Réaction: «Tu es gentil.» Il soulève une grosse pierre? Réaction: «Tu es fort.» Refuse-t-il de ramasser ses vêtements? Réaction: «Tu es paresseux.» Répond-il agressivement? Réaction: «Tu es impoli.» Démissionne-t-il devant une difficulté? Réaction: «Tu n'es pas persévérant.»

De chaque combinaison de l'expérience vécue et du regard posé sur elle émerge un élément de représentation dont l'intégration conduit à une réorganisation du portrait d'ensemble. La personne qui est présente à l'expérience de l'enfant et qui lui retourne une image de lui-même à partir du jugement qu'elle porte sur cette expérience *investit* l'enfant. Ce phénomène n'a que peu à voir avec le simple fait de donner de l'attention. Le regard, même furtif, posé par un voisin sur un enfant qui plonge dans sa piscine a plus d'effet que celui du chien qui reste assis pendant des heures à le regarder s'ébattre dans l'eau. Pourquoi? Parce que le chien n'est pas outillé pour retourner à l'enfant une image de lui-même; il peut être attentif, mais il ne peut pas signifier (donner du sens).

Cependant, pour que le regard humain se distingue effectivement du regard animal, il faut que la personne qui regarde soit présente à ce que fait l'enfant. Pour qu'une représentation puisse émerger, il faut que ce que l'enfant *est* dans un contexte donné fasse *impression* sur la personne de référence, ce qui n'est pas toujours le cas. Si je regarde un enfant et que ce qu'il fait me laisse complètement indifférent, aucune représentation ne pourra faire surface. C'est à partir de l'expérience que je fais moi-même de la réalité de l'enfant que se forme l'image que je vais lui retourner. Si mon enfant me montre un dessin que je regarde distraitement, sans prendre le temps d'évaluer l'effort déployé et d'en objectiver la valeur même sommairement, je ne ressentirai rien d'authentique dans la situation et, par conséquent, l'enfant ne se sentira pas vivant dans mes yeux. Et s'il insiste jusqu'à en devenir indisposant, je vais alors ressentir quelque chose que mon regard et toute mon attitude vont lui communiquer, mais qui n'aura rien à voir avec sa production; il va intégrer, non pas qu'il est doué, mais qu'il est exaspérant.

Le désir de faire émerger une représentation de soi est présent à divers degrés chez tous les individus. Par exemple, certains accordent une importance démesurée au fait d'être vu à la télévision; ils entretiennent l'illusion que la canalisation sur soi d'une grande quantité de regards, même de façon gratuite (sans réaliser une performance qui donne une raison d'être vu), peut compenser leur peu de valeur objective. L'impression interne est très forte sur le coup mais, devant le peu de support de la réalité, l'image de soi constituée au moment de l'expérience s'estompe graduellement jusqu'à disparaître complètement.

La possibilité de faire émerger chez autrui une représentation de soi constitue une condition essentielle au développement de l'enfant. Lorsque personne n'est à l'écoute de ce qui est vécu, il n'y a pas d'impression de l'expérience. Celle-ci demeure non significative et sans valeur constituante. Qu'il s'agisse d'un casse-tête terminé ou d'une pirouette réussie tout aussi bien que d'un coup de pied asséné à un pair ou d'un jus renversé, tant qu'on a pas dit à l'enfant ce qu'il *est* (tant qu'on ne l'a pas signifié), ce qu'il fait peut difficilement franchir la barrière du ressenti immédiat pour devenir une donnée permanente de l'identité personnelle. Ainsi, un enfant qui a réussi une performance digne de mention sans disposer d'une preuve tangible à présenter aux personnes qui ont le pouvoir de donner du sens à ce qu'il fait éprouvera un fort sentiment d'insatisfaction[4]. De là l'importance des trophées, des médailles, des diplômes et des certificats en tous genres.

L'importance de l'investissement dans le développement

De l'enfant qui évolue sans que ses parents soient présents à son expérience, on dira qu'il n'est pas investi. Cette formulation ne signifie pas qu'il est complètement laissé à lui-même. L'absence d'investissement et la négligence sont des situations souvent convergentes, mais elles ne vont pas nécessairement de pair. Il se peut que l'enfant reçoive les soins dont il a besoin et qu'il soit encadré de façon socialement acceptable ; il mange alors à sa faim, va à l'école, joue avec ses amis. Ses parents assument leur responsabilité telle que le législateur la conçoit, en veillant à assurer la supervision nécessaire au maintien de son intégrité corporelle ; ils le soignent lorsqu'il est malade, lui tiennent la main lorsqu'il traverse la rue, interviennent lorsqu'il dépasse les limites tolérables, lui procurent le matériel scolaire dont il a besoin, fêtent son anniversaire et se rendent à l'école pour recevoir son bulletin. De tels comportements entretiennent l'impression que les parents incarnent la dimension parentale de façon irréprochable, alors qu'en réalité ils se limitent à satisfaire aux exigences minimales que la réalité impose ; ils ne font que garantir l'intégrité physique de leur enfant, ne se préoccupant aucunement de le faire vivre en eux. Dans un tel contexte, celui-ci se développe sous des apparences de normalité qui masquent des carences intérieures ; il en résulte un sentiment de manque intense et

---

4. On peut penser ici au syndrome de la quatrième place, c'est-à-dire au profond sentiment d'échec accablant le concurrent qui n'a pas accès au podium ; il n'est qu'à un rang de celui qui occupe la troisième place, pourtant un fossé émotionnel le sépare de celui-ci.

persistant qui déterminera le fonctionnement de l'enfant pour le reste de son existence.

Une personne qui n'a pas été investie en bas âge traîne le plus souvent une détresse existentielle latente, ponctuée de mille et une tentatives pour combler son *manque à être*. Un tel adulte sollicite sans cesse le regard des gens qu'il rencontre. Il parlera plus fort que les autres et tentera constamment de se mettre en évidence, en bien ou en mal pourvu qu'on s'intéresse à lui. Il s'appliquera à convaincre qu'il est quelqu'un, sans être en mesure de faire les efforts nécessaires qui y conduisent. Il tentera de compenser sa maigre substance intérieure par des artifices destinés à faire illusion, que ce soit une coupe de cheveux excentrique, des accessoires vestimentaires superflus ou des gadgets extravagants. L'indice objectif de sa condition de carence sera toujours le besoin manifeste et insatiable d'être vu, peu importe par qui.

Cependant, être investi ne garantit pas automatiquement l'accès à un développement satisfaisant. Être présent à l'expérience de son enfant est une chose, mais encore faut-il que l'image reflétée soit conforme à la réalité. Le parent n'est pas une simple mécanique perceptuelle mais une personne vivante qui a ses propres besoins; ceux-ci exercent une pression et risquent de déformer le regard signifiant posé sur l'enfant. Voici deux exemples qui illustrent ce type d'interférence.

Une femme négligée et maltraitée durant sa jeunesse décide d'avoir un enfant pour combler le vide affectif qu'elle ressent. Son besoin est tellement fort et sa vulnérabilité tellement grande qu'elle est naturellement portée, dans son contact quotidien avec son enfant, à lui demander constamment de prendre soin d'elle et à solliciter son affection, tout en se montrant elle-même incapable d'être attentive aux besoins exprimés. L'enfant en retient qu'il est mauvais s'il pense à lui et méchant si, pendant un court moment, il n'est pas débordant de tendresse. Son développement intérieur s'en trouve complètement faussé. Il s'efforce de correspondre à une image d'altruisme et de sollicitude élaborée de l'extérieur à partir des besoins de sa mère, ce qui le conduit à mettre en veilleuse ses propres sentiments, désirs et attentes, qui n'en continuent pas moins de faire pression en sourdine. Comme ce qu'il incarne ne coïncide pas avec sa représentation, il devient étranger à lui-même.

Un père en mal de grandeur a tendance à placer son garçon sur un piédestal. Il raconte, détails à l'appui, chacun de ses gestes, monte en épingle ses résultats les plus ordinaires, dépense sans compter pour ses activités de loisir sans cependant l'aider à s'y réaliser, cherche à lui faire accorder un statut privilégié dans certaines circonstances, et ainsi de suite. L'objectif visé est clair : placer son enfant en position d'être reconnu comme grand et obtenir lui-même une part de cette reconnaissance. L'enfant ne demande pas mieux que de croire en cette image exceptionnelle de lui-même, mais c'est là le problème. Il devient prisonnier de cette image, qu'il va tenter de maintenir à bout de bras en dépit de la réalité. N'ayant pas été habitué à faire des efforts pour s'actualiser, il cherchera constamment à convaincre son entourage de sa valeur illusoire.

Ce n'est donc pas parce qu'un enfant est investi que son développement sera forcément harmonieux. L'exposition permanente au regard d'un adulte déformé par ses propres besoins peut fausser l'investissement et provoquer des malaises existentiels profonds. Loin d'être passif, l'enfant demeure attentif à tout ce qui se vit en rapport avec lui ; il est naturellement porté à orienter son fonctionnement de façon à constituer un pôle d'investissement intéressant, quitte à s'éloigner de lui-même.

Il convient ici de faire le point sur deux notions fondamentales esquissées dans les paragraphes précédents. Il a d'abord été question de *donner du sens* à ce que vit l'enfant, puis *d'investir* cet enfant. Ces expressions, qui évoquent toutes deux le registre relationnel dans lequel se situe le développement de l'enfant, peuvent être associées, mais elles ne sont pas synonymes. Investir un enfant, au sens large du terme, ce n'est pas seulement lui dire ce qu'il est, c'est aussi le déterminer. Le parent n'est pas un simple spectateur qui se borne à être présent aux expériences de son enfant en espérant qu'elles prendront un cours favorable. Sa mission est de l'amener à incarner ce qu'il peut être de mieux, compte tenu de ses besoins, de son potentiel et des limites qu'impose la réalité.

À ce stade, on peut vraiment distinguer la nature de ce qui est proprement humain chez l'enfant et, par voie de conséquence, la particularité de la condition de parent. Ce qui fait l'enfant humain, c'est le besoin d'*être* qui donne une extension formidable à son entité, en greffant à son enveloppe corporelle finie une construction immatérielle pratiquement sans limite. Et ce qui fait le parent, c'est la capacité de répondre à ce besoin. D'abord en permettant à l'enfant de parvenir à un aménagement interne riche et harmonieux. Ensuite en mettant en place les fondations qui conduiront à l'émergence chez ce dernier de son propre parent intérieur. Comment ? La suite de cet ouvrage le précisera.

CHAPITRE 2

LE PARENT INTÉRIEUR

La naissance du parent à l'intérieur de chaque individu se produit aux environs de la septième année, c'est-à-dire à ce stade que le sens commun a depuis longtemps identifié comme l'âge de raison. Il s'agit en fait d'un âge charnière dans un processus amorcé dès le début de la symbolisation et qui ne se terminera, dans le meilleur des cas, qu'au sortir de l'adolescence, avec l'accession à l'autonomie cognitive et affective qui constitue l'entrée dans le monde adulte.

On peut déceler l'existence encore embryonnaire de ce parent intérieur chez le jeune enfant en se montrant attentif aux premières expressions du langage. L'enfant fait alors référence à lui-même par l'usage de la troisième personne du singulier dans de courtes phrases: par exemple, «Karine a bobo», «Pierrot veut pipi». La formulation que l'enfant privilégie spontanément peut sembler banale, mais elle révèle une particularité fondamentale de son fonctionnement mental: la dualité psychique.

Quand on entend «Karine a bobo», on a devant soi quelqu'un qui a mal et quelqu'un qui nous dit que quelqu'un a mal. Il y a Karine, qui est la référence interne commune pour toutes les expériences personnelles. Et il y a le témoin de ce qui est vécu par Karine. Ce témoin, dont la seule compétence à ce stade est de communiquer sommairement ce qui est vécu, va se développer parallèlement à l'identité pour constituer une structure interne complexe et indépendante que l'on désignera précisément comme le parent intérieur.

Au cours de son développement ultérieur, l'enfant sera amené à opter pour un raccourci grammatical (la première personne du singulier, c'est-à-dire *je),* qui ne modifiera en rien sa dualité psychique, bien qu'elle soit moins évidente. Quand un enfant annonce «Je suis content» ou «Je m'ennuie», il porte un jugement sur ce qu'il vit. Il jouit de la double capacité de faire une expérience (être content, s'ennuyer) et de faire état de cette expérience, de poser un regard sur elle. Il pourrait tout aussi bien dire «Je *est* content» ou «Je *s'*ennuie». Cette double position dans le rapport avec soi-même se manifeste avec encore plus de clarté lorsque le développement de la capacité de perspective permet de faire des phrases comme «Je ne serai pas capable de faire face à cette situation»; la personne communique alors que ce qu'elle incarne (ce qu'elle est) ne sera pas en mesure de survivre comme réalité intérieure devant le caractère éprouvant d'une situation donnée. Elle pourrait tout aussi bien dire : «Je (ce que je suis) ne *sera* pas capable de faire face à cette situation.»

Tous les êtres humains normalement développés ont, à divers degrés, cette double propriété d'être et de se regarder être, d'exister par l'expérience vécue dans une situation particulière et d'être conscient de cette expérience. Quand une personne dit ou se dit «Je suis mieux de ne pas y aller maintenant parce que je ne me contrôlerai pas», elle a recours à une double référence à elle-même qui ne peut être réduite à une simple convention grammaticale. Il y a cohabitation chez le même individu d'une entité qui porte un jugement sur la situation (celle qui dit qu'elle est mieux de ne pas y aller) et d'une autre dont l'expression est mise en veilleuse par la première (celle qui est susceptible d'exploser); et la première semble mandatée pour prendre soin de la seconde.

Ce phénomène est aisément repérable dans les conversations de la vie courante. Des affirmations comme «Je vais me prendre en main» ou «C'est plus fort que moi» en sont des illustrations. Il n'est pas rare qu'au cours d'une discussion, il y soit fait référence spontanément; des expressions comme «Regarde-toi aller» ou «Prends soin de toi» témoignent d'une dualité reconnue chez la personne à qui l'on s'adresse.

Ce qui est intuitivement perçu, c'est qu'il y a deux interlocuteurs potentiels en chacun de nous. Il ne s'agit pas d'abstractions mais de deux zones d'influence reconnaissables et interdépendantes, mais qui, chacune de son côté, constituent l'aboutissement d'un parcours de développement spécifique. D'un côté il y a celui qui vit, qui ressent; de l'autre, celui qui regarde ce qui est vécu et que nous considérons comme un acteur déterminant qui peut exercer une influence sur l'expérience dont il est le témoin. Le premier (celui qui ressent) sera identifié comme l'enfant, le second (celui qui influence), comme le parent.

L'enfant intérieur

L'enfant peut se définir comme la convergence du corps et de son extension conceptuelle (représentation de soi). C'est ce que l'on est comme personne incarnée, donc ce qui peut être affligé, menacé ou blessé, tant physiquement que mentalement. C'est le porteur de la vie pulsionnelle organisée autour des instincts de conservation et de reproduction. C'est le moteur de l'actualisation. C'est le représentant des besoins de tous ordres et, ultimement, du besoin d'être qui se traduit par la quête de sens.

Contrairement à ce qui est souvent affirmé dans certains ouvrages de psychologie populaire, pour retrouver l'enfant en soi il n'est nécessaire de chercher ni bien loin, ni bien longtemps. Cet enfant est le plus souvent à fleur de peau. Chaque fois que le besoin d'être se fait sentir, c'est l'enfant en soi qui s'exprime.

Mon enfant intérieur se manifeste lorsque...

- assis devant le téléviseur ou dans un amphithéâtre, je vibre à l'unisson avec l'équipe locale à laquelle j'ai délégué le pouvoir de me faire grandir, indépendamment de toute contribution personnelle réelle ;
- sous une chaleur accablante, je me retrouve aux côtés de milliers d'autres personnes, prêt à franchir sans aucune nécessité objective et au péril de ma santé des dizaines de kilomètres à la course, dans le seul but d'accomplir une expérience de dépassement personnel ;
- au cours d'une conversation, la discussion devient animée parce que je suis incapable de dissocier mon point de vue de ce que je suis, et je ressens qu'avoir tort est une atteinte à mon intégrité personnelle ;
- je passe des heures à sillonner les magasins à la recherche du vêtement qui me permettra de faire impression ;
- j'invective le pilote de l'automobile qui me serre d'un peu trop près ;
- je rougis à un compliment ;
- je transpire avant de monter sur scène ;
- j'exulte au moment où la balle traverse le vert et pénètre dans le trou,
- j'essuie une larme quand le film se termine sur la mort du héros.

Il n'est pas possible de relever toutes les situations où l'enfant en soi est susceptible de s'exprimer. On peut cependant le reconnaître aisément grâce à ce simple indice : l'émotion. Chaque situation de la liste ci-dessus est organisée autour d'une trame émotionnelle qui en constitue le moteur. La présence de cette dimension peut être considérée comme l'indice objectif de l'entrée en scène de la composante infantile de la personne. Du moment que ce que l'on *est* se trouve en cause, il y a activité émotionnelle.

Une personne est atteinte dans son estime d'elle-même, elle se sent déprimée. Elle est menacée d'être remise en question, elle se sent anxieuse. Elle résiste à une attaque à son intégrité, elle est agressive. Ainsi, lorsque dans une situation donnée ce que l'on *est* prend de l'expansion (marque d'admiration, performance satisfaisante), on se sent euphorique. À l'opposé, lorsque ce que l'on *est* se rétracte (rejet, défaite), on se trouve aux prises avec un mouvement dépressif éprouvant. Et si l'on doit exécuter une performance dont la réussite ou l'échec pèsera lourd dans l'évaluation de sa valeur personnelle (conférence, spectacle, examen, compétition), on fera l'incontournable expérience de ce dérivé psychique de la peur qui s'appelle l'anxiété[5]. La vie émotionnelle oscille pour une bonne part entre les hauts et les bas du besoin d'*être*.

Voilà pour ce qui est de l'enfant en soi. Il y aurait encore beaucoup à en dire, mais l'important pour le moment est de reconnaître son existence. Quand je dis «Je sais que je suis difficile à supporter, mais je sais que je peux changer», on peut comprendre que je cherche à signifier:

1° que je sais que ce que j'incarne comme individu (mon enfant intérieur) est difficile à supporter,

2° mais que je sais aussi que cette incarnation de moi-même peut être l'objet de certaines transformations.

À partir de là, il reste à considérer l'autre dimension de soi, celle qui *sait* et que nous avons associée d'entrée de jeu à la condition de parent.

La réalité du parent intérieur

L'enfant ne règne pas en maître absolu à l'intérieur de la personne. Du moins pas toujours. Il arrive qu'un autre personnage se dresse et impose son autorité au nom d'une finalité qui ne coïncide pas forcément avec la satisfaction immédiate des besoins. Si ce personnage autoritaire n'existait pas, on n'entendrait jamais de propos comme «Je mourais

---

5. Différence entre peur et anxiété: la peur est éprouvée quand l'intégrité physique est menacée alors que l'anxiété est ressentie lorsque c'est l'intégrité psychique qui est en jeu.

d'envie d'aller à cette soirée, mais j'ai décidé de me reposer pour être au sommet de ma forme au moment de la compétition», ou encore «J'étais terrorisé à l'idée de l'affronter mais j'y suis allé quand même, parce que si je ne l'avais pas fait, je n'aurais plus été capable de me regarder dans une glace».

Ces deux exemples mettent en cause un fort besoin qui fait pression en rapport avec une expérience donnée, souhaitée dans un cas, appréhendée dans l'autre. L'enfant en soi désire se rendre à la soirée, de même qu'il est porté à éviter l'affrontement; mais voici qu'un autre pôle d'influence se manifeste et fait obstacle au besoin, statuant que ce qui est désiré par soi n'est pas ce qui est le mieux pour soi. Le parent a parlé.

Cette activité cérébrale s'exerce en marge de ce qui est vécu et s'expérimente comme un état de conscience dont la finalité première est de favoriser l'adaptation. Cet élément est crucial et devrait dissiper toute équivoque. Car sous sa forme achevée, le parent en soi n'a pour mission ni de satisfaire les besoins ni de s'y opposer. C'est une structure mentale sans allégeance pulsionnelle. Même si elle est issue d'un développement cérébral et que son destin est intimement lié à celui de l'individu qui l'abrite, elle n'en est pas l'esclave servile. Son fonctionnement est régi par les lois de l'adaptation et sa priorité est d'être facteur de croissance.

Quand je me prive d'aller à une soirée agréable ou que je m'oblige à me rendre à un rendez-vous éprouvant, je vais directement à l'encontre du besoin du moment. Le parent en moi me place délibérément en position de faire l'expérience d'une souffrance réelle. Des situations de ce genre sont monnaie courante. Telle personne se prive de manger à sa faim parce qu'elle veut améliorer son apparence; telle autre s'arrache à son lit pour se rendre à son travail; une autre se soumet à des lectures fastidieuses pour obtenir un diplôme ou à des exercices astreignants pour améliorer sa condition physique. Dans tous les cas, le parent passe outre aux doléances de l'enfant en soi et oriente l'activité selon un impératif qui transcende dans une certaine mesure l'expérience du moment.

Il n'est pas question ici de l'expérience tyrannique et irrationnelle qui pousse certaines personnes, sous une pression interne inconsciente, à s'imposer de multiples contraintes en dehors de toute nécessité objective. Il y a une différence importante entre une personne qui se soucie de son apparence pour se donner la possibilité de vivre les expériences relationnelles les plus satisfaisantes possible et une autre qui, comme c'est le cas dans l'anorexie, met sa santé en péril pour se soumettre à des exigences qui lui sont étrangères. De la même façon, on ne peut mettre sur un même plan celui qui travaille pour améliorer sa qualité de vie et celui dont l'acharnement au travail lui interdit toute qualité de vie.

Le parent, comme interlocuteur interne, est issu de l'évolution et, à ce titre, sa préoccupation première est de favoriser la meilleure actualisation du potentiel. Pour y parvenir, il ne fait pas que jeter un regard critique sur l'expérience, il la prend en charge. Il prend soin de ce que l'on est et nous amène à incarner ce que l'on peut devenir de mieux de façon à optimiser notre rayonnement. Dans les deux exemples de référence (s'abstenir de se rendre à une soirée, s'obliger à aller à un rendez-vous), le parent intérieur ne se laisse pas arrêter par le besoin du moment parce que, dans le premier cas, sa priorité est une plus grande réalisation de soi (remporter une compétition) et dans le second, le maintien de l'intégrité personnelle (assumer ses obligations). La capacité de perspective du parent intérieur lui permet de déterminer ce qui aura l'effet le plus positif sur soi-même, car pour un être humain, l'objectif ultime est d'*être* à la mesure de son potentiel.

L'action du parent intérieur ne s'arrête pas là. Il ne se borne pas à orienter l'activité en fonction de ce qui est le mieux *pour soi*, car il cherche toujours à déterminer ce qui est le mieux *en soi*, compte tenu de l'ensemble des expériences exposées à son regard. Son aptitude à tenir compte non seulement de l'enfant dont il procède (faire le mieux pour soi) mais de tous les facteurs exposés à son champ d'influence (faire le mieux en soi) peut le conduire à mettre entre parenthèses les besoins de l'enfant en soi et même, le cas échéant, à le désavouer.

Mettre ses besoins à l'écart ou différer leur satisfaction est un phénomène relativement fréquent. Je suis assis confortablement dans un autobus après une journée de travail lorsqu'une personne âgée tenant à peine sur ses jambes titube jusqu'à la barre d'appui près de mon siège ; je me lève et lui cède ma place ; le parent en moi reconnaît que j'ai les jambes fatiguées, mais il considère que le besoin de cette personne doit avoir préséance. Je m'approche d'une fontaine, assoiffé, juste avant un coureur dégoulinant de sueur, visiblement déshydraté ; je lui offre de passer devant moi ; le parent en moi a évalué mon état, l'a comparé à celui de mon vis-à-vis et a conclu que l'initiative la plus appropriée (et favorisant la meilleure adaptation) était de lui laisser la place, parce que mon niveau de souffrance était significativement inférieur au sien. Dans ces deux situations, comme dans beaucoup d'autres, l'enfant en soi est en besoin, il le manifeste, mais il se soumet à la volonté du parent intérieur qui conserve son libre arbitre et tranche en faveur du tiers.

Dans certaines situations, la pression du besoin est beaucoup plus forte et la résistance du parent en soi, soumise à plus rude épreuve. Prenons le cas où une personne à qui je désire plaire me demande de lui donner mon avis sur un travail qui laisse à désirer. La sachant orgueilleuse, je ressens le danger de susciter son éloignement si je lui transmets franchement mon opinion et je suis fortement tenté d'atténuer ma critique. Si la structure mentale qui me sert de parent est suffisamment robuste, elle me dira :

1° qu'elle ne peut cautionner une démarche où on fait du tort à l'autre pour se faire du bien (encourager la médiocrité pour obtenir un gain relationnel),

2° que s'il est nécessaire d'acheter la considération de l'autre par la flatterie, c'est qu'on ne vaut pas cher à ses yeux,

3° que si l'autre est trop vulnérable pour accepter de se voir tel qu'il est, il ne mérite pas l'intérêt qu'on lui porte et doit être désinvesti, en dépit de l'attrait qu'il exerce.

Cet exemple fait référence à une démarche intérieure plus complexe que dans les situations précédentes (céder sa place quand le besoin de l'autre est plus important que le sien). Ainsi, on ne sautera pas trop rapidement à la conclusion que les rapports entre la conscience (le parent) et l'expérience (l'enfant) relèvent toujours de l'évidence. La position parentale est souvent difficile à établir lorsqu'il faut aller à l'encontre de l'enfant en soi. Et elle l'est encore davantage quand il s'agit de le désavouer, comme nous allons le voir maintenant.

Reprenons le dernier exemple en nous situant cette fois du point de vue de la personne qui a demandé mon avis. Lorsqu'elle recevra le verdict défavorable, son mouvement spontané sera d'en vouloir à l'interlocuteur dont elle a pourtant sollicité l'avis, même si ce dernier s'applique à donner son opinion avec délicatesse et ménagement. Dans ce contexte, la tâche du parent intérieur de la personne vexée serait de dire à l'enfant en elle-même, non pas que son hostilité est légitime même s'il est préférable de ne pas l'exprimer, mais bien que le mouvement de rancune n'est vraiment pas approprié et n'a pas de raison d'être. Il ne s'agit pas ici de mettre l'expérience en veilleuse mais plutôt de la désavouer. La position parentale, dans son expression optimale, se traduirait de la façon suivante :

1° Tu as été atteinte dans ton intégrité soit parce que tu n'as pas fait l'effort d'être ce que tu es capable d'être, soit parce que tu as tenté d'être ce que tu n'es pas.

2° Tu n'as pas à t'en prendre à celui qui t'a révélé cette situation (mouvement hostile), mais plutôt à vivre la blessure psychique associée au dur exercice de revoir à la baisse ta valeur personnelle (mouvement dépressif).

3°   J'ai failli à mon rôle en tant que parent intérieur puisque tu as dû t'en remettre à un tiers pour objectiver la qualité de ton travail. Je vais faire en sorte que tu puisses panser ta plaie. Puis, une fois la douleur passée, je t'orienterai plus adéquatement et te permettrai d'affirmer ta valeur de manière plus éclairée de façon à te rendre à nouveau estimable, à mes yeux d'abord, aux yeux des autres ensuite.

Cette dernière illustration évoque le parent en soi dans ce qu'il a de plus incarné. C'est un interlocuteur mental qui objective l'expérience, encadre l'activité pulsionnelle et oriente le fonctionnement sans complaisance, mais en tenant compte des limites personnelles. Le parent intérieur est ainsi une instance dont la double fonction consiste à :

1°   rendre l'enfant en soi estimable en favorisant l'actualisation maximale de son potentiel ;

2°   l'estimer ensuite, une fois cet objectif atteint, opération dont la réalisation est habituellement confirmée par le recours à ce simple énoncé : « Je suis fier de moi. »

Dans le contexte optimal où la composante parentale est pleinement opérationnelle, le regard sur soi-même est permanent et assure une évolution harmonieuse dans les deux sphères principales de l'activité humaine : la vie professionnelle et la vie affective. Sur le plan professionnel, la personne est capable d'établir le point de convergence entre ce qu'elle aime faire et ce qu'elle a le potentiel de réaliser, de se mobiliser pour atteindre son objectif et ainsi de s'actualiser de manière satisfaisante. Sur le plan affectif, elle est suffisamment apte à s'estimer elle-même pour fonctionner de manière autonome sans être dépendante du regard de son entourage pour avoir le sentiment d'être quelqu'un, et elle est disponible pour s'engager dans des échanges mutuellement gratifiants fondés sur le respect de l'autre et de soi-même.

Les adultes ne peuvent par tous compter sur un allié intérieur aussi indéfectible. Certaines personnes ne savent pas ce qu'elles veulent, d'autres sont incapables de déployer les efforts nécessaires pour parvenir à leurs fins, d'autres encore éprouvent beaucoup de difficulté à contrôler leurs mouvements d'humeur. Quelques-unes sont largement dépendantes de l'opinion des autres pour avoir l'impression d'avoir une valeur et d'autres paraissent perpétuellement en conflit avec le monde entier.

La capacité de porter un jugement serein et éclairé sur soi-même ne va pas de soi. Pas plus que celle d'orienter son propre fonctionnement en vue de la meilleure adaptation possible ou de vivre des relations harmonieuses sans avoir besoin constamment de faire la preuve de sa valeur. On doit en déduire que la structure mentale qui nous tient lieu de parent intérieur n'est pas également opérationnelle chez tous les individus. Pourquoi? Essentiellement parce que l'émergence du parent à l'intérieur de chacun de nous est l'aboutissement d'un long cheminement dont le cours est largement influencé par les conditions dans lesquelles s'effectue le développement.

L'éclosion du parent intérieur

Jusqu'à six ou sept ans, le parent intérieur n'est pas une donnée vraiment significative, même si l'on peut en trouver la trace dès l'apparition du langage. À l'âge de deux, trois ou quatre ans, le parent intérieur n'est guère plus qu'un figurant comme en témoigne son mode de fonctionnement. L'enfant est le jouet de ses impulsions et ne peut accepter de différer une satisfaction sans y être forcé. Il fait l'expérience permanente d'un fort besoin d'être investi comme grand et important par les gens qui l'entourent, mais il n'est pas en mesure d'orienter son activité en vue de s'actualiser de quelque façon que ce soit de manière à incarner dans la réalité la grandeur convoitée. Il est incapable de jeter un regard critique sur lui-même ou d'objectiver ses expériences.

L'enfant en bas âge est ainsi un être qui…

- évolue au gré des stimulations extérieures,
- passe d'une activité à l'autre selon l'intérêt du moment,
- est dominé par ses impulsions (courir vers un ballon dans la rue sans regarder, sauter dans la piscine sans savoir nager, etc.),
- frôle la désorganisation dès qu'il fait l'expérience d'une frustration,
- exige qu'on reconnaisse ses prouesses et s'indigne à la moindre critique, mais se défile lorsque vient le temps d'effectuer les apprentissages susceptibles de lui permettre de devenir véritablement performant,
- fait preuve de mauvaise foi avec une constance admirable lorsque son jugement est sollicité.

Cette dernière particularité mérite qu'on s'y arrête. Quel que soit le jeu auquel il participe, l'enfant d'âge préscolaire n'a qu'un but : gagner. Et tous les recours sont justifiés pour y parvenir. L'adage qui dit que les règles sont faites pour être transgressées prend ici tout son sens. Qu'il s'agisse de partir avant les autres lors d'une course, de recommencer un coup raté, de déplacer des pièces de façon à se donner l'avantage ou de modifier une réponse donnée, la fin justifie toujours largement les moyens. La valeur objective de la victoire n'est pas vraiment prise en compte.

L'enfant fait preuve d'une même désinvolture face à la réalité lorsqu'il s'attribue indûment un exploit, exagère ses performances ou nie catégoriquement ses écarts de comportement en dépit de leur évidence. Les notions de bien et de mal sont réduites à leur plus simple subjectivité : ce qui satisfait l'enfant est bon, ce qui l'indispose est mauvais. Il s'ensuit des échanges comme ceux-ci :

- L'enfant : « Je veux encore du gâteau. » Le parent : « Il n'y en a plus. » L'enfant : « Tu n'es pas gentil. »

- L'enfant: «Tu as promis qu'on irait jouer dehors.» Le parent: «On ne peut pas y aller, il pleut à boire debout.» L'enfant: «Je ne t'aime plus.»

À l'opposé, la personne qui cède à ses caprices, par exemple en le laissant manger des friandises à volonté jusqu'à s'en rendre malade, ou qui applaudit à ses moindres simagrées pour ne pas avoir à subir son humeur, sera considérée comme gentille et aimante.

Ces exemples illustrent à quel point les besoins immédiats déterminent non seulement les comportements, mais aussi toute la perception de la réalité durant la période préscolaire. L'enfant en soi occupe pratiquement tout l'espace intérieur. Il y a, à ce stade, très peu de dialogues intérieurs. Tout est exprimé sans réserve. De là, l'allure de spontanéité régulièrement observée, souvent idéalisée, et dont le caractère charmant peut faire perdre de vue qu'elle est l'expression, non pas d'une disposition qui se perd avec les années, mais bien d'une carence de maturité.

Les processus mentaux associés à la position parentale ne sont pas totalement inopérants. Le seul fait que l'enfant puisse faire référence à ses besoins est indicatif d'une certaine présence à lui-même. Mais l'action du parent intérieur s'arrête là. L'enfant est incapable d'aller au-delà de ce qu'il ressent ou perçoit pour comprendre la réalité. Ses expériences ne sont soumises à aucune analyse. Et cela vaut autant pour les phénomènes affectifs que pour les phénomènes cognitifs. La personne qui le prive est méchante parce qu'il la ressent comme telle, même si elle agit dans son intérêt (phénomène affectif). La lune se déplace en même temps que lui parce que ses yeux la voient bouger (phénomène cognitif).

Un changement important se produit aux environs de la septième année. Cela ne veut pas dire qu'il ne se passe rien durant les années qui précèdent. Personne ne contestera qu'un enfant de quatre ans a un meilleur contrôle sur ses impulsions, est davantage capable de tolérer les frustrations et comprend mieux le monde qui l'entoure qu'un enfant de deux ans. Mais les enfants en bas âge présentent tous cette lacune de maturité fondamentale : l'incapacité de mettre leur expérience en perspective de façon à pouvoir l'objectiver. Ils perçoivent les choses de façon égocentrique à partir de ce que leurs sens disent et de ce que leurs besoins commandent. C'est pourquoi l'anarchie s'installe rapidement dans les jeux, comme dans les discussions ou dans les apprentissages.

Entre cinq et sept ans, la maturation cérébrale permet l'entrée en fonction d'une série de processus mentaux qui modifient la présentation globale de l'enfant. Lui qui exprimait ouvertement tout ce qu'il ressentait apparaît graduellement plus réservé, moins transparent. Lui qui ne tenait aucun compte des règles en introduit à présent systématiquement dans tous ses jeux de façon à être certain que les mérites respectifs puissent être départagés. Lui qui était incapable de convenir de ses erreurs commence à faire preuve d'un certain sens critique à l'égard de lui-même et paraît plus conscient des autres, plus en mesure de tenir compte de leurs besoins.

On assiste parallèlement à une véritable éclosion intellectuelle. L'enfant n'est plus prisonnier de ses perceptions. Il peut se référer à des lois plutôt qu'à ses sens pour comprendre les phénomènes auxquels il est exposé.

Contrairement à ce qui se passe lors de la puberté, aucune transformation physique ne vient mettre en relief, de manière tangible, le bouleversement qui s'opère intérieurement. Et pourtant, celui-ci a été identifié par le sens commun bien avant que les théories du développement n'en confirment l'existence. On en parle depuis très longtemps comme de l'âge de raison, c'est-à-dire l'âge à partir duquel l'enfant peut être raisonné, et on l'a naturellement lié au début de la scolarisation. Parlons-en maintenant comme l'âge de la naissance du parent intérieur.

Deux des plus grands explorateurs de l'esprit humain, Jean Piaget et Sigmund Freud, ont, indépendamment l'un de l'autre, associé cette période de la vie à un tournant majeur dans le développement, le premier dans le domaine de l'intelligence et le second, dans celui de l'affectivité. Piaget a mis en évidence le passage chez l'enfant d'une approche intuitive de la réalité à la capacité de procéder par opération en objectivant les phénomènes (tournant intellectuel). Freud a davantage insisté sur les changements qui surviennent dans la personnalité ; il parle de l'entrée de l'enfant dans une période de latence marquée par une mise en veilleuse de l'activité pulsionnelle, une plus grande inhibition de l'activité fantasmatique et le développement d'une conscience morale (tournant affectif). Piaget et Freud ont ainsi décrit deux effets d'une même cause : la naissance du parent intérieur.

L'enfant de sept ans peut davantage être raisonné parce qu'il y a quelqu'un dans sa tête à qui l'on peut s'adresser pour faire la part des choses avec un minimum d'impartialité, sans que le jugement soit automatiquement déformé par les besoins du moment. Chaque fois qu'une expérience est vécue, une activité mentale parallèle permet à l'enfant d'être le témoin de ce qu'il vit et de l'analyser, autant sur le plan intellectuel que sur le plan affectif. L'intelligence se trouve modifiée parce que l'enfant peut s'interroger sur ce que ses sens lui disent et s'appuyer sur des lois pour comprendre son univers. S'il court vers un autre enfant qui se déplace aussi, il sera capable de prévoir le point de rencontre et de s'y rendre immédiatement plutôt que de conformer sa course à celle de l'autre enfant, comme le ferait un chien. Si on lui donne une pièce de vingt-cinq cents plutôt que vingt-cinq pièces d'un cent, il ne fera pas une crise parce qu'il est convaincu d'avoir été lésé. Et ainsi de suite.

L'entrée en scène du témoin intérieur de l'expérience ne fait pas que modifier les processus intellectuels. L'enfant est à présent capable, dans une certaine mesure, d'objectiver ses performances et de connaître sa valeur, ce qui le rend un peu moins dépendant des jugements extérieurs. Par ailleurs, il n'est plus le jouet impuissant de ses besoins immédiats. Il peut prendre la décision de différer un plaisir dans le but d'accéder à une satisfaction qu'il juge supérieure (réussir un examen, gagner une compétition) ou d'éviter de subir un préjudice (garder le lit, se tenir loin des étrangers). C'est cette capacité nouvelle de prendre soin de lui-même qui donne à l'enfant son allure raisonnable. L'entourage, les parents en particulier, peut compter sur un allié intérieur, fragile certes, mais relativement efficace quand la pression des besoins n'est pas trop forte (règles de prudence ou d'hygiène, tâches à exécuter, etc.).

C'est aussi à cette présence à soi-même qu'on doit la disparition, souvent regrettée par les parents, de la spontanéité des premières années au profit d'une présentation plus retenue et plus pudique, qui a pu être considérée, à tort à notre avis, de façon plutôt péjorative[6]; on a vu de l'inhibition là où il n'y a souvent que de la réserve et un appauvrissement de la pensée créatrice là où il y a de la réflexion. La transparence de l'enfant de trois ans qui ne manifeste aucune pudeur et dit tout ce qui lui vient à l'esprit tient à la précarité de l'intermédiaire entre ce qui est vécu et le monde extérieur. Il est un peu comme Adam et Ève avant le péché originel. Il évolue dans un état de complète inconscience et est incapable de porter un jugement sur lui-même ou sur les autres. Bref, il ne se voit pas aller et n'est pas habilité à la faire. Il ne se démarque pas beaucoup à cet égard des animaux familiers qu'il peut voisiner, si ce n'est par son besoin d'*être* qui est déjà au centre de ses préoccupations, comme il a été établi au chapitre précédent.

Avec l'entrée en fonction de la structure mentale qui lui permet de mettre sa propre activité en perspective, l'enfant est en quelque sorte *condamné* à la conscience. Il se voit évoluer et ne peut plus nier aussi aisément ses faiblesses, ses erreurs et ses limites. Mais à partir de ce moment, il sait davantage ce qu'il est et ce qu'il veut devenir, et il ne laisse plus n'importe qui avoir accès à son intégrité. Le parent de

---

6. Selon Freud, ces nouvelles attitudes de l'enfant découleraient directement des expériences conflictuelles de la période œdipienne. L'enfant, forcé de renoncer au parent du sexe opposé, refoulerait tout ce qui est de l'ordre d'une quête sexuelle, ce qui entraînerait un aplanissement pulsionnel généralisé. Il opterait parallèlement pour faire alliance avec le parent du même sexe en s'identifiant à lui et en faisant siens ses interdits, opération qui serait à l'origine des préoccupations d'ordre moral.

l'enfant en soi vient de prendre son service et il ne livrera plus son protégé au regard du premier venu.

Une des préoccupations de ce parent intérieur au cours des années qui vont suivre sera de favoriser la croissance de l'enfant auquel son destin est intimement lié (l'enfant en soi), en le rendant intéressant aux yeux des gens qui l'entourent. Il ne le laissera pas se manifester sans un minimum de garanties en ce sens; de là, l'allure plus réservée et plus réfléchie. Cette évolution n'empêche pas l'enfant de se présenter comme un être dynamique, éveillé et avide de comprendre le monde dans lequel il vit. La véritable inhibition du fonctionnement peut se produire, mais elle n'est pas la règle; elle découle plutôt d'un développement pathologique. L'enfant de sept ans qui y pense à deux fois avant de prendre la parole devant ses compagnons de classe ou de chanter devant les invités parce qu'il n'est pas convaincu qu'il se montrera sous son meilleur jour est plus sage que névrosé.

Les limites du parent intérieur à l'âge de raison

L'entrée en scène du parent intérieur ne signifie pas que le développement de l'enfant est achevé, loin de là. Au départ, son influence demeure mitigée du fait de son caractère embryonnaire et de l'ampleur de la pression exercée par les besoins. L'enfant demeure largement dépendant des gens qui l'entourent, autant sur le plan physique que sur le plan affectif. Il éprouve énormément de difficulté à se servir de son jugement encore rudimentaire pour évaluer ses expériences et orienter son fonctionnement de façon à favoriser la meilleure adaptation possible. Il cède facilement devant la perspective d'un plaisir immédiat et recule devant celle d'un déplaisir nécessaire. Il objective beaucoup plus aisément les erreurs des autres que les siennes et il demeure complaisant face à sa valeur personnelle, n'hésitant pas à faire valoir la moindre de ses réalisations.

Sa préoccupation première est de se mettre en évidence et il ne s'arrête à considérer les performances de ses pairs que pour mesurer l'écart à combler pour les égaler ou les surpasser.

Tenir compte des besoins des autres et porter un jugement critique sur soi-même sont des exercices exigeants. Si l'enfant de huit ou neuf ans se présente comme un être *raisonnable* (au sens de pouvant être raisonné), il ne parvient que rarement à se raisonner lui-même. La personne qui s'aventure à le remettre en question est mieux d'être bien armée, car il se considère toujours a priori comme un innocent dont la culpabilité reste à démontrer, même si sa faute est évidente.

Les débordements pulsionnels demeurent fréquents (décharges agressives, crises de frustration) et la pression des besoins déforme encore considérablement l'activité de la conscience. L'enfant a ainsi tendance à voir la réalité de la façon qui le satisfait le mieux. Il évalue les événements en fonction de ce qu'ils rapportent et les gens en fonction de leur contribution à rehausser sa valeur personnelle. Les personnes qui formulent des critiques à son endroit ou qui s'abstiennent de contribuer à le mettre en évidence sont condamnables, même si leur comportement est justifié objectivement.

Le copain qui ne rit pas d'une blague est un imbécile, même si elle n'est pas drôle. Celui qui réussit mieux en classe est un chouchou du professeur. Celui qui n'a plus envie de jouer est un lâcheur. Le parent qui le force à se coucher à une heure raisonnable pour qu'il soit en forme le lendemain ou à s'habiller chaudement pour éviter de tomber malade est tyrannique.

Le parent intérieur déficient à l'âge adulte

Il est troublant de constater à quel point la description précédente peut s'appliquer facilement, avec quelques transpositions, à certaines personnes d'âge adulte. Le chouchou du professeur devient le lèche-bottes du patron et le parent est remplacé par le conjoint. Pour le reste, le portrait demeure sensiblement le même : difficulté à se prendre en main, dépendance face au jugement extérieur, décharges agressives, besoin de se mettre en valeur à tout prix, négation des erreurs, perception faussée de la réalité, etc. Autant d'indications que le parent intérieur est demeuré à l'état larvaire et que c'est l'enfant en soi qui est toujours installé au poste de commande.

À la différence de ce qui se passe chez l'enfant, la situation de l'adulte immature a quelque chose de dramatique parce que la personne est pratiquement condamnée à la dépendance et à la stagnation. La structure mentale responsable de l'objectivation de la réalité et de l'orientation du fonctionnement étant déficiente, la personne n'est en mesure ni de s'estimer elle-même (pas de regard sur soi-même) ni de se rendre estimable en s'actualisant d'une façon ou d'une autre (s'incarner dans des réalisations). Elle agit donc perpétuellement en quête de regards et cherche à convaincre son entourage de sa valeur à défaut de pouvoir l'incarner.

La seule solution viable pour maintenir l'illusion d'être quelqu'un devient alors l'identification. Il s'agit essentiellement d'*être* en se projetant dans d'autres personnes qui incarnent un idéal (la plupart du temps des vedettes médiatiques) ou de tenter d'*être* à plusieurs ce qu'on ne peut être seul en adhérant à un groupe (politique, social, religieux, criminel, etc.). Chez ces personnes, la part d'actualisation réelle est habituellement très réduite et souvent inexistante. On constate ainsi avec désolation que la prospérité des vedettes sportives ou artistiques est inversement proportionnelle au niveau du développement des gens qui les font vivre.

Chez les enfants et les adolescents, le recours à l'identification est une étape normale du développement. Il leur permet de faire l'expérience d'une grandeur artificielle en attendant de pouvoir se réaliser dans la vie réelle et il leur fournit certains repères pour la direction à suivre ; un champion d'échecs, une médaillée en gymnastique peuvent constituer un idéal d'accomplissement. Mais quand au fil du temps l'identification commence à remplacer l'action au lieu de la supporter, quand le moment le plus important de la journée devient la lecture des pages sportives d'un journal ou l'évasion dans un feuilleton télévisé, il n'y a plus de croissance personnelle possible. L'enfant en soi se nourrit de l'action des autres qui lui assure une survie précaire. Une fois le journal fermé ou la télévision éteinte, il ne reste que l'expérience du vide existentiel et la morosité qu'elle engendre. Si un tel aboutissement n'est pas la règle, il n'est pas non plus l'exception. Et il n'est qu'un des cours problématiques que peut prendre le développement lorsque le parent intérieur ne parvient pas à maturité.

L'importance d'un parent intérieur achevé chez le parent

Lorsque le parent intérieur n'est pas suffisamment développé chez une personne pour lui permettre de s'orienter adéquatement, il va de soi qu'il sera au moins aussi inefficace quand il s'agira, pour elle, de s'occuper de son enfant. Elle pourra vraisemblablement subvenir à ses besoins de base, comme elle est habilitée à le faire pour elle-même, mais quand il s'agira de mettre l'expérience de cet enfant en perspective, d'objectiver ses besoins, d'orienter son fonctionnement, d'aménager ses pulsions et de donner du sens à ce qu'il fait, quand il s'agira de le rendre estimable pour ensuite l'estimer, alors l'enfant ne trouvera personne au-dessus de lui.

Nous savons à quel point la présence à soi-même est déficiente chez l'enfant, qui doit pouvoir compter sur un soutien extérieur. Chez l'enfant de trois ans, le parent intérieur est inexistant. Chez celui de huit ans, il se manifeste, mais encore très timidement. À l'adolescence, le développement de la structure mentale qui doit lui servir de support est à peu près complété, mais les bouleversements internes associés à l'éveil de la sexualité et à la quête d'une identité propre sont tels que la digue intérieure cède encore régulièrement devant les besoins qui envahissent alors le champ de conscience et déterminent le fonctionnement; l'adolescent manifeste souvent plus de rigueur lorsqu'il analyse les problèmes planétaires que de jugement quand il s'agit de régir sa vie de tous les jours.

Pendant toutes les années de son développement, l'enfant à l'intérieur de soi doit pouvoir compter sur un regard auxiliaire permanent qui se chargera d'objectiver ce qui est vécu, d'orienter l'activité et d'encadrer les pulsions. Il faut qu'une structure mentale extérieure s'arrime à l'expérience de l'enfant et, qu'à partir de là, elle découvre ce qu'il cherche à être, lui indique le chemin pour y arriver et lui montre de quoi il a l'air une fois qu'il y est parvenu: c'est là l'essentiel de la position parentale.

Au-delà du père et de la mère qui assurent les soins physiques, il doit y avoir ce regard qui accompagne l'enfant de la naissance jusqu'au jour où son propre parent intérieur sera en mesure de prendre le relais. Si ce regard n'est pas présent, les pulsions ne seront pas aménagées, les besoins ne seront pas satisfaits et les deux continueront perpétuellement à surtaxer un parent intérieur dont le développement n'aura jamais été favorisé.

Cette présence à l'expérience de l'enfant ne va pas de soi. D'abord parce que le parent doit simultanément composer avec son propre enfant intérieur, qui risque à tout moment de fausser son jugement et ses décisions. Ensuite, parce que même en l'absence d'interférence intérieure, il ne lui est pas toujours facile de déterminer ce qui est le mieux pour son enfant dans un contexte donné. Enfin, et comme si ce n'était pas assez, il doit aussi conserver son libre arbitre face aux courants sociaux, aux dogmes religieux, et aux pressions de la famille, des amis et du milieu.

Pour s'y retrouver, il est souhaitable que le parent réel dispose de repères lui permettant de se situer rapidement face à son enfant, quelle que soit la situation. Il doit notamment connaître les conditions auxquelles il faut satisfaire pour que le parent intérieur puisse être transposé à l'extérieur, de manière à assurer une présence saine à l'enfant. Ce sont ces conditions que nous allons décrire et analyser à partir de maintenant.

CHAPITRE 3

DE L'ENFANT EN SOI
À L'ENFANT DEVANT SOI

L'usage a conduit les enfants à désigner leurs parents par les termes papa et maman, mais cette pratique ne fait plus l'unanimité. Certains parents demandent à leur enfant de les appeler par leur prénom, par souci d'abattre les barrières et de favoriser une plus grande proximité affective. S'y greffe habituellement le désir avoué d'être perçu comme un ami par leur enfant, qui peut résulter des insatisfactions du passé. Il s'agit souvent de personnes qui ont souffert d'un manque de communication avec leurs propres parents et qui veulent amorcer leur vie parentale du bon pied. Ce n'est pas forcément ce qui se passe. Et l'explication que nous allons proposer pour le démontrer conduira en droite ligne vers ce qui constitue l'essentiel de la position parentale.

L'enfant qui s'adresse à son père ou à sa mère en disant Roger ou Ginette se situe dans un rapport où l'autre est reconnu comme quelqu'un qui a son existence propre. Quand on pense Roger ou Ginette, il vient tout de suite à l'esprit une personnalité, des habitudes, des goûts et des valeurs. C'est la référence synthèse qui englobe tout ce qu'une personne incarne, y compris son enfant intérieur. Appeler un parent par son prénom, c'est le reconnaître comme quelqu'un d'autre qui a sa réalité propre au-delà de sa seule condition de parent. À partir de là, la jonction entre l'enfant et le parent extérieur ne peut pas s'effectuer parfaitement. Il y a un autre enfant entre les deux, celui qui s'appelle Roger ou Ginette.

Appeler un parent par son prénom n'aura pas nécessairement pour effet de traumatiser l'enfant. C'est l'attitude intérieure à l'origine de ce choix qui risque d'être le plus préjudiciable. Imposer à l'enfant l'utilisation du prénom pour désigner son parent, toute légitime qu'en soit la motivation de surface, est souvent déterminé par une difficulté à assumer la lourdeur de la position d'autorité inhérente à la condition de parent. C'est une interférence inutile dans le processus essentiel par lequel s'établit l'union entre l'enfant et le parent, alors que le recours aux désignations «papa» et «maman» a exactement l'effet contraire.

Quand l'enfant dit «Lui c'est papa et elle c'est maman», il se trouve à faire abstraction de tout ce que son père et sa mère sont en dehors de leur condition de parent. Ils sont «papa» et «maman», c'est-à-dire des personnes qui n'existent que pour et par moi. Ce qu'ils pensent, ce qu'ils aiment, ce qu'ils vivent ou ce qu'ils font en dehors de moi ne me concerne pas a priori et ne me préoccupe pas spontanément. Tout ce que je vois d'eux, c'est le regard qu'ils posent sur moi. Lui c'est papa, elle c'est maman. C'est le fondement même de l'alliance intime entre l'enfant et le parent qui est ainsi signifié.

Il serait naïf de prétendre que le seul fait d'appeler son père, papa, et sa mère, maman, constitue la garantie d'une relation parent-enfant harmonieuse. Il en faut bien davantage. Mais il s'agit d'une pratique qui évoque bien le type d'aménagement relationnel à privilégier. L'enfant est en quête de sa partie manquante, du parent intérieur qui lui fait défaut. Lorsqu'il la trouve, la complémentarité est ressentie et la véritable intimité se crée, celle dont on ne fait en temps normal l'expérience que face à soi-même et qui se traduit par le sentiment de ne faire qu'un. Il faut que l'enfant se sente, au moment où il lève les yeux, comme on se sent lorsqu'on est seul avec soi-même. Si le parent lui oppose un autre enfant, celui qu'il a en soi, l'enfant se trouve automatiquement placé devant un autre univers de besoins et d'attentes. La jonction ne s'effectue plus aussi facilement. L'enfant ne peut s'abandonner complètement parce que l'investissement dont il est l'objet est relatif plutôt qu'absolu. Il ne sait jamais quand il se retrouvera face à l'enfant intérieur de son parent plutôt que face au parent lui-même. Et chaque fois que c'est le cas, il est renvoyé à sa solitude.

Pour que le développement s'effectue dans un contexte optimal, il faut donc que l'enfant en soi et l'enfant devant soi se rencontrent le moins souvent possible. Cela ne veut pas dire que les enfants ne doivent pas savoir que leurs parents ont des besoins. Cela veut dire qu'ils n'ont pas à être en contact direct avec ces besoins. En règle générale, chaque fois qu'une personne se trouve en présence de son enfant, le parent en elle doit être opérationnel. Cette personne doit réduire au minimum les références à l'enfant en soi et n'y avoir recours que pour faire comprendre ses limites. L'enfant réel doit savoir que le regard parental prend sa source chez un être humain qui a des contraintes à prendre en compte pour demeurer fonctionnel (fatigue, maladie, préoccupations, obligations, etc.).

Les fondements de la position parentale

Considérée dans cette perspective, la position parentale est permanente et exclusive : elle ne peut être déléguée à qui que ce soit, elle ne peut être mise en veilleuse pour quelque considération que ce soit et elle ne peut être assujettie à une norme ou limitée par un rôle quel qu'il soit.

LA POSITION PARENTALE NE PEUT ÊTRE DÉLÉGUÉE

Un parent peut confier son enfant à l'autorité d'un tiers (professeur, entraîneur, gardienne, etc.) à qui il reconnaît certaines compétences particulières. Mais il ne perd jamais son droit de regard pour tout ce qui concerne son enfant.

Parfois la tentation est grande qu'il s'en remette totalement à la personne qui prend son enfant en charge, sous prétexte de l'expérience ou de la compétence de celle-ci. Il se dit qu'elle connaît son affaire, qu'elle en a vu d'autres, qu'elle est mieux placée pour juger, qu'elle est payée pour y voir : autant de raisons pour se dégager et demeurer à l'écart! Il regarde alors la situation évoluer de l'extérieur avec un détachement que connaissent rarement les parents qui maintiennent un engagement parental actif en permanence. Soit dit en passant, les parents qui s'en remettent régulièrement à l'autorité d'autres personnes pour régir la vie de leur enfant ont souvent la même attitude à l'égard de leur propre vie.

Si la position de délégation peut être perçue comme une pause ou un répit salutaire, elle présente le désavantage de créer un vide au-dessus de l'enfant. Les personnes qui prennent celui-ci sous leur autorité demeurent habituellement à l'intérieur des limites de leur mandat : pour l'un il s'agit de lui offrir des soins de base, pour l'autre de voir au bon fonctionnement du groupe dans lequel il se trouve, pour un troisième de lui communiquer des connaissances, et ainsi de suite. C'est leur tâche qui est au centre de leurs préoccupations et non le développement de l'enfant devant eux, même s'ils ne sont pas insensibles à son évolution.

L'alliance intime avec l'enfant dès le début de son existence commande le maintien d'une présence permanente à ce qui est vécu, même à distance. Le parent doit mettre son jugement dans la balance pour toute décision significative qui concerne son enfant et se montrer parallèlement en mesure de déterminer son fonctionnement de manière à ce qu'il satisfasse aux exigences de la situation dans laquelle il se trouve. Il faut que l'enfant sente le regard du parent derrière chaque personne qui s'occupe de lui, et que ce regard constitue à ses yeux la référence ultime.

LA POSITION PARENTALE NE PEUT ÊTRE MISE EN VEILLEUSE

L'articulation entre le regard du parent et l'expérience de l'enfant doit être effective en toute circonstance, quels que soient le lieu, le moment ou la situation. Le parent peut à la rigueur différer une intervention, mais il ne peut se soustraire à l'obligation de mettre en perspective l'activité de l'enfant et d'orienter son fonctionnement en conséquence.

L'anniversaire du parent est un bon exemple de situation où l'on pourrait croire en la nécessité d'un relâchement de la position parentale. Rarement l'enfant en soi est-il autant sollicité que ce jour-là! L'attitude de certains parents, dans ce contexte particulier, consiste à laisser leurs enfants prendre la situation en main en vue de leur faire une surprise ou de les «gâter». Le parent ne se reconnaît pas le droit de déterminer, même un tant soit peu, le cours des choses. L'enfant peut se comporter de manière inattendue ou désagréable, par exemple, donner son cadeau à la hâte sans manifester le moindre égard ou tout mettre en désordre, le parent ne bronche pas. Celui-ci subit la situation avec tristesse parce qu'il a perdu de vue que lorsqu'on est un parent, la préoccupation première n'est pas de se faire aimer de son enfant, mais de faire en sorte qu'il puisse être ce qu'il y a de mieux de façon à pouvoir l'aimer. Un enfant a besoin de se sentir aimé pour pouvoir aimer à son tour; et il ne sera jamais aimé si on ne le force pas à être aimable.

C'est ainsi que le parent pourra être conduit à superviser la remise des cadeaux qui lui sont destinés, allant jusqu'à sévir le cas échéant, pour s'assurer qu'il est capable de ressentir envers son enfant l'affection dont celui-ci a un plus grand besoin que lui-même. Il ne s'agit pas de contrôler pour contrôler, mais de conserver en fonction l'instance adaptative indispensable au maintien de l'harmonie relationnelle.

La position parentale doit demeurer une donnée constante de la réalité de l'enfant, indépendamment de la situation, parce que celui-ci a besoin qu'il en soit ainsi. C'est ce qui fait notamment qu'un parent ne peut pas jouer vraiment avec son enfant, comme nous le verrons au chapitre 14.

LA POSITION PARENTALE NE PEUT ÊTRE ASSUJETTIE À UNE NORME

La position parentale est d'abord l'expression de la conscience et du jugement : conscience de l'expérience que vit l'enfant, jugement pour orienter son fonctionnement. Quand elle est effective, c'est-à-dire quand le parent n'est pas submergé par sa propre expérience au point de ne plus avoir le recul nécessaire pour être présent à ce qui est vécu par l'enfant et déterminer son activité avec discernement, alors elle tient lieu de dernière instance. Elle ne peut donc être subordonnée à des avis juridiques, à des conventions sociales ou à des dogmes religieux.

Quand une personne élève son enfant en se référant uniquement à des normes extérieures, sans mettre à contribution son regard personnel sur ce qui est vécu, elle n'est pas un parent, elle est un représentant. Elle intervient sur l'enfant au nom du monde extérieur dont elle sert à préserver la cohésion, au lieu de s'arrimer à l'enfant pour le conduire à son plein épanouissement.

Cette suprématie du regard exclusif sur l'enfant ne veut pas dire qu'un parent ne doit tenir aucun compte des règles, des lois ou des coutumes existantes. C'est plutôt l'importance de ces facteurs extérieurs dans le pouvoir de déterminer l'enfant qui est en cause. Quand le parent est lui-même déterminé par des jugements de cour, des préceptes ou même des usages conventionnels, il s'éloigne de ce qui constitue l'essence même de la position parentale. La peur d'être jugé constitue malheureusement un frein, non seulement à l'autorité parentale, mais aussi aux impératifs mêmes du développement de l'enfant, comme nous le verrons au chapitre 6.

LA POSITION PARENTALE NE PEUT ÊTRE LIMITÉE À UN RÔLE

La position parentale transcende l'identité sexuelle et n'est en rien fonction des rôles hérités de l'espèce. La prédominance d'un membre du couple dans les activités de maternage peut amener celui-ci à projeter l'image d'une plus grande proximité relationnelle, mais cela ne fait pas de lui un meilleur parent. La qualité de la présence à l'enfant n'a pas de lien direct avec la disposition au maternage.

Certains adultes sont incapables de voir un nourrisson sans le prendre aussitôt dans leurs bras. Dans ce cas, il est probable que la relation n'aille pas au-delà de ce que peut vivre un petit enfant avec sa poupée. L'enfant n'est pas disponible à sa poupée ; c'est la poupée qui est à sa disposition pour qu'il puisse satisfaire son besoin de câliner.

La position parentale n'est pas régie par le plaisir, mais par la nécessité d'orienter positivement le développement de l'enfant. Ce n'est pas la perspective de vivre un moment agréable avec un enfant qui devrait éveiller le parent en soi ; c'est l'incarnation devant soi d'un être en besoin invitant naturellement l'adulte à se proposer comme contrepartie de ce besoin. Bien sûr, il n'est pas interdit au parent de trouver du plaisir à prendre soin de son enfant, mais ce n'est pas là l'indice d'une qualité de relation. On reconnaît un parent à sa disponibilité et à son écoute.

Dans cette perspective, la position parentale est asexuée et indépendante de la connotation maternelle de certaines attitudes. Elle est présente en toute personne évoluée et se manifeste spontanément quand elle est sollicitée. Il y a la quête de l'enfant, il y a le regard du parent. L'un s'unit à l'autre dans un rapport absolu qui se situe au-delà des particularités sexuelles. Il est donc inutile de s'interroger sur la place qu'un parent doit occuper en vertu de son sexe. Placée devant sa contrepartie (un enfant en besoin), la position parentale s'impose d'emblée comme une nécessité intérieure qui n'est sujette à aucun questionnement, que le parent soit la mère ou le père.

Il est devenu courant que les hommes s'interrogent sur leur rôle de père, ce qui, compte tenu de ce qui précède, pourrait signifier leur incapacité effective d'être un parent. Or, ce genre de préoccupation tient principalement à la confusion entre la position parentale et le maternage. Généralement plus à l'aise dans les activités de maternage, les femmes occupent d'office une place importante dans l'univers relationnel de l'enfant. Cette situation, qui n'apparaît souvent problématique que sur le plan des relations homme-femme ou père-mère, masque l'urgence de se remettre en question comme parent, alors qu'il y aurait sans doute lieu de le faire d'un côté comme de l'autre.

Le sentiment de responsabilité

L'obligation d'assurer une présence indéfectible qui ne peut être ni déléguée, ni mise en veilleuse, ni assujettie à des normes, ni limitée à un rôle se traduit par un sentiment de responsabilité qui contraint le parent à demeurer constamment en éveil de manière à être toujours prêt à se situer le mieux possible face à son enfant. La lourdeur d'être parent tient pour une bonne part à l'expérience permanente de ce sentiment.

Les personnes qui ne sont pas habitées par cette nécessité intérieure se situent en marge de la position parentale ; elles sont hors position. Elles vivent de façon moins éprouvante leur condition de père ou de mère, comprenant difficilement ce qu'il y a de si exigeant à être un parent. Comme l'aptitude à incarner la position parentale est essentiellement intérieure et ne s'objective pas aisément, il leur est possible de faire illusion : elles peuvent prétendre être capables d'investir convenablement leur enfant. Mais dans les faits, leur propension à oublier leur enfant dès qu'elles ne l'ont plus sous les yeux, à n'intervenir qu'en dernière instance, à le juger selon leurs attentes, à donner carte blanche à quiconque doit s'en occuper, à éviter de s'imposer d'autorité pour ne pas susciter son agressivité et à s'allier à lui contre ceux qui tentent de lui imposer des limites a pour effet de réduire au minimum leur impact comme agent de développement.

Plus un parent aborde son enfant avec recul et engagement, en ayant le souci constant de le maintenir dans une disposition optimale pour se réaliser et s'inscrire dans des relations harmonieuses avec son entourage, plus il saura l'investir adéquatement et, partant, déterminera positivement son cheminement personnel. Cependant, à une époque où la recomposition des familles est davantage la règle que l'exception, il y a lieu de se demander :

1° comment le parent véritable peut tenir sa position adéquatement dans un contexte où il ne peut assurer une permanence optimale à l'expérience de l'enfant ;

2° comment un parent substitut peut en venir à s'insérer dans le couple parent-enfant et tenir une position parentale sans être partie prenante de l'alliance originelle.

Lorsque la cellule familiale ne peut être maintenue intacte, le parent véritable doit demeurer au cœur de tout ce qui est déterminant pour le développement de son enfant, même quand celui-ci n'est pas sous sa responsabilité immédiate. Chacun des parents doit avoir le souci de respecter le droit de l'autre à agir en ce sens pour que l'alliance originelle puisse être maintenue.

Le parent substitut doit, quant à lui, se situer comme une autorité de fait quand il assume une responsabilité directe auprès de l'enfant. Il n'a alors besoin de s'en remettre à aucune autre autorité que lui-même pour assurer son intégrité, aussi bien psychique que physique, dans le moment présent.

Voyons par exemple le rapport qui s'établit généralement entre les parents et le professeur de leur enfant. Agissant selon ses propres règles, le professeur noue une relation significative avec l'enfant dont il assume l'ensemble du fonctionnement pendant une bonne partie de la journée sans en référer à ses parents. Mais sa position demeure relative : au-delà d'un certain seuil, il doit se tourner vers ce qui constitue pour lui la référence absolue.

Il en va de même pour le parent substitut. Il ne doit ni tenter de créer une intimité relationnelle comparable à celle qui lie l'enfant à son parent d'origine, ni se mettre en marge de la relation en se cantonnant dans un rôle d'intermédiaire entre l'enfant et le parent. L'équilibre passe par la capacité du parent substitut d'apporter une contribution en tant qu'agent de développement dans un contexte où peut s'établir une proximité affective au fil des expériences vécues avec l'enfant.

Mais indépendamment de la condition de vie particulière de l'enfant, l'essentiel demeure d'assurer un investissement adéquat, de nature à en faire un être achevé.

CONCLUSION DE LA PREMIÈRE PARTIE

INVESTIR L'ENFANT ADÉQUATEMENT

Investir l'enfant adéquatement sera l'unique préoccupation à partir de maintenant et pour le reste de ce livre. Mais que signifie cette expression? À partir du moment où un enfant vient au monde, la mission du parent, au-delà des soins de base naturels, consiste à amener l'enfant à incarner ce qu'il peut être de mieux. Le parent fait face à un être qui veut devenir quelqu'un mais qui est dominé par les impératifs de l'espèce, n'a pas ce qu'il faut pour se réaliser par lui-même, est incapable de donner du sens à son expérience et ne dispose pas encore des ressources mentales qui lui permettraient de mettre ce qui est vécu en perspective.

Le parent doit par conséquent intervenir simultanément sur quatre fronts. Il doit :
- encadrer les impulsions inadaptées,
- favoriser l'actualisation du potentiel,
- donner du sens à l'expérience,
- favoriser l'émergence du propre témoin intérieur de l'enfant.

En somme, la tâche du parent est d'abord de rendre l'enfant estimable, ensuite de l'estimer, enfin de faire en sorte qu'il puisse s'estimer lui-même. Cette responsabilité ne va pas de soi.

DEUXIÈME PARTIE

L'ENCADREMENT
DE L'ENFANT

CHAPITRE 4

LA NÉCESSITÉ DE DISCIPLINER

Même si l'accession à la symbolisation humanise l'enfant très rapidement, du fait notamment qu'elle ouvre sur la propriété de penser et la quête d'identité, il demeure encore beaucoup de l'espèce en lui. Un être humain dépasse sa condition animale quand il devient capable de prendre du recul face à ce qu'il ressent et cesse d'être le jouet docile de ses impulsions. C'est l'aboutissement d'un long processus qui, s'il est mené à terme, le conduira à se comporter non pas en fonction de ses variations d'humeur, mais plutôt en fonction de ce qu'il juge être le mieux.

En attendant que l'enfant accède à la disposition d'agir en perspective sans être toujours déterminé par l'état émotionnel du moment, il revient au parent de faire contrepoids à l'espèce en encadrant les expressions pulsionnelles. Son rôle consiste surtout à empêcher qu'elles ne conduisent l'enfant à se faire du tort ou à faire du tort aux autres, ce qui ne manquera pas de se produire s'il est laissé à lui-même.

Bien des exemples démontrent qu'une déficience de l'encadrement ne peut que nuire au développement de l'enfant. Qu'on pense à l'enfant dont le parent ne contrôle pas l'alimentation et qui se nourrit au gré de sa fantaisie, au risque de perturber son métabolisme, à l'enfant que le parent ne conduit pas chez le médecin parce qu'il refuse d'y aller, ou à celui que le parent laisse veiller jusqu'à des heures tardives parce qu'il ne veut pas se coucher!

Dans ce dernier cas, on peut soutenir qu'il est bon qu'un enfant évolue à son rythme. Le problème, c'est qu'il est sourd aux messages de son organisme parce qu'il est totalement dominé par sa soif d'expériences. Il ne fait pas le choix d'aller se coucher, il tombe d'épuisement une fois que son degré de fatigue l'a rendu physiquement inapte à tirer quelque plaisir que ce soit du moment présent. L'enfant fatigué se déstructure rapidement. Il réagit de façon excessive aux sollicitations de l'environnement et son fonctionnement se réduit à une succession de décharges, à la fois peu différenciées et toujours empreintes d'agressivité (cris, gestes brusques, torsions du corps, etc.). Ce qu'il vit est désagréable, ce qu'il suscite l'est tout autant.

Les exemples mentionnés relèvent de l'évidence. Mais plus on s'éloigne des besoins primaires, plus la nécessité de s'imposer face à l'univers pulsionnel de l'enfant devient problématique. Quand il s'agit de reprendre un enfant qui en frappe un autre ou qui piétine la plate-bande du voisin, certains parents ont la réprimande un peu plus hésitante. On peut imaginer ce qu'il restera de leur détermination quand ils devront intervenir pour une remarque déplacée, une posture inappropriée ou une porte claquée.

Le manque de perspective conduit certains parents à encadrer leur enfant de façon strictement réactionnelle. Au lieu de maintenir un regard permanent sur l'activité de l'enfant en s'appliquant à corriger le tir lorsque son impulsivité le mène dans une direction préjudiciable à lui-même ou à son entourage, ils se tiennent à l'écart de son expérience et n'interviennent que lorsqu'ils y sont contraints. Ils ne se demandent pas si le comportement de l'enfant est adapté ou approprié, ils se demandent s'il est dérangeant. En réalité, ils ne se posent pas la question explicitement. Ils s'éveillent à l'existence de l'enfant lorsqu'il les dérange ou indispose d'autres personnes qui font pression sur eux pour qu'ils interviennent. Or, l'appréciation du comportement d'un enfant ne tient pas au caractère dérangeant ou non de son activité. L'encadrement qui repose sur une telle base fixe la barre du développement presque au ras du sol.

L'indiscipline

L'enfant demeure dans une large mesure soumis à ses variations d'humeur. C'est l'animal qui dirige les opérations. Pas question pour lui de tenir compte des autres ou même de la réalité. Pas question non plus de voir au-delà du moment présent et du besoin du moment. Il harcèle tant qu'il n'a pas obtenu ce qu'il veut, même si ce n'est pas bon pour lui. Il crie, frappe, conteste, s'oppose jusqu'à se faire détester, alors que son plus grand besoin est d'être aimé.

L'absence d'un cadre significatif réduit considérablement les possibilités d'actualisation de l'enfant et c'est là une conséquence très grave. L'enfant n'a pas la capacité de se montrer suffisamment contraignant envers lui-même pour mener à bien ses entreprises qui, toutes, finissent dans un cul-de-sac. L'impossibilité d'affirmer sa valeur fait émerger dans son esprit un sentiment d'insatisfaction permanent qui augmente l'intensité de son agressivité. Le parent qui a réduit ses exigences au minimum n'arrive pas à contenir l'expression de cette animosité; l'enfant fonctionne alors dans un contexte de permissivité où il peut à loisir laisser libre cours à son impulsivité sans se soucier des conséquences.

Le portrait qui en résulte n'est pas reluisant: un enfant boudeur, irritable, agité et égocentrique, toujours insatisfait, constamment au bord de la désorganisation et mû par une agressivité qui contamine ses échanges au point de l'isoler sur le plan affectif. En somme, c'est un enfant qui ne se sent ni bon ni aimé, qui reste inconscient de sa condition et qui, par conséquent, n'est pas disposé à la remettre en question. Le parent est alors aux prises avec un enfant qu'il juge difficile ou carrément insupportable.

Curieusement, certains parents dans une telle situation persistent à mettre en doute la pertinence d'imposer une certaine discipline. L'exercice même de l'autorité, qui devrait aller de soi, est devenu à ce point controversé qu'il est à présent possible d'intituler une conférence *Faut-il mettre des limites aux enfants?* et de faire salle comble! Les raisons qui conduisent à remettre en question le bien-fondé d'une attitude ferme et structurante sont variées, mais toutes renvoient à une forme ou à une autre d'inquiétude. Les parents redoutent les conséquences d'un encadrement contraignant; ils ont peur:

- d'opprimer l'enfant,
- de le traumatiser,
- de la violence de ses réactions,
- qu'il se sente rejeté,
- de ne plus être aimés par lui,
- de l'éloigner d'eux,
- de leur propre violence,
- d'être jugés par leur entourage.

Or, dans le contexte d'un encadrement approprié où le parent demeure attentif à l'expérience de son enfant et s'applique à le maintenir dans un état émotionnel optimal en tenant compte des limites qu'impose la réalité, il n'y a pas vraiment matière à s'inquiéter. Certes, les craintes mentionnées ne sont pas sans fondement; chacune d'elles est l'expression d'un risque réel dont le parent doit comprendre la nature et les implications s'il veut éviter les écueils que comporte un cadre disciplinaire permanent.

Parmi les craintes énumérées, certaines concernent directement l'enfant et renvoient à des préjudices réels qu'il faut prendre garde de lui faire subir. D'autres s'appliquent au parent lui-même. Nous examinerons les premières au chapitre suivant, les secondes au chapitre 6.

CHAPITRE 5

LES RÉTICENCES CONCERNANT L'ENFANT

La peur d'opprimer l'enfant

Un motif souvent invoqué pour justifier l'absence de discipline est la crainte d'imposer à l'enfant un régime de vie aussi contraignant que celui dont on a soi-même fait l'expérience. Voici le cas d'un père en visite chez des amis avec son garçon, un enfant de trois ans particulièrement turbulent. Dès son arrivée, l'enfant s'empresse de mettre la maison sens dessus dessous, pendant que son père, indifférent, bavarde avec ses hôtes. Soudain, on aperçoit l'enfant qui tire le fil d'une lampe de table. Pressé d'intervenir devant l'imminence d'une catastrophe, le père s'exécute sans conviction, en s'excusant presque auprès de son fils, puis il adresse à son auditoire, avec un évident agacement, le commentaire suivant: «Moi, mon enfant ne passera pas par ce par quoi je suis passé.»

LE RETOUR DU BALANCIER

Ce souci de ne pas exposer leurs enfants à un régime éducatif aussi sévère que celui dans lequel ils ont grandi est présent à divers degrés chez bon nombre de parents. Ce sont en général des gens qui ont été élevés avec une rigueur excessive par des parents qui se montraient intolérants à leur endroit. Il fallait se taire pendant les repas, s'abstenir de jouer pour ne pas se salir, ne toucher à rien pour ne pas mettre la maison en désordre ; il fallait regarder les émissions de télévision que le parent (le plus souvent le père) souhaitait regarder, écouter la musique qu'il voulait écouter ; il fallait manger, s'exprimer, s'habiller, se comporter selon des règles strictes édictées par les parents et auxquelles il n'était pas concevable de déroger tant la crainte de l'éventuel châtiment était grande.

Il n'y a pas que des enfants rudoyés dans ce groupe. Plusieurs mentionnent que leur père n'avait même pas besoin de lever la main sur eux. Très tôt dans leur vie, ils ont ressenti la violence qui planait au-dessus d'eux et fait l'expérience d'une anxiété qui a déterminé leur fonctionnement sans qu'il soit nécessaire que l'autorité passe aux actes.

C'est parmi ces gens qui ont grandi dans un contexte où tout n'était que contraintes et restrictions qu'on retrouve les parents les plus permissifs. C'est le retour du balancier. Un acte d'autorité aussi banal que demander à son enfant de baisser le ton ou de s'asseoir correctement leur sera difficile parce qu'il les renvoie à leur propre souffrance passée. Chaque fois qu'ils formulent une exigence, ils ont l'impression d'infliger à leur enfant une détresse comparable à celle dont ils ont eux-mêmes fait l'expérience. C'est là une erreur d'interprétation qu'ils ne constateront qu'après être allés trop loin dans la permissivité, et il sera peut-être trop tard.

ENCADRER DANS LE RESPECT DES BESOINS

Il y a une différence entre demander à son enfant de se taire momentanément pendant qu'une autre personne parle et lui interdire d'ouvrir la bouche. Comme il y a une différence entre exiger de son enfant qu'il ramasse ses jouets quand il en a terminé et lui défendre de toucher à quoi que ce soit dans la maison. Ou entre faire un choix d'émissions qui tient compte des préférences de chacun et monopoliser l'appareil pour soi-même. Ou encore entre indiquer à son enfant qu'il ne peut manger du poulet sept fois par semaine et ne jamais lui offrir son plat préféré. Dans ces exemples, la première proposition tient compte des besoins de l'entourage incluant l'enfant, alors que la seconde en fait abstraction. Dans un cas, c'est le parent intérieur de l'adulte qui a le contrôle, alors que dans l'autre, ce sont ses besoins infantiles qui déterminent son choix.

Le parent qui encadre son enfant en se mettant à l'écoute de son expérience et en la prenant en compte peut lui faire vivre plusieurs frustrations sans ébranler son équilibre intérieur. Lorsqu'il indique à l'enfant ce qu'il considère comme le mieux, le parent en gestation à l'intérieur de ce dernier le décode et l'intègre, même s'il n'est pas encore suffisamment développé pour donner suite de lui-même aux impératifs qui lui sont transmis. L'enfant proteste, s'oppose, revendique, menace, argumente, met tout en œuvre pour se soustraire aux obligations ou aux interdictions, mais il sait quelque part en lui que la décision de son parent est justifiée. Une fois la crise passée, il sera en mesure d'en convenir et pourra évoluer sereinement sans traîner le ressentiment latent de celui qui se croit lésé sans motif valable.

L'enfant à qui le parent demande de ne pas faire de bruit parce que son frère ou sa sœur est malade, d'éviter de mettre la maison en désordre parce qu'on attend des visiteurs, d'arrêter de cogner contre le mur parce qu'il pourrait le défoncer, de se coucher plus tôt parce qu'il doit passer un examen important le lendemain ou de jouer dans la maison parce que le sol est trop détrempé à l'extérieur comprend que c'est là ce qui est le mieux compte tenu de la situation. De la même façon, celui à qui le parent indique qu'il agit de façon inappropriée en frappant son jeune frère, en s'éloignant sans permission, en importunant sa sœur affairée à ses devoirs, en refusant de prêter un jouet qu'il n'utilisait pas ou en se montrant impoli envers un invité sait pertinemment au fond de lui-même qu'il est en faute.

Cette prise de conscience ne l'empêchera pas de protester, revendiquer, s'indigner, crier à l'injustice ou nier ses torts. La pression des besoins est trop forte pour qu'il puisse orienter adéquatement son fonctionnement. Cependant, sous forme embryonnaire, son regard sur lui-même est suffisamment développé pour lui permettre, avec le soutien approprié, de voir plus loin que ce que lui suggèrent ses sens et de distinguer la préoccupation saine que masque la contrainte. C'est cette disposition qui maintient l'alliance avec le parent.

Plus l'enfant est placé devant l'évidence que ses parents sont des personnes responsables qui respectent les exigences de la réalité tout en veillant à ne jamais négliger ses besoins, plus il évolue dans un climat de confiance. Il se sent entre bonnes mains, il a l'assurance que son bien-être est au cœur des préoccupations de ceux qui veillent sur lui. Il n'en continuera pas moins à contester les décisions, à argumenter jusqu'à susciter l'exaspération ou à reprocher à ses parents leur intransigeance ; ce sont là des façons d'évacuer à peu de frais la frustration ressentie. Mais ces excès d'humeur, si bruyants soient-ils, auront un effet évanescent et n'affecteront ni le cheminement personnel de l'enfant ni la qualité du lien qui le relie à ses parents.

La qualité de vie à laquelle un encadrement sain donne accès engendre une sérénité émotionnelle permanente que les multiples irritants quotidiens ne viendront troubler que de façon superficielle sans en remettre les fondements en question ; c'est l'effet du caillou lancé dans un étang qui n'en perturbe la quiétude qu'un moment. L'enfant que le parent a forcé à se coucher tôt est bien content de réussir son examen ; celui qu'il a empêché d'être violent ou égoïste est bien content d'être protégé et respecté quand il est lui-même en situation difficile ; celui à qui le parent a fait prendre un médicament désagréable au goût est bien content de se sentir mieux; celui qu'il a puni à la suite d'une impolitesse est bien content de pouvoir nouer des relations où il se sent apprécié et estimé; et ainsi de suite.

L'ensemble des expériences satisfaisantes résultant d'un encadrement éclairé qui tient compte, à la place de l'enfant, de ses propres besoins (dont il ignore souvent la vraie nature au-delà de ce que ses sens lui en disent) et de ceux des personnes avec lesquelles il est en relation a ainsi comme effet paradoxal de rendre l'enfant moins sensible aux frustrations. Non seulement il ne se sent pas opprimé, mais les expériences permises par son encadrement le placent dans une disposition d'esprit qui le rend plus apte à tolérer les situations contraignantes, sans faire l'expérience d'une détresse intérieure.

Ce n'est généralement pas là ce qu'ont vécu les parents qui ont souffert d'un encadrement abusivement contraignant durant leur enfance. Ils ont été élevés par des personnes sans aucune perspective, qui fondaient leurs exigences sur leurs besoins, leurs obligations et leurs valeurs, sans égard pour ce que leurs enfants pouvaient ressentir, souhaiter, craindre, pour ce qui pouvait leur faire envie ou horreur. Le mieux était déterminé par des conventions sociales ou par les aspirations personnelles de leurs parents. Si ces personnes ont souffert, ce n'est pas parce que leurs parents ont été sévères à leur endroit, c'est parce que la sévérité dont ils ont été l'objet était au service de ceux qui l'exerçaient. C'est là uniquement ce qu'ils doivent éviter de reproduire. Et il n'est pas nécessaire de se montrer permissif à l'excès pour y parvenir.

La peur de traumatiser l'enfant

La peur d'opprimer l'enfant dans l'immédiat peut induire une crainte plus profonde: celle de le traumatiser, de menacer son équilibre émotionnel. Les meilleurs candidats à ce type d'inquiétude sont les personnes qui ont grandi sous la férule de parents immatures et impulsifs, dont les attitudes éducatives étaient déterminées par leur humeur variable plutôt que par un ordre rationnel. Ces parents pouvaient se montrer tantôt permissifs et affectueux, tantôt intolérants et vindicatifs selon qu'ils étaient sobres ou en état d'ivresse, de bonne humeur ou contrariés. Un même comportement de l'enfant pouvait donner lieu à des réactions diamétralement opposées d'une journée à l'autre ; les parents le toléraient un jour, puis le réprimaient violemment le lendemain. Des promesses pouvaient être faites, puis rompues ; des privilèges accordés, puis retirés sans explication.

LE CHEMIN DE L'ANXIÉTÉ

Les enfants élevés dans un contexte aussi anarchique vivent dans un climat de stress permanent qui peut certainement les mettre en difficulté sur le plan émotif. Se retrouver entre les mains de personnes dont le comportement est imprévisible est une expérience particulièrement anxiogène qui peut revêtir un caractère traumatique. L'enfant qui ne sait jamais dans quelle disposition son père ou sa mère va rentrer à la maison, qui risque d'être battu sans avoir fait quoi que ce soit de répréhensible, d'être privé de repas pour une vétille, et vers qui est canalisée la rancœur éprouvée envers le monde entier ressent une tension comparable à ce qu'éprouve une personne qui traverse un champ de mines… à la différence qu'il n'en sort jamais. Il peut en découler toute une panoplie de difficultés de développement, allant de problèmes de sommeil à des troubles de l'attention, en passant par une disposition à l'agitation, à l'insécurité et à l'agressivité.

Ces enfants retiendront plus tard qu'ils ont été violentés ou maltraités, et c'est ce qu'ils voudront à tout prix éviter de reproduire. Ils iront jusqu'à exclure toute forme de sanction physique dans leur approche éducative, même si, à l'expérience, ils constatent qu'ils se privent d'un recours important. Certains parents qui n'ont jamais levé la main sur leur enfant comprennent difficilement que leur attitude «douce» n'ait pas eu pour effet de prévenir les problèmes de comportement pour lesquels ils doivent maintenant consulter un spécialiste.

Ce qui a traumatisé les parents à qui répugne toute forme d'intervention physique, ce n'est pas d'avoir été l'objet de châtiments corporels durant leur enfance, mais de l'avoir été de façon anarchique. Nous faisons référence ici autant à la violence dont ils ont été la cible qu'à son caractère irrationnel. L'effet le plus dommageable d'une telle situation réside dans l'anxiété causée par l'incapacité permanente de se référer à des repères précis pour distinguer ce qui est acceptable de ce qui ne l'est pas et connaître ce qui détermine la gravité relative des écarts de conduite.

INTERVENIR DE FAÇON COHÉRENTE ET COMPRÉHENSIBLE

Les enfants doivent bénéficier d'un encadrement cohérent dont ils comprennent la logique. Une fois qu'ils ont été sensibilisés à l'importance de l'application dans le travail, du respect mutuel dans les relations et de la nécessité de se conformer à certaines règles d'hygiène, de ponctualité ou de gratitude, ils savent à quoi s'en tenir et ne sont pas longs à faire la différence entre ce qui peut être plus facilement transgressé et ce qui est davantage réprouvé.

À partir de là, leur destin est pour une bonne part entre leurs mains. Ils savent ce qui est considéré comme le mieux. Ils peuvent toujours le discuter ou le contester, mais en respectant les limites du cadre à l'intérieur duquel ils évoluent. Tant qu'ils ne les excèdent pas, ils sont à l'abri de l'anxiété, ce qui est déjà un acquis significatif. Au-delà, ils entrent dans le monde des sanctions, potentiellement générateur d'une certaine appréhension. Mais dans la mesure où les punitions sont prévisibles, justifiées et proportionnelles à la gravité de l'écart, l'enfant les subira uniquement comme un désagrément passager, surtout si elles conduisent au bout du compte à une expérience positive, comme un accomplissement personnel, la résolution d'un problème, l'ouverture relationnelle ou un bénéfice matériel.

SANCTIONS PHYSIQUES ET VIOLENCE

La peur de traumatiser l'enfant a permis d'évoquer la question des sanctions physiques. Même si la violence à l'endroit des enfants est tout à fait condamnable dans le contexte anarchique décrit précédemment, on ne peut exclure d'emblée l'éventualité du recours à une certaine pression physique. Les conditions bien concrètes dans lesquelles peut s'exercer une telle pression feront l'objet de quelques considérations au chapitre 11, mais il importe pour le moment de situer la place de ce type d'intervention dans le cadre disciplinaire, en relation avec les craintes qui constituent la préoccupation majeure de ce chapitre.

Le rôle du parent est de faire en sorte que son enfant se comporte de la manière la plus adaptée possible en tenant compte de lui-même et du monde qui l'entoure. Les impératifs qui régissent la vie de l'enfant sont tout autres. Plus souvent qu'autrement, il est le jouet de ses impulsions et évolue indépendamment de toute finalité d'adaptation, comme il a été démontré. C'est donc au parent qu'il revient de corriger la trajectoire et de réorienter l'enfant.

Un simple rappel à l'ordre peut suffire, mais lorsque l'ampleur de l'impulsion maintient l'enfant dans la direction inappropriée, le parent doit augmenter la pression et peut être conduit à sévir. Il va de soi que la punition doit être la moins éprouvante possible pour l'enfant, tout en visant l'objectif de modifier la trajectoire. Si l'enfant s'est engagé dans une direction qui le conduira à se faire du tort ou à faire indûment du tort à d'autres personnes, il faut que la situation soit redressée. Le parent qui se soustrait à cette obligation se désengage. Devant la résistance de l'enfant, il doit augmenter la pression jusqu'à ce que le virage soit effectué.

Il peut arriver, et c'est loin d'être l'exception, que les mesures choisies s'avèrent insuffisantes et que le parent se voit contraint d'intervenir physiquement. Celui qui élimine a priori cette option se lie les mains en quelque sorte, s'exposant à provoquer une dégradation du climat relationnel, tout compte fait plus préjudiciable à l'enfant qu'une tape sur les fesses.

L'enfant qui agit à sa guise, n'obéit à rien, se désorganise à la moindre frustration, sollicite sans arrêt ses parents, les invective, les méprise et passe outre aux réprimandes, aux menaces et aux punitions finit par pousser son entourage dans ses derniers retranchements et à induire une violence émotionnelle dont il est le premier à subir le contrecoup. Il en vient à agir dans un contexte de tension permanente où les sentiments qu'il suscite oscillent entre l'exaspération et le découragement, entre le ressentiment et l'affliction, autant d'expériences susceptibles d'affecter son intégrité et de miner son développement.

Dans la mesure où le parent observe certaines règles élémentaires, comme ne jamais rudoyer ou blesser l'enfant, n'intervenir physiquement que lorsque la situation l'y oblige et conserver sa maîtrise de lui-même, son geste n'aura rien de traumatisant pour l'enfant. Celui-ci le ressentira comme une expérience désagréable à vivre mais sans résonance intérieure. Il saura pertinemment qu'il a mérité sa fessée et il s'en souviendra comme d'une balise situant clairement la limite ultime à ne pas franchir.

Toute sanction physique n'est-elle pas un acte de violence?, soutiendront les parents et les spécialistes de l'éducation qui craignent de s'aventurer sur ce terrain. Malheureusement, on associe trop rapidement et trop facilement l'intervention physique dans une perspective d'encadrement positif et de violence faite aux enfants. Il ne s'agit pas de nier la réalité des enfants battus. Il peut y avoir plus que de la sévérité chez le parent qui frappe son enfant, tout comme il peut y avoir plus que de l'affection chez celui qui embrasse son enfant. Mais il se peut aussi qu'il n'y ait que sévérité et affection.

C'est la mobilisation pulsionnelle derrière le geste qui indique son caractère inadapté et pathogène. L'encadrement est nocif pour l'enfant quand il relève de l'anarchie pulsionnelle. Or, il se trouve que plus le cadre est irrationnel et contaminé par les impulsions, plus il risque de donner lieu à une forme ou à une autre de violence physique, qui en deviendra l'expression la plus spectaculaire. De là la tentation de concentrer l'attention sur le geste lui-même, sans prendre en compte le contexte ou l'intention, et de le considérer comme un phénomène traumatisant par définition.

Si ce qui brime l'enfant, c'est de ne pas être respecté, ce qui le traumatise, c'est de ne pas comprendre. La satisfaction de ses besoins lui permet de ne pas se sentir «en manque»; la possibilité de se situer à l'intérieur d'un cadre dont il peut saisir le bien-fondé lui permet, par ailleurs, de se sentir en sécurité. Il peut ainsi évoluer sereinement sans s'en faire outre mesure. Quand son impulsivité le conduit sur un terrain glissant, il devient moins à l'aise, mais il sait qu'il dispose encore d'une marge de manœuvre pour rétablir son fonctionnement. Dans la mesure où il se donne la peine de faire un effort sur lui-même, tout rentre dans l'ordre. S'il ne se donne pas cette peine, son parent devra introduire une mesure d'intervention qui donnera plus de poids à sa conscience lorsque l'espèce fera de nouveau pression de façon inconsidérée.

Il ne s'agit pas pour le parent de forcer l'enfant à faire ce qu'il veut qu'il fasse, mais bien de l'obliger à faire ce qu'il sait devoir faire et, aussi peu évident que cela paraisse, ce qu'il consent à faire. L'enfant qui est l'objet d'un encadrement sévère mais cohérent et rationnel pourra avoir peur à l'occasion, mais il sera rarement anxieux. La peur ressentie de façon occasionnelle n'aura pas plus de résonance psychique à long terme que la réaction provoquée par les aboiements d'un chien atta-ché, le klaxon d'un conducteur impulsif ou l'invective d'un mendiant mécontent.

La peur de rendre l'enfant violent

Il y a des parents dont la plus grande appréhension est de voir leur enfant réagir à la violence par la violence. Ils craignent qu'en étant exposé à un modèle de relation qui fait place à des confrontations teintées d'agressivité, l'enfant n'en vienne à s'en inspirer pour résoudre ses difficultés et ne développe des habitudes de violence. Avec ses frères et sœurs d'abord, puis avec son entourage et, éventuellement, avec ses propres enfants.

Encore une fois, on fait référence à une inquiétude qui s'appuie sur certains antécédents. Plusieurs jeunes enclins à régler leurs différends à coups de poing ont grandi dans un environnement qui privilégiait les solutions expéditives quand venait le temps de sévir face aux comportements jugés indésirables. De là cependant à établir une relation directe entre un encadrement ferme qui peut comporter des sanctions physiques et le développement d'une propension à la violence chez l'enfant, il y a un pas qu'on se gardera de franchir avant d'avoir pris connaissance des éléments qui suivent.

FAVORISER LA MENTALISATION

Nous avons mentionné qu'il est important que l'enfant évolue dans un univers cohérent et compréhensible, mais il y a une condition sur laquelle il convient maintenant d'insister pour bien en faire ressortir la spécificité. S'il suffisait d'un encadrement cohérent et compréhensible, il n'y aurait aucune différence entre élever un enfant et dresser un animal. Le chien qui encaisse un coup de journal sur le museau chaque fois qu'il aboie sans motif valable se situe dans un univers qu'on est en droit de qualifier non seulement de cohérent mais aussi de compréhensible, dans la mesure où le message passe et où l'intervention le conduit ordinairement à cesser ses jappements. Or, l'encadrement d'un enfant comporte une dimension supplémentaire qui lui donne un tout autre aspect.

Le potentiel cognitif des enfants permet aux parents de s'affranchir du modèle d'échange simpliste action-réaction et de le remplacer par un modèle qui fait une large place à un troisième élément: la *mentalisation.* Entre le comportement inapproprié (action) et sa conséquence (réaction), il est possible d'insérer un cheminement mental qui permettra éventuellement à l'enfant d'aborder les situations avec suffisamment de perspective pour se dégager de son agir et faire appel davantage à sa raison dans ses relations avec l'environnement.

Pour que cette aptitude se développe, il faut que le parent se donne la peine de la mettre lui-même à contribution quand il intervient. Si l'enfant a été entraîné à faire l'exercice de la perspective, il en viendra à être capable de voir au-delà du sentiment de frustration ou d'insatisfaction du moment, et à partir de là, il sera en mesure de reconnaître sa part de responsabilité dans un différend, d'admettre le bien-fondé d'un refus, etc. Chaque exigence, chaque interdiction, chaque réprimande, chaque punition doit être accompagnée d'une explication qui permet à l'enfant d'en évaluer la pertinence, de façon à ce qu'il développe un regard critique face à lui-même. C'est une condition indispensable à l'émergence de la conscience, comme nous le verrons dans la cinquième partie.

LE DRESSAGE OU L'ÉDUCATION AU PREMIER DEGRÉ

Le souci d'aller à l'essentiel conduit certains parents à évacuer à peu près complètement l'exercice de l'autocritique. Ils réduisent alors, le plus souvent sans s'en rendre compte, l'encadrement à son expression la plus simple: le dressage. L'enfant indispose par sa présence? On lui crie d'aller jouer ailleurs. Il touche à la télévision? Il reçoit une tape sur la main. Il veut faire valoir un point de vue à un moment qui apparaît inopportun? On lui dit de se la fermer. Il ne marche pas assez vite? On le traîne par la main. Il brise une assiette? On le frappe. Action, réaction! Les enfants qui grandissent dans un contexte semblable sont les plus susceptibles de développer ce qu'on appelle, avec plus ou moins de bonheur, des *habitudes de violence.*

Le choix de cette expression est doublement discutable. D'abord le terme *habitude* donne l'impression que l'enfant a tendance à reproduire ce dont il a été le témoin, qu'il a *appris* à résoudre ses difficultés en ayant recours à des comportements violents. Or, c'est tout le contraire d'un apprentissage. L'enfant n'a pas besoin d'apprendre à frapper contre les murs quand il est frustré ou à sortir les poings quand quelqu'un l'indispose; il n'a qu'à se laisser porter par son impulsion, le reste se fait tout seul. Les actes violents sont l'expression d'une carence de développement et non le résultat d'un apprentissage. C'est l'inaptitude à jeter un regard critique sur l'expérience du moment et à orienter son fonctionnement en conséquence qui empêche l'enfant de se sortir de l'agir.

La distinction est importante parce que ce genre de confusion alimente maints discours sur la discipline. Ce n'est pas parce qu'il est encadré avec fermeté qu'un enfant développe une propension pour l'agir, mais parce qu'il est encadré de façon primitive. Or, un parent peut se montrer ferme et même sévère sans être primitif; il suffit de se dégager lui-même de l'agir et de prendre le temps de placer son enfant devant la réalité, opération mentale que celui-ci n'est pas encore capable de réaliser par lui-même. C'est seulement après un tel effort que le parent aura recours à certaines mesures si elles lui paraissent nécessaires.

LES ORIGINES DE LA VIOLENCE

Le terme «violence», tiré de l'expression *habitudes de violence,* est lui aussi fort discutable. On aura peut-être noté qu'il était question, dans le paragraphe précédent, d'une propension pour l'*agir* plutôt que pour la violence. C'est qu'il y a une différence entre réagir impulsivement et être violent. Les enfants élevés dans un cadre primitif par des parents qui réduisent l'éducation à une entreprise de dressage manqueront de discernement, seront incapables de différer une satisfaction ou de tolérer une frustration, et se montreront prompts à appuyer sur la détente. Mais il y a une marge entre passer rapidement de la parole aux actes et faire usage de violence. La situation affective de l'enfant qui parle sans réfléchir et est sujet à des débordements moteurs n'est pas la même que celle de celui qui, sans motif apparent, assène soudain un coup de pied dans le ventre d'un autre enfant. L'agir devient violence quand il est l'expression d'un mouvement destructeur.

Il est très possible qu'un encadrement primitif prédispose davantage à la violence, mais associer trop intimement l'un à l'autre risque de faire perdre de vue qu'un enfant peut très bien avoir été élevé dans un contexte où le dialogue et la réflexion sont encouragés, et céder régulièrement à des poussées de violence. Au-delà de la propension pour l'agir, ce qui prédispose les enfants à la violence, c'est la souffrance. Un enfant ne devient pas destructeur parce qu'il voit de la violence, pas plus qu'il ne devient affectueux parce qu'il voit de l'amour. Ce sont là des émotions intimes qui ne peuvent être éprouvées sur commande, mais qui découlent directement de l'expérience vécue.

LA VIOLENCE À LA TÉLÉVISION AU BANC DES ACCUSÉS

Ouvrons ici une parenthèse pour aborder la question de la violence à la télévision. La compréhension du processus qui mène à un agir destructeur conduit naturellement à prendre ses distances par rapport à la levée de boucliers populaire contre les scènes de combat ou les affrontements guerriers au petit écran. Ces séquences peuvent-elles induire la violence chez les enfants ? Ceux qui prétendent que oui tracent une équation douteuse entre la présentation d'affrontements, armés ou non, et la violence.

Les enfants sont spontanément attirés par ce qui leur permet de vivre une expérience de grandeur, notamment par l'identification à des héros puissants, forts ou ingénieux. C'est là une dimension normale de leur développement, probablement accentuée davantage chez les garçons. C'est cette fascination pour tout ce qui donne accès au sentiment de vaincre ou de conquérir qui porte les enfants à s'intéresser aux émissions télévisées mettant en scène des forces antagonistes.

Généralement, les enfants ne veulent ni faire du mal ni détruire ; ils veulent triompher. La mise en situation qui leur convient le mieux est la suivante : un (ou plusieurs) défenseur du bien (de la paix, de l'harmonie, de la fraternité, de la liberté, etc.), qui dispose d'habiletés, de pouvoirs ou de ressources lui permettant de se présenter comme une incarnation de l'idéal ; en face de lui, un (ou plusieurs) adversaire dont l'allure patibulaire, les desseins malveillants et les agissements répréhensibles font une incarnation sans équivoque du mal. Une fois les protagonistes ainsi campés, le bien triomphe du mal après avoir affronté divers périls qui confèrent plus de valeur à l'entreprise.

Pendant que l'enfant s'associe à la quête du héros, sa réalité intérieure ne va pas au-delà de l'expérience même de vaincre. Les notions de souffrance et de mort lui sont étrangères. Il lui importe avant tout de surmonter les difficultés et de mettre l'ennemi hors d'état de nuire. En fait, non seulement les enfants ne sont pas engagés dans une démarche ouvertement destructrice, mais la majorité d'entre eux réagissent négativement lorsqu'ils sont exposés à des scènes de violence explicite, comme c'est le cas dans certains films à sensation et, de manière encore plus immédiate, dans des reportages télévisés montrant les atrocités infligées à des victimes d'oppression.

La plupart des concepteurs d'émissions ont fort bien compris cette particularité et prennent soin de ne pas inclure de référence de cette nature dans leurs œuvres. On ne voit ni sang, ni souffrance, ni blessure, ni mort. Les vilains sont mis hors de combat, s'enfuient ou se volatilisent sans laisser de trace. L'enfant peut ainsi s'abandonner à son besoin d'affirmer sa valeur sans être troublé par des interférences malsaines. Présenté dans cette perspective, le spectacle d'actes guerriers a une fonction identificatoire valable en ce qu'il induit alors non pas de la violence, mais bien de la grandeur.

Pour que des scènes de combat soient reproduites dans le contexte d'un agir destructeur, il faut que la violence soit présente chez l'enfant a priori. Celui-ci se sert alors des figures d'identification auxquelles il a accès pour actualiser une destructivité qui lui est propre. La charge violente elle-même est toujours l'expression d'une souffrance que l'enfant cherche à évacuer dans un contexte qui s'apparente au jeu, afin qu'il ne puisse en reconnaître la réalité.

Quand un parent voit son enfant emprunter les traits de son héros favori pour se livrer à des actes violents, sa réaction spontanée est de pointer du doigt les émissions qui paraissent les avoir inspirés. Or, ce n'est pas la télévision qui fait souffrir l'enfant et qui l'incite à se manifester sur un mode violent, c'est le manque d'attention à ses besoins, son incapacité d'affirmer sa valeur, l'indifférence à ses réalisations, les demandes excessives qu'on lui adresse, le laisser faire qui le rend insupportable et détesté, etc. Un enfant souffre de ne pas se sentir valable et aimé. En faisant porter une grande partie de la responsabilité de la violence aux diffuseurs, on court le risque de laisser la proie pour l'ombre. La solution au problème de la violence passe plutôt par une remise en question de la qualité de l'investissement dont les enfants sont l'objet.

La télévision ne conduit donc pas directement à la violence, parce que la violence ne peut être reproduite par simple imitation. Elle est un état indépendant de la situation dans laquelle se trouve celui qui s'y adonne et qui nécessite l'expérience d'une souffrance intérieure. Des enfants peuvent participer à des jeux de guerre ou de combat, incarner des cowboys ou des Ninjas, sans qu'il soit possible de détecter de la violence dans leur expérience ; celle-ci se situe alors tout entière dans le registre de l'émulation, de la grandeur et de la conquête. En revanche, d'autres enfants peuvent jouer à la poupée ou pratiquer des activités de bricolage et, au moyen de ces activités en apparence inoffensives, exprimer une violence manifeste. Quand les jeux et les échanges d'un enfant sont teintés de violence, c'est que son expérience est contaminée par la haine. Et si cet enfant est envahi par ce genre d'émotion, c'est bien souvent parce qu'il souffre dans ce qu'il est.

Établir un cadre disciplinaire, aussi sévère soit-il, ne suffit pas à rendre un enfant violent. Cependant, la façon dont les relations sont vécues à l'intérieur de ce cadre peut, elle, avoir une incidence négative sur la vie intérieure de l'enfant et engendrer une souffrance le conduisant à la violence. On touche ici à une autre peur souvent évoquée quand il est question d'encadrement, la crainte de donner à l'enfant l'impression qu'on ne l'aime pas.

La peur de faire vivre le rejet

La plus grande inquiétude que suscite la perspective d'une stratégie éducative en partie axée sur la réprobation est de faire vivre une expérience de rejet à son enfant. Le parent hésite à se montrer sévère parce qu'il craint de lui donner l'impression qu'il ne l'aime pas et de l'amener à développer une perception négative de lui-même.

GARE AUX IMPOSTURES !

Ce n'est pas le principal intéressé qui le contredira sur ce point, bien au contraire. L'enfant qui décèle une préoccupation de cette nature chez son père ou sa mère aura tôt fait d'entrevoir le bénéfice qu'il peut en tirer et d'exploiter la situation à son avantage immédiat. La moindre critique, le plus petit blâme seront accueillis par une salve de récriminations : « Tu ne n'aimes pas ! », « Tu l'aimes (mon frère ou ma sœur) plus que moi ! », « Personne ne m'aime ! », « Tu me critiques toujours ! », « Je ne fais jamais rien de bien ! », etc. En dernier recours, l'enfant se rabattra parfois sur le spectaculaire « Je vais me tuer ! », dont l'effet déstabilisant sur les parents est à peu près garanti.

Cela ne veut pas dire que les enfants ne sont pas véritablement sensibles au rejet et qu'ils ne peuvent être blessés quand ils sont pris à partie par leurs parents. Il serait paradoxal qu'après avoir tellement insisté sur la place centrale qu'occupent la quête de regards et l'urgence d'être investi, on en arrive maintenant à la conclusion que l'expérience répétée de se sentir rejeté a un effet négligeable sur la santé mentale de l'enfant. Il n'y a pas de plus grande souffrance pour un enfant que de se sentir mal aimé. Mais encore faut-il que ce soit vraiment le cas !

Habituellement, ce ne sont pas les enfants qui crient leur détresse le plus fort qui la ressentent le plus intensément. L'expérience de ne pas se sentir considéré est extrêmement pénible et la première réaction de la plupart des enfants qui la vivent est de la nier. Quand on essaie de faire admettre à un enfant qui a été négligé, abusé, maltraité ou abandonné que, somme toute, son père ou sa mère ne l'a pas beaucoup aimé, on se bute le plus souvent à une dénégation catégorique. L'enfant persiste, en dépit de l'évidence, à excuser son parent et refuse que l'on mette en doute l'attachement de ce dernier à son endroit.

L'exemple le plus typique est celui du père qui déserte le foyer, n'assume aucune de ses obligations, ne se préoccupe à peu près pas du sort de ses enfants et qui pourtant n'a qu'un mot à dire pour les convaincre qu'au bout du compte, la vraie coupable, c'est leur mère. Ces enfants sont incapables de reconnaître que leur père peut les avoir abandonnés simplement parce qu'il ne les aimait pas suffisamment. Ils sont prêts à croire n'importe quoi et même à se retourner contre celle qui les aime vraiment pour ne pas faire face à la réalité du rejet dont ils ont été l'objet. En agissant de la sorte, ce n'est pas leur père qu'ils protègent, mais leur propre intégrité.

Cet exemple illustre à quel point il est difficile pour un enfant d'admettre et d'exprimer qu'il n'est pas aimé comme il le voudrait, même quand il est placé devant l'évidence. L'effort de conscience est trop éprouvant, la blessure intérieure trop douloureuse. Il y a donc lieu de s'interroger sur la nature du sentiment qui anime l'enfant quand il utilise l'argument du rejet à toutes les sauces et exprime son mal de vivre chaque fois qu'il est contrarié. On peut présumer que s'il est si empressé d'affirmer qu'il n'est pas aimé, c'est qu'il est intimement persuadé du contraire.

Curieusement, ce sont presque toujours les parents les plus préoccupés par les états d'âme de leur enfant et les plus soucieux de le convaincre de leur affection qui sont l'objet des récriminations les plus virulentes. Ils font tout ce qu'ils peuvent pour lui faire plaisir (sorties, présents, attentions, privilèges…) et s'appliquent à l'indisposer le moins possible. C'est peine perdue. Dès qu'ils tentent, même timidement, de prendre une quelconque initiative d'autorité (exiger, refuser, réprouver…), l'enfant ne voit plus rien au-delà de l'expérience du moment et s'engage dans un réquisitoire qui se termine invariablement par un «Tu ne m'aimes pas» ou un autre énoncé accusateur du même genre. S'ensuivent, pour les parents, d'interminables explications pour tenter, vainement, de se justifier aux yeux de l'enfant. Finalement, les parents, de guerre lasse, reviennent sur leur position.

La difficulté tient à ce que l'affection est réduite à des considérations comportementales. Lorsqu'un parent affirme qu'une critique, un blâme ou une réprimande à l'endroit de son enfant va conduire celui-ci à penser qu'il ne l'aime pas, il soutient implicitement que ce sont des actes qui indiquent à l'enfant ce qu'il éprouve pour lui.

LA SPÉCIFICITÉ DU REJET

À la différence de l'animal familier, les enfants disposent d'un outillage mental qui leur permet de faire la part des choses et de voir au-delà du geste. Bon nombre d'entre eux peuvent se faire gronder fréquemment sans qu'il leur vienne à l'esprit que leurs parents ne les aiment pas. Au-delà des éclats fugitifs du moment, ils sont sensibles, non pas à ce que leurs parents font, mais à ce qu'ils ressentent.

Pour qu'un enfant se sente rejeté, il faut qu'il soit exposé à un mouvement rejetant. Ce n'est pas le degré de sévérité du parent, mais la charge émotionnelle dont elle est empreinte qui détermine l'expérience de l'enfant. Quand un parent se dirige vers son enfant pour sévir à son endroit, ce n'est pas ce qu'il va faire mais l'esprit qui va l'animer au moment où il le fera qui aura le plus d'influence sur l'équilibre affectif de l'enfant. Plus le parent est dégagé sur le plan émotif, plus la conséquence de son intervention sera limitée à celle qui est explicitement souhaitée, soit le rétablissement d'un fonctionnement adéquat. Plus l'attitude du parent est empreinte d'hostilité, plus l'enfant sera atteint intérieurement, au-delà du comportement que l'intervention visait à corriger.

Une précision s'impose. Ce n'est pas parce qu'un parent hausse le ton, apostrophe énergiquement son enfant ou lui donne des tapes sur les fesses qu'il est automatiquement hostile. L'agressivité et l'hostilité sont des émotions très différentes, qu'il convient de bien distinguer.

AGRESSIVITÉ ET HOSTILITÉ

Il n'est pas possible d'encadrer un enfant sans occasionnellement mettre à contribution une certaine dose d'agressivité. De façon générale, le parent ne peut espérer venir à bout de l'anarchie pulsionnelle qui caractérise l'enfant sans y opposer un encadrement énergique. L'enfant doit sentir qu'il a en face de lui un parent volontaire et déterminé, capable de contenir ses excès lorsque c'est nécessaire. Plus l'enfant a tendance à se montrer complaisant envers lui-même en cédant aux impulsions qu'il sait par ailleurs inadaptées, plus le parent doit augmenter la pression pour l'amener à se comporter de façon adéquate.

Le contexte peut varier mais la position du parent demeure toujours la même. Face à l'enfant qui a fait preuve d'impolitesse, de désobéissance ou de négligence, qui a commis un acte violent ou qui exprime une mauvaise humeur injustifiée, le parent est en droit de manifester ouvertement son insatisfaction et de prendre les mesures qu'il juge nécessaires, ce qui est difficilement réalisable sans un minimum d'agressivité.

Pour que l'intervention demeure saine, il faut que l'agressivité soit exprimée par choix, uniquement parce que la situation l'exige, donc dans un contexte où le parent est lui-même peu mobilisé. Un parent fonctionnant sur cette base peut par exemple interrompre son travail au moment où il est témoin d'un comportement inapproprié, manifester sa réprobation avec le mécontentement qui s'impose, sévir au besoin, puis, dans la même séquence, retourner vaquer à ses activités sans se sentir plus ébranlé sur le plan émotif après l'incident qu'il ne l'était avant.

C'est tout le contraire pour le parent qui, avant d'intervenir, attend que son niveau d'exaspération soit rendu à son comble et commande une décharge qui s'avérera aussi éprouvante pour lui-même que pour son enfant. Mais aussi surprenant que cela puisse paraître, même dans ce cas l'enfant ne se sentira pas forcément rejeté pour autant. Son expérience se situera plus probablement dans le registre de l'anxiété, déterminée par un encadrement irrationnel.

Pour qu'un enfant se sente rejeté, il faut qu'il soit exposé à un affect hostile. Or, un parent peut être violent sans être hostile, de la même façon qu'un parent peut être hostile sans afficher une propension à la violence. Cette distinction explique que certaines personnes peuvent jeter les hauts cris à tout moment sans vraiment déranger qui que ce soit, alors que d'autres peuvent démolir leur interlocuteur par une simple remarque.

L'hostilité est un phénomène complexe qui peut entraîner le rejet et affecter sérieusement la construction de l'identité, comme nous le verrons au chapitre 17, mais nous nous limiterons ici à distinguer la réprobation du rejet. Il y a une grande différence entre dire à son enfant qu'il n'est pas gentil et lui faire sentir qu'on le déteste. Tant qu'un parent ne se sent pas atteint intérieurement, il peut faire toutes les remontrances qu'il voudra à son enfant, celui-ci ne se sentira pas rejeté. Il percevra clairement que c'est ce qu'il fait qui est en cause bien plus que ce qu'il est. Le parent s'en tient alors à lui faire prendre conscience de l'inadéquation de son comportement, sans l'investir de haine. Quand ce que fait l'enfant menace le parent dans son intégrité, ce dernier réagit face à son enfant comme à un corps étranger dont il faut se débarrasser. C'est alors que l'enfant peut vraiment éprouver une sensation de rejet.

C'est le cas notamment quand un père n'est pas capable d'accepter que son fils ne soit pas un bagarreur parce que cela remet en question sa propre virilité. Le père méprise dans la présentation normale de son enfant tout ce qui, selon ses critères, peut être associé à des caractères féminins (douceur, tendresse, délicatesse, sensibilité...). Voir son garçon reculer ou pleurer peut, dans ce contexte, susciter un affect hostile et conduire à une attitude de rejet.

Il en va de même de la mère qui a de la difficulté à voir sa fille grandir, parce que toute sa valeur tient à son rôle de mère indispensable. Elle aura tendance à réprimer violemment les expressions d'autonomie de son enfant, au point de lui faire éprouver le sentiment qu'elle est mauvaise chaque fois qu'elle prend une initiative ou affirme son indépendance.

Voici d'autres exemples de situations qui peuvent provoquer des risques de rejet. Tel parent qui a de la difficulté à faire face aux situations de conflit manifestera du ressentiment envers son enfant parce qu'il est obligé de téléphoner lui-même au directeur de l'école à la suite d'un incident au cours duquel c'est l'enfant qui a été lésé. Tel enfant indique une préférence pour demeurer en compagnie d'un de ses deux parents au moment où ceux-ci doivent se séparer temporairement; même s'il a fondé son choix sur des considérations objectives valables, il crée une indisposition dont il subira éventuellement le contrecoup. Tel parent oblige son enfant à montrer son savoir-faire devant la parenté sans avoir pris soin de vérifier si celui-ci est capable de s'exécuter, puis il lui tient rigueur de ne pas avoir été à la hauteur de ses attentes. Tel parent qui a besoin d'être aimé de tout le monde prend parti, à tort, contre son enfant à la suite d'une altercation avec un petit voisin, parce qu'il a peur de s'aliéner l'affection des parents de celui-ci. Tel parent prend ombrage des succès de son enfant parce qu'il n'est pas rassuré sur sa propre valeur.

AVOIR LE RECUL NÉCESSAIRE

Dans chaque exemple, le parent est personnellement atteint et exprime en retour une violence émotionnelle que le comportement de l'enfant ne justifie pas. Plus un parent est vulnérable dans son intégrité personnelle, plus il risque d'éprouver de l'hostilité à l'endroit de son enfant, donc de lui faire vivre une expérience de rejet. C'est pourquoi il est si important, avant d'intervenir auprès de son enfant, que le parent prenne une fraction de seconde pour s'interroger sur le sentiment qui l'anime. L'intervention sera d'autant plus préjudiciable que le ressentiment personnel envers l'enfant est intense. Le parent doit faire la part entre ce qui relève de sa propre vulnérabilité et ce qui est objectivement répréhensible, de façon à ne pas faire porter à l'enfant le poids de ses malaises existentiels et risquer d'implanter en lui son propre mal de vivre.

Quand l'impulsion est trop forte et que le parent intervient avant d'avoir pris le recul nécessaire pour extraire de la réprimande la composante hostile, il lui reste toujours la possibilité d'en annuler au moins partiellement les effets nocifs en rétablissant la perspective aux yeux de l'enfant. Il suffit de revenir sur l'échange avec l'enfant en maintenant les remontrances qui sont objectivement justifiées, mais en convenant, par référence aux exemples présentés précédemment, qu'un garçon peut être normal sans être un dur à cuire, qu'il n'est pas mauvais de préférer sortir seul avec des amis, que le déplaisir ressenti au moment de téléphoner au directeur de l'école n'a rien à voir avec l'enfant, qu'un enfant a le droit de se sentir plus à l'aise avec l'autre parent dans certaines occasions... et que ce n'est pas parce que le parent éprouve de la difficulté à tenir son rôle que l'enfant doit en subir les conséquences.

L'enfant accueille toujours une telle attitude avec soulagement. Ce qui a été vécu reste imprimé mais l'expérience, tout éprouvante qu'elle ait été, devient à partir de ce moment quelque chose d'extérieur; l'enfant ne la retient pas comme une expression de lui-même.

Il est important que le parent fasse l'exercice de réfléchir sur ses mouvements émotionnels inappropriés, parce que l'exposition répétée à ce type de réaction conduit l'enfant à vivre des contradictions internes sur lesquelles s'édifient certains troubles de la personnalité.

• • •

Les appréhensions relatives au danger d'imposer aux enfants un encadrement contraignant ne sont donc pas nécessairement fondées. Encadrer ne cause, en soi, aucun tort à l'enfant. C'est seulement à partir du moment où il présente un caractère inapproprié que l'encadrement devient problématique. Le parent qui se montre attentif aux besoins de son enfant, dont les interventions sont cohérentes et rationnelles, qui prend le temps de lui faire comprendre le bien-fondé de ses exigences et qui s'efforce d'avoir le recul nécessaire pour maintenir un jugement objectif, peut s'engager sur la voie de la discipline sans s'inquiéter de ses effets sur la santé mentale de son enfant.

CHAPITRE 6

LES RÉTICENCES CONCERNANT LE PARENT

Si certains parents ont peur qu'un encadrement trop strict ne cause du tort à leur enfant, d'autres sont freinés par une crainte des conséquences pour eux-mêmes. Ce sont des personnes qui ne contestent pas la nécessité d'imposer un minimum de discipline aux enfants, mais qui éprouvent de la difficulté quand vient le temps d'affirmer leur autorité.

La peur de perdre l'affection de son enfant

Pour des personnes qui n'ont pas été choyées sur le plan affectif, mettre un enfant au monde est souvent perçu comme l'occasion de vivre une relation privilégiée où il leur sera enfin possible de recevoir l'amour dont elles ont été privées. Se retrouver dans un contexte d'exclusivité relationnelle avec un être en position de dépendance extrême crée des attentes élevées chez le parent qui compte sur son enfant pour mettre un terme à sa disette affective.

Les premiers mois se passent généralement bien, étant donné les limites fonctionnelles inhérentes à la condition de nourrisson. Mais la marche vers l'autonomie place rapidement le parent devant une réalité de plus en plus incontournable : il doit frustrer son enfant. Il doit exiger, refuser, interdire et parfois même punir. En un mot, il doit l'indisposer et, ce faisant, il risque de s'aliéner une affection dont il a un pressant besoin. Affirmer son autorité devient un exercice déchirant pour ce parent, partagé entre la nécessité d'imposer certaines contraintes et la peur de se mettre à dos son enfant.

La stratégie adoptée devant un tel dilemme est habituellement de tenter de raisonner l'enfant de manière à ce qu'il accepte les contraintes de lui-même. Il en résulte d'interminables discussions où le parent cherche à convaincre son enfant qu'il agit pour son bien, qu'il ne peut pas tout lui donner, qu'un enfant doit se montrer gentil et ne peut toujours faire ce qu'il veut, et ainsi de suite. En vain, car l'enfant accueille ces explications avec la même mauvaise foi que celui qui clame à tout moment que son père ou sa mère ne l'aime pas. Le «Tu ne m'aimes pas» est alors remplacé par le tout aussi classique «Je ne t'aime plus», dont l'effet déstabilisant est ici encore à peu près assuré.

Dans ce cas, le chemin vers la perspective passe par une triple prise de conscience :

1° un parent n'est pas là pour se faire aimer, mais pour faire ce qu'il juge le mieux pour son enfant ;

2° le parent n'a pas à craindre de perdre l'amour de son enfant puisque les enfants sont de toute façon incapables d'aimer, au sens où on l'entend généralement ;

3° le parent risque davantage d'éloigner son enfant sur le plan affectif en se montrant permissif qu'en le disciplinant.

RÉTABLIR LES PRIORITÉS

Quelle que soit la nature des besoins personnels du parent, sa préoccupation première doit viser à favoriser un développement sain chez son enfant. Cette préoccupation doit avoir préséance sur toutes les autres, y compris celles qui ont trait à l'affection de l'enfant. Le développement d'un enfant, considéré dans sa perspective optimale, doit lui permettre de devenir un individu qui dispose d'une solide estime de lui-même, qui fonctionne sur la base d'un univers pulsionnel bien maîtrisé, qui est capable de s'inscrire de façon harmonieuse dans des relations et qui a un regard éclairé sur son expérience lui permettant d'adapter son fonctionnement. Un tel aboutissement ne coule pas de source. Le parent doit amener son enfant à se réaliser, moduler ses échanges avec son environnement, freiner ses élans pulsionnels inappropriés, le placer face à lui-même, etc. Il fera en sorte que l'individu émerge de l'espèce, processus qui ne peut être réalisé sans douleur, sans causer à l'enfant de multiples insatisfactions ponctuelles et le ressentiment qui en découle.

Dans cette perspective, le parent doit s'attendre à voir ses échanges avec son enfant régulièrement teintés d'une charge agressive qui en altérera le caractère satisfaisant. L'enfant ne se gênera pas pour contester, revendiquer, menacer, injurier et même rejeter. L'attitude du parent devant de tels débordements doit lui permettre de se maintenir au-dessus de la mêlée, c'est-à-dire de demeurer imperméable aux agressions dont il est l'objet. Il ne s'y arrêtera que pour évaluer la gravité des écarts de conduite de l'enfant et être en mesure de déterminer la nature des interventions requises (réprimandes, sanctions, etc.). L'attitude optimale consiste à se montrer attentif aux excès d'humeur de l'enfant sans être concerné par ceux-ci, ce qui ne va pas de soi.

Pour y parvenir, le parent doit en quelque sorte puiser dans sa banque d'estime de soi. Il aura recours à son propre regard sur lui-même pour faire contrepoids au regard déstabilisateur de l'enfant. Sa conscience du bien-fondé de son action devrait avoir pour effet de faire éclore un sentiment d'adéquation suffisamment intense pour contrer le mouvement violent de l'enfant et en réduire l'impact au minimum. L'enfant aura beau proférer que son parent est méchant et injuste, qu'il ne l'aime plus, la conviction intime du parent demeurera qu'il fait ce qui est le mieux et son sentiment relèvera davantage de la fierté que de la dépression : fierté de ne pas avoir cédé à la facilité d'esquiver l'affrontement, fierté d'avoir agi dans le meilleur intérêt de son enfant, fierté enfin de s'être respecté lui-même en coupant court aux expressions d'ingratitude et de déconsidération.

Le parent pourra trouver malheureux de faire vivre à son enfant des expériences difficiles. Mais il y a une différence entre trouver une situation malheureuse et être malheureux dans une situation. Dans le premier cas, la personne est sensible à la souffrance vécue sans en faire elle-même l'expérience, alors que dans le second, elle est elle-même souffrante. Plus un parent dispose d'une bonne estime de lui-même, plus il aura tendance à vivre la première expérience (être sensible à la souffrance sans la vivre) ; à l'inverse, plus son estime de lui-même est défaillante, plus il sera conduit à vivre la seconde (être lui-même souffrant).

Le parent qui attend beaucoup de la relation avec son enfant est forcément éprouvé sur le plan émotif dans les situations d'affrontement, ce qui rend l'effort de conscience particulièrement exigeant. Son attente est l'indice objectif qu'il se trouve en position de carence affective. Il lui est d'autant plus difficile de se dégager des sentiments négatifs exprimés par son enfant à son endroit qu'il a peu à leur opposer intérieurement (faible estime de lui-même). De là, la condition de souffrance.

À partir de là, il a deux options : éviter de souffrir en cédant aux exigences de son enfant pour conserver son affection ; maintenir sa perspective en dépit de la souffrance et agir en fonction de ce qu'il considère comme le mieux (interdictions, obligations, punitions, etc.). La seconde option est la plus profitable pour deux raisons : d'abord parce que chercher à conserver l'affection de son enfant est une entreprise vouée à l'échec, les enfants n'ayant pas les ressources pour être des pourvoyeurs affectifs ; ensuite parce que l'effort répété de se comporter de façon responsable peut avoir pour double effet d'augmenter le sentiment de valeur

personnelle du parent (et, partant, sa résistance aux agressions extérieures) et de paver la voie à un investissement plus sain de la part de
l'enfant (relation plus satisfaisante).

LA CAPACITÉ D'AIMER DE L'ENFANT

Les enfants n'ont pas les ressources pour être des pourvoyeurs affectifs,
comme nous l'avons constaté. Il s'agit encore ici d'un de ces points déli-
cats où le propos frôle l'hérésie au tournant. L'amour entre un enfant et
ses parents est considéré comme allant de soi ; on en fait même souvent
le symbole de l'harmonie relationnelle. Dans la vie quotidienne cependant, la réalité se présente sous un jour passablement moins idyllique.

Quand un enfant lève le regard vers un de ses parents, c'est habituellement pour solliciter, non pour donner ; il veut qu'on s'intéresse à
lui, qu'on l'apprécie et qu'on le soutienne. Et quand d'aventure il exprime
lui-même quelque chose, c'est presque toujours de façon réactionnelle,
à la suite d'une satisfaction ou d'une insatisfaction. Le parent est alors,
en apparence du moins, l'objet d'un investissement massif de la part
de l'enfant qui le porte aux nues ou le traite de tous les noms selon
qu'il s'est montré gratifiant ou indisposant. Le parent accède à une
requête ? Il est gentil. Il refuse ? Il est méchant. Il donne un cadeau ? Il
est bon. Il inflige une punition ? Il est mauvais. Ce que ressent l'enfant
a peu à voir avec la valeur réelle du parent parce que son regard est
largement déformé par l'état émotionnel du moment. Il est content, il
aime ; il est frustré, il déteste.

Lorsqu'ils se manifestent de cette façon, les enfants ne ressentent
ni de l'amour, ni de la haine. Ils vivent un contentement ou un mécontentement qu'ils associent, dans le moment présent, à celui ou à celle
qui en est à l'origine. Ce genre de sentiment est éphémère. L'amour
finit avec le déballage du dernier cadeau ; la haine avec les derniers
soubresauts de la crise faisant suite à l'annulation d'une sortie ; etc.

Il est plus facile de le constater quand il s'agit d'un événement satisfaisant. On dira d'un enfant dont l'anniversaire vient de prendre fin : «Il était content de ses cadeaux», et non pas : «Il nous a beaucoup aimés.» L'exercice est plus laborieux quand c'est l'agressivité qui est en cause. On a tendance à personnaliser davantage l'affrontement. Pourtant il s'agit essentiellement du même phénomène. Ce que vit l'enfant est d'abord en rapport avec la contrainte qu'on lui impose, même s'il profite de sa condition d'intimité pour se défouler à satiété.

La nuance est beaucoup plus évidente quand un tiers se trouve impliqué. Ainsi, il est assez rare qu'un enfant déclare à son professeur qu'il est méchant parce qu'il lui a infligé une punition après l'avoir pris en faute, et cela même si la relation se déroule dans une certaine familiarité. Dans ce cas comme dans bien d'autres, l'enfant dissocie clairement la sanction de la personne et ne porte pas le débat sur la scène affective chaque fois qu'il est réprimandé.

Les échanges avec les parents se font selon la même logique, sauf que celle-ci se perd dans les débordements émotionnels que favorise la position particulière du parent dans l'univers relationnel de son enfant. Au fond de lui-même, l'enfant sait que son père et sa mère font ce qu'ils considèrent comme le mieux (pour autant que ce soit le cas) et il ne remet pas en question le lien fondamental qui l'unit à l'un comme à l'autre, même s'il soutient le contraire.

C'est en vertu de ce lien que s'effectuent les expériences relationnelles les plus satisfaisantes. Ce n'est pas principalement dans les moments de grands bouleversements émotionnels que ce lien se manifeste avec le plus d'authenticité[7], mais plutôt quand l'enfant est au repos, dans les moments de tendresse tranquille. Ce sont de courts instants, par exemple, au lever, au coucher, au retour de l'école, où l'enfant réaffirme l'existence du lien viscéral qui le relie à son père ou à sa mère. Il exprime alors

---

7. À l'exception des situations de séparation, de retrouvailles ou de deuil, lorsque c'est le lien même qui est menacé.

le sentiment, parmi ceux auxquels il a accès, le plus voisin de l'amour : son attachement. C'est là ce qu'il peut spontanément témoigner de mieux durant les premières années de sa vie. Le parent qui attend davantage s'expose à d'éprouvantes désillusions. Pire, en attendant davantage, il court le risque d'hypothéquer le capital relationnel de l'enfant pour l'avenir.

L'ACCESSION AU RESPECT ET À LA GRATITUDE

Au fil des années, l'affection de l'enfant pour ses parents se modifie en qualité. Les transformations qui caractérisent son développement, notamment l'entrée en scène de son propre parent intérieur, lui permettent de dépasser le simple attachement et d'enrichir son regard de deux nouveaux sentiments : le respect et la gratitude.

L'enfant devient capable d'apprécier la valeur de ses parents autrement qu'en vertu de ses fluctuations d'humeur, et de reconnaître ce qu'il leur doit. Il ne les regarde plus simplement comme des personnes dont il apprécie la proximité, mais comme des individus envers lesquels il éprouve en permanence, quoique avec une intensité variable, un mélange de déférence et de reconnaissance. Son inclination affective s'en trouve sensiblement enrichie. Le parent qui n'a pu se résigner à susciter des affects violents chez son enfant et qui s'est montré indûment complaisant à son endroit n'a droit ni à l'une ni à l'autre de ces manifestations d'affection.

LE CERCLE VICIEUX DE LA PERMISSIVITÉ

L'enfant a tôt fait de percevoir le besoin du parent derrière sa permissivité. Dès lors, il ressent comme autant de manifestations de faiblesse chaque tentative du parent pour tempérer ses mouvements d'humeur, que ce soit parce qu'il tolère ses écarts de conduite et de langage, diffère ou annule les punitions, ou sollicite sa compréhension pour ne pas avoir à agir d'autorité. À voir jour après jour son parent se comporter aussi mollement, l'enfant en viendra à acquérir la conviction intime que celui-ci n'a aucune valeur et il sera porté à s'en éloigner, allant dans le sens contraire de l'attente initiale du parent.

Les enfants, faut-il le rappeler, ont besoin de se sentir grandis par le regard de ceux qui les investissent. Plus le regard émane de quelqu'un qui a de la valeur à leurs yeux, plus leur propre valeur augmente. Les enfants vénérés par leurs parents et traités avec un excès d'égards vont souvent témoigner davantage de considération au premier étranger venu qu'à ceux qui sont prêts à tous les sacrifices pour leur être agréables.

Voici une mère qui consacre sa vie entière à sa fille de six ans, qu'elle traite comme une princesse, malgré l'ingratitude persistante de celle-ci. L'enfant écrit des mots d'amour à sa tante favorite, offre des cadeaux à son professeur, effectue des bricolages pour sa grand-mère, mais ne cherche jamais à faire plaisir à sa mère. Un jour, celle-ci surprend sa fille qui assemble avec soin un gros bouquet de fleurs. Serait-ce enfin un premier témoignage de reconnaissance ? Comble de déception, la fillette prend la direction de la maison voisine, où elle va offrir ses fleurs à une dame avec laquelle elle n'a jamais eu de rapport privilégié.

L'ingratitude envers le parent dont les attentes affectives sont trop élevées se double généralement d'un profond ressentiment qui ne fait que croître avec les années. L'enfant qui voit son parent faire des pieds et des mains pour solliciter son affection grandit avec la conviction que, des deux, c'est lui qui donne le plus dans la relation. Il acquiert ainsi le sentiment qu'il apporte beaucoup simplement en existant et se sent continuellement vampirisé sur le plan affectif par une personne qui n'offre rien en retour. Il devient facilement irritable et a peine à contenir son agacement lorsque le parent ose poser une exigence ou formuler une interdiction. Le parent ne comprend pas qu'un tel élan d'amour de sa part puisse engendrer autant de mépris et de ressentiment chez son enfant. Si, pour mettre fin à cette expérience frustrante et décevante, il se montre encore plus attentionné, il s'engage dans un cercle vicieux qui ne fera qu'élargir le fossé qui le sépare de son enfant.

LES BÉNÉFICES DE LA FERMETÉ

En revanche, le parent qui choisit de mettre en veilleuse ses attentes et d'aborder son enfant en perspective, en fonction de ce qui est le mieux pour celui-ci, pave la voie à une expérience relationnelle beaucoup plus satisfaisante. Le parent qui se montre plus ferme face à son enfant en ressent un bénéfice immédiat : il éprouve, à son propre étonnement, une certaine fierté. Exiger de son enfant qu'il se comporte adéquatement, qu'il observe les consignes et qu'il s'exprime poliment, le réprimander et sévir au besoin sont autant de manières pour le parent d'affirmer sa considération pour lui-même.

Certains parents vont jusqu'à avouer, un peu en s'excusant, qu'ils prennent un réel plaisir à faire usage de leur autorité. Dans la plupart des cas, il n'y a pas lieu qu'ils s'en sentent coupables ; il ne s'agit pas d'un plaisir sadique mais de l'expression émotionnelle de l'estime de soi. Le parent se respecte lui-même et en retire un bénéfice intérieur. Et en faisant ainsi preuve de considération envers lui-même, il devient progressivement moins dépendant des gens qu'il côtoie sur le plan affectif, à commencer par son enfant. Il en résulte une circularité, positive cette fois : plus le parent se respecte, moins il est sensible au chantage émotif de son enfant ; et moins il peut être atteint sur le plan émotif, plus il lui est facile de tenir sa position de parent et de se respecter.

Ce n'est pas là le seul bienfait d'un tel virage relationnel. La qualité du lien avec l'enfant s'en trouvera sensiblement améliorée à moyen terme. Il est certain qu'au départ, celui-ci va se cabrer devant la fermeté nouvelle du parent, continuant de fonctionner en vertu de la supériorité qu'on lui a toujours attribuée. Il passera outre aux remontrances, s'attendant à ce que le parent n'y donne aucune suite, comme d'habitude. Devant l'insistance de ce dernier, il va manifester d'abord son indisposition puis son mépris, pour enfin devenir franchement haineux, une fois parvenu au seuil de la désorganisation. On le verra alors, suffocant d'indignation, hurler son dépit en injuriant le parent et en le menaçant de tous les châtiments. Ceux qui ont assisté à de telles scènes conviendront aisément de leur caractère éprouvant à la fois pour l'enfant et pour le parent.

Si le parent résiste à la tempête, qui, soit dit en passant, risque de se répéter à quelques reprises mais en diminuant graduellement d'intensité, il verra sa relation avec son enfant se modifier sensiblement. Après chaque décharge, ce dernier fera l'expérience de sa solitude et se rapprochera un peu plus de ce qu'il est vraiment : un petit être en devenir qui a besoin d'être encadré, guidé et qui doit faire des efforts pour se réaliser s'il veut être investi positivement. L'image de fausse grandeur issue du regard déformé du parent en besoin s'estompera graduellement et fera place à une perception de soi-même plus conforme à la réalité.

Simultanément, l'enfant va commencer à éprouver davantage de considération pour son parent, qui deviendra à ses yeux un interlocuteur relationnel valable, c'est-à-dire capable de satisfaire à ses besoins affectifs véritables. Voir son parent faire preuve de caractère et de détermination va susciter son respect, peut-être même son admiration, et il lui apparaîtra comme un pôle d'investissement intéressant. L'enfant ne ressentira plus la pression d'être sollicité continuellement sur le plan affectif, ce qui lui permettra d'avoir accès à une relation empreinte de gratuité (car il n'aura pas à agir comme pourvoyeur affectif) et de s'ouvrir à l'expérience de la gratitude.

En somme, l'enfant encadré adéquatement et sans attente de gratifications affectives, loin de s'éloigner de son parent, s'achemine vers une plus grande proximité parce qu'il le considère à la fois comme plus attirant et moins envahissant. Il trouve un être fort là où il voyait un être faible, un être qui donne là où il voyait un être qui demande. Son sentiment d'attachement peut alors évoluer vers un lien solidement tressé où s'entremêlent l'affection, le respect et la gratitude.

Le parent qui parvient à surmonter la peur de perdre l'amour de son enfant après avoir pris conscience qu'il ne faisait du bien ni à celui-ci ni à lui-même a toujours la surprise de constater que plus il est sévère, plus l'enfant se montre affectueux avec lui. Il ne s'agit pas là des effusions excessives d'un être en détresse qui craint de se voir rejeté, mais bien de manifestations spontanées de tendresse exprimées en dehors des affrontements, quand l'enfant a accès à des sentiments plus profonds que le simple attachement. C'est ainsi qu'au terme d'un long détour, le parent en mal d'amour finit par trouver ce qu'il ne cherchait plus (une relation gratifiante), après avoir cessé de vivre dans la peur de perdre ce qu'il ne possédait pas (l'affection de son enfant).

La peur d'être violent

Certains parents ont peur de perdre le contrôle d'eux-mêmes et de devenir violents à l'endroit de leurs enfants. Ces personnes admettent généralement le bien-fondé d'un encadrement et ne sont pas exagérément préoccupées par les états d'âme de leurs enfants, mais quand vient le temps d'agir, elles sont envahies par une agressivité massive qu'elles ne se sentent pas en mesure de moduler suffisamment pour pouvoir l'exprimer adéquatement. Elles n'ont alors d'autre choix que de freiner complètement leur mouvement, ce qui les conduit à manifester une tolérance qui contraste avec la violence émotionnelle dont elles font l'expérience.

Quand on assiste à un affrontement entre un de ces parents et son enfant, on a l'étrange impression de se trouver devant un prédateur exaspéré parce qu'il est incapable d'atteindre sa proie, qui, elle, poursuit ses activités avec insouciance comme si elle était protégée par une barrière infranchissable. Le parent vocifère, menace, clame sa réprobation face aux écarts de conduite de son enfant, qui n'en persiste pas moins dans ses agissements en affichant la quiétude de celui qui se sait hors d'atteinte.

La barrière existe effectivement, mais elle est psychologique et se situe dans la tête du parent. Il s'agit en réalité d'une digue qui fait obstacle à la poussée de l'agressivité. L'enfant n'assiste pas à la lutte qui se déroule à l'intérieur du parent; il n'en constate que le résultat observable, soit sa relative immunité. N'ayant aucune conscience du danger qui le guette, il persiste à indisposer le parent jusqu'à ce que l'impulsion devienne trop forte et que la digue cède. Survient alors le débordement agressif, immédiatement suivi d'un fort sentiment de culpabilité.

N'y tenant plus, le parent frappe son enfant avec une violence accrue par la rancœur accumulée, ce qui vient confirmer à ses propres yeux le danger qu'il représente. Il se sent coupable et tente de faire amende honorable en se montrant encore plus tolérant et permissif, jetant les bases d'un cercle vicieux dont il ne peut plus sortir: l'augmentation de sa tolérance conduit à une intensification des comportements déviants chez l'enfant, qui provoque de nouvelles décharges agressives chez le parent; le sentiment de culpabilité s'en trouve réactivé, ce qui pave la voie à une tolérance encore plus grande; et la séquence reprend.

INTERVENIR PROMPTEMENT

Pour éviter cette escalade, le parent doit adopter l'attitude contraire à celle qu'il est spontanément porté à privilégier. Plus un parent se sait impulsif, plus il doit intervenir rapidement devant les comportements inappropriés de son enfant. Plus l'intervention sera rapide et incisive, moins l'impulsion contenue aura le temps de gagner en intensité. Il se peut que, dans les premières tentatives, les gestes soient brusques et l'attitude d'ensemble paraisse empreinte d'une agressivité excessive.

L'enfant lui-même ne manquera pas de s'indigner de la sévérité soudaine avec laquelle il est traité.

Le parent devra alors résister aux pressions l'incitant à se montrer plus clément, de même qu'aux commentaires désobligeants, et maintenir ses exigences. Il est clair ici qu'il ne s'agit pas d'encourager le parent à se défouler sur son enfant, mais bien de lui permettre d'affirmer son autorité à un moment où il a de bonnes raisons et est en état de le faire. En agissant rapidement, il peut intervenir avant que son agressivité n'ait atteint un seuil critique, alors qu'il se maîtrise encore, ce qui devrait favoriser un assainissement de la situation.

Se trouvant encadré plus étroitement, l'enfant se présentera sous un jour moins indisposant pour le parent, dont l'agressivité sera dès lors moins sollicitée. Par ailleurs, la possibilité d'exprimer son agressivité à petites doses donnera au parent l'occasion de l'aménager dans la réalité et d'apprivoiser cette dimension de lui-même. Au lieu de se cantonner dans le tout ou rien (abstention ou explosion), le parent apprendra à domestiquer ses impulsions dans ses rapports avec un enfant dont le fonctionnement se fera de moins en moins éprouvant.

Cette solution ne vaut pas seulement pour les personnes qui ont peine à se maîtriser, même si elle les concerne de façon plus immédiate. Tous les parents sont sujets à l'exaspération et à la tentation de céder à leurs impulsions. Le quotidien avec des enfants est très sollicitant sur le plan émotif et plus ceux-ci sont nombreux, plus le coefficient de stress est élevé.

Le parent qui intervient uniquement quand il en a assez (d'entendre crier, de répéter la même demande, d'argumenter autour d'une interdiction, etc.) vit dans un climat perpétuellement chargé où la violence de l'un appelle celle de l'autre. C'est tout le contraire pour celui qui sévit à l'intérieur des limites qu'il a lui-même établies, sans attendre d'être poussé à l'action par son agressivité. Il interviendra avec promptitude sur la base de son jugement plutôt que de son niveau de tolérance, et il sera beaucoup plus en mesure de maintenir un climat relationnel sain que celui qui fonctionne de façon réactionnelle. Il n'y a alors danger ni de commettre des actes abusifs, ni d'exposer l'enfant à des affects violents de nature à le perturber, ni de développer une aversion grandissante à son endroit.

La peur d'être jugé

Certains parents qui interviennent aisément et adéquatement auprès de leurs enfants quand ils sont seuls avec eux éprouvent de la gêne ou de la crainte lorsqu'ils ont à affirmer leur autorité en présence d'autres personnes. Dans certains cas, le problème se limite à la projection d'une image défavorable, alors que dans d'autres, s'ajoute la difficulté de résister aux pressions de l'entourage.

L'IMAGE PUBLIQUE

Plusieurs parents admettent qu'ils hésitent à reprendre ou à réprimander leurs enfants quand ils reçoivent des visiteurs, quand ils sont eux-mêmes en visite ou, plus généralement, quand ils se trouvent dans un endroit public. Certains répugnent à se donner en spectacle, d'autres craignent plus explicitement de passer pour des tortionnaires, mais tous sont sensibles aux regards auxquels ils sont exposés. Ce qui revient à dire qu'ils sont partagés entre l'enfant qui est en eux et l'enfant qui est devant eux, entre ce qu'ils sont aux yeux des gens qui les regardent et ce que leur enfant est à leurs propres yeux. Le choix est facile: être des parents ou être des enfants.

Être parent, c'est faire en sorte que son enfant soit ce qu'il peut être de mieux, quels que soient le moment, le lieu ou la situation. Certes, il n'est ni nécessaire ni même souhaitable que les affrontements entre parent et enfant se déroulent sous les yeux d'un tiers ou donnent lieu à des éclats prolongés en public. Mais, quelles que soient les circonstances, un parent qui constate que son enfant se comporte de façon inappropriée et risque de se faire du tort ou de faire du tort aux autres doit intervenir pour rétablir la situation.

Un enfant fouille sans permission, agresse un autre enfant, interrompt une conversation abruptement, cherche à attirer l'attention en se comportant de façon déplacée, se montre impoli, refuse de partager des jouets, indispose par ses cris, amorce une crise parce qu'on ne lui achète pas ce qu'il veut, etc. : dans chaque cas le parent doit s'interposer. Par respect pour son entourage, qui n'a pas à subir les débordements de l'enfant, par respect pour lui-même dans la mesure où il est intimement associé à tout ce que fait son enfant, mais surtout par respect pour l'enfant lui-même, qui est la plus grande victime de ses écarts de conduite. Le laisser faire équivaut ni plus ni moins qu'à le laisser se faire détester par tous ceux qui sont en situation de l'investir, y compris par le parent lui-même. Pour avoir plus (d'attention, de possessions), l'enfant se met en position d'être moins (rejet, déconsidération), et c'est là la carence la plus importante dont une personne peut faire l'expérience. C'est pourquoi les parents doivent résister autant que possible à la tentation de faire passer leur crainte d'être perçus négativement par leur entourage avant le besoin de leur enfant d'être investi positivement.

Les parents qui prennent le parti d'intervenir comme il se doit quel que soit le contexte se rendent vite compte que le désagrément qu'ils s'imposent est, à tout prendre, moins grand que celui qu'ils s'évitent. Avoir honte de son enfant est un sentiment particulièrement désagréable, qui atteint le parent dans ce qu'il est par le biais des actes de son enfant. Le parent qui n'intervient pas quand son enfant agit de manière déplacée prolonge et entretient sa détresse intérieure. En coupant court aux écarts de comportement, le parent préserve son intégrité personnelle et celle de son enfant. Il lui faut agir pour que ni l'un ni l'autre ne prête le flanc au regard dépréciateur d'un témoin extérieur.

LES INGÉRENCES DES PARENTS D'OCCASION

Intervenir auprès de son enfant est difficile en présence de spectateurs, mais ce l'est davantage quand les spectateurs se transforment en acteurs. Lorsqu'un parent réprimande son enfant en public, il se trouve souvent quelqu'un pour en appeler à sa clémence, faisant valoir que la faute n'est pas bien grave et qu'après tout «ce n'est qu'un enfant». Certains parents s'en trouvent ébranlés dans leur détermination parce qu'ils se rendent compte qu'il y a quelque chose de fondé dans l'argument du tiers. En fait, ce plaidoyer pour l'enfant entretient une confusion. Il est normal qu'un enfant n'agisse pas toujours sagement; c'est ce qui permet de comprendre ses écarts de conduite et de ne pas s'en formaliser outre mesure. Mais les comprendre ne veut pas dire les accepter. Or, c'est là ce qui est implicitement suggéré.

L'enfant est un être en développement qui doit apprendre à s'adapter et à entretenir des rapports harmonieux avec son entourage. C'est un long processus d'éducation qui ne peut être mené à terme sans que le parent ait recours à une multitude d'interventions destinées à corriger les erreurs de parcours. L'encadrement doit être maintenu en tout temps, à plus forte raison quand d'autres personnes sont présentes. L'enfant canalise alors sur lui plusieurs regards et, conséquemment, devient l'objet d'un investissement substantiel préjudiciable s'il est négatif.

Certaines personnes interviennent directement auprès de l'enfant, dans un esprit de médiation. Elles chercheront par exemple à l'aider à se justifier: «Tu ne l'as pas fait exprès n'est-ce pas?»; à le convaincre de s'amender: «Dis-lui que tu vas faire attention»; à normaliser la situation: «À ton âge, moi non plus je n'aimais pas ça les visites en famille»; à faire diversion: «Viens, je vais te montrer un nouveau jeu», à acheter la paix:

«J'ai un beau morceau de gâteau pour toi». De telles interférences sont monnaie courante et compliquent la tâche du parent.

Généralement, les initiatives de ces parents d'occasion sont peu remises en question. On reconnaît que ces gens cherchent à faire du bien à l'enfant en le soustrayant à la sévérité de son père ou de sa mère, mais c'est une intention qui dissimule une motivation moins généreuse. Il y a un écart significatif entre ce que l'intrus croit faire et ce qu'il fait réellement. Certes, les parents d'occasion ne se rendent pas compte qu'ils risquent de faire plus de tort que de bien. Leurs interventions ont habituellement un caractère plus impulsif que réfléchi. Il ne leur vient pas à l'idée que le parent est mieux placé qu'eux pour décider ce qui est le mieux pour son enfant. Pourquoi donc agissent-ils ainsi? Se peut-il qu'en intercédant auprès du parent, ils cherchent d'abord à se faire du bien à eux-mêmes?

C'est ce qui se passe dans de nombreux cas. La pression exercée sur le parent est rarement aussi désintéressée qu'elle en a l'air. Parmi les motifs personnels pouvant inciter à prendre parti pour l'enfant, certains ont un caractère superficiel alors que d'autres correspondent à des préoccupations beaucoup plus fondamentales. Ainsi, certaines personnes sont indisposées dès qu'un parent hausse le ton simplement parce qu'elles ne tolèrent pas qu'on dérange leur quiétude. D'autres ont tellement besoin qu'on s'occupe d'elles qu'elles peuvent exhorter un parent à laisser son enfant agir à sa guise dans le seul but de pouvoir continuer à monopoliser son attention.

À un autre niveau, on retrouve des personnes qui ont tendance à s'identifier à l'enfant. Certaines se limitent à exprimer la peine qu'elles ressentent à voir l'enfant traité sévèrement, convenant malgré tout que le parent n'a pas tout à fait tort. D'autres affichent ouvertement leur mécontentement et prennent résolument parti pour l'enfant. Ce sont généralement des personnes qui se considèrent comme opprimées et qui se projettent dans les situations où il y a un persécuteur et une victime ; naturellement, elles prennent toujours la part de l'être en position de vulnérabilité.

Plus profondément, on atteint le registre où le degré de mobilisation est tel qu'il conduit la personne à se substituer carrément au parent en essayant d'intervenir directement à sa place. On retrouve ici des personnes qui s'idéalisent comme parent et qui ressentent le besoin de faire la démonstration de leur aptitude à gérer les situations de conflit avec doigté et circonspection, sans débordement excessif. Elles vont le plus souvent privilégier la conciliation et le dialogue, et adopter une attitude pondérée qui fait contraste avec l'intransigeance manifeste du parent. Ce dernier se trouve invariablement en difficulté. Il doit composer avec l'intrusion inopportune de quelqu'un qui, en apparence, veut l'aider, tout en maintenant ses exigences face à un enfant qui ne manquera pas de chercher à tirer avantage de la situation.

L'attitude la plus inadaptée est celle de la personne qui fait ouvertement alliance avec l'enfant contre le parent. L'enfant peut critiquer, contester, s'opposer, transgresser, injurier ou agresser, il reçoit un appui inconditionnel de cette personne, qui cherche à justifier le comportement déviant en laissant entendre au parent que c'est lui qui est en faute. L'enfant ne peut faire autrement que d'accueillir cette alliance avec bonheur, nourrissant l'espoir que ses demandes les plus inacceptables seront approuvées et que ses écarts les plus flagrants seront excusés. Il établit volontiers une complicité avec celui ou celle qui cautionne ses impulsions et c'est là exactement ce que recherche la personne en cause.

On relève à l'occasion ce type d'attitude chez un oncle, une tante, un ami ou une voisine, mais, à l'évidence, les meilleurs candidats à une telle alliance sont les grands-parents. Certains parents admettent qu'une relation privilégiée entre leur enfant et son grand-père ou sa grand-mère leur pose problème, mais, généralement, les parents hésitent à se montrer critiques, tellement ce genre de rapprochement est valorisé. La publicité exploite d'ailleurs ce filon en présentant régulièrement des messages où la jeunesse et la vieillesse se rejoignent dans des effusions de tendresse. Or, la réalité n'est pas toujours conforme à ces illustrations d'harmonie intergénérationnelle.

Dans un contexte familial où les priorités relationnelles sont respectées, le grand-parent est d'abord le parent de son enfant et, ensuite, le grand-parent de ses petits-enfants. Les relations entre grands-parents et petits-enfants peuvent être empreintes d'une grande tendresse, mais elles doivent conserver un caractère superficiel par rapport à l'intimité étroite qui caractérise leur relation avec leurs propres enfants. C'est le parent qui donne son sens au lien qui unit les grands-parents aux petits-enfants. Plus l'intimité relationnelle est grande entre le grand-parent et son petit-fils ou sa petite-fille, plus il y a lieu de croire que l'ordre affectif est rompu; autrement dit, plus la ligne affective est directe, plus le parent s'en trouve exclu. Il en résulte un des tableaux suivants, selon le degré d'intimité établi:

- un grand-parent envahissant qui non seulement s'informe constamment à propos de son petit-enfant, mais qui donne son avis sur tout ce qui le concerne;
- un grand-parent qui intervient d'autorité sur son propre enfant pour déterminer ce qui doit être fait pour son petit-enfant, ce qui peut aller jusqu'à annuler une sanction ou modifier une exigence;
- un grand-parent qui se propose comme confident de son petit-enfant, qu'il encourage à lui parler de ses difficultés, y compris celles dont il fait l'expérience dans ses rapports avec son père ou sa mère;
- un grand-parent qui pousse la complicité jusqu'à taire des informations aux parents et à établir des stratégies avec l'enfant pour l'aider à se soustraire à leur autorité.

Les parents qui se voient ainsi marginalisés ressentent bien le caractère insatisfaisant de leur relation avec leur enfant, mais ils éprouvent de la difficulté à s'interposer. Ils ont tendance à normaliser la situation en se référant aux stéréotypes sociaux et à l'accepter surtout parce que leur développement les a prédisposés à se montrer complaisants devant ce genre d'intrusion. Voici comment se présente fréquemment le processus qui a abouti à une telle situation :

- Quand un grand-parent surinvestit spontanément un de ses petits-enfants au détriment de son propre enfant, on peut présumer que cet enfant n'a jamais tenu une grande place dans sa vie. On constate habituellement que le grand-parent en question avait peu à donner sur le plan affectif lorsqu'il a élevé ses enfants.

- La réaction de l'enfant qui a été peu investi a consisté à tenter d'être quelqu'un aux yeux de son parent en se comportant de manière à lui plaire. Celui-ci a tenu cette réaction pour acquis et n'a fait aucun effort pour répondre aux besoins de son enfant.

- Une fois devenu lui-même parent, cet enfant carencé cherche toujours à répondre aux attentes de son père ou de sa mère, et il cherche aussi à se faire aimer de son enfant, à qui il communique la conviction qu'il est quelqu'un d'extraordinaire.

- Le grand-parent est attiré par ce petit être investi de grandeur, mais il n'a plus l'emprise que lui conférait la situation de dépendance de ses propres enfants. Il cherche alors à prendre possession de son petit-enfant en faisant alliance avec lui, ne tenant compte ni de ses besoins réels ni de ceux du parent.

- Souvent, pour ne pas s'aliéner l'affection de son père ou de sa mère, le parent lui offre en quelque sorte son enfant, le laissant prendre en main la situation sans oser s'interposer.

Pour corriger une situation entre grand-parent et petit-enfant où l'intimité relationnelle est devenue trop grande, ou encore pour mettre fin à toute situation où l'intervention d'un parent d'occasion marginalise son rôle et son autorité, le parent doit commencer par prendre conscience que la personne qui se dresse entre l'enfant et lui agit d'abord dans son intérêt personnel. Par exemple, le grand-parent qui reproche au parent d'appliquer certaines mesures disciplinaires à l'endroit de son enfant en voie d'échouer à l'école fait passer son besoin de maintenir un rapport harmonieux avec son petit-enfant avant les impératifs de son développement. Une fois qu'il a compris la motivation ou l'intérêt de l'intrus à l'endroit de son enfant, il faut que le parent accepte de faire le deuil de certaines attentes personnelles, la plupart du temps irréalistes, et qu'il prenne le parti de faire ce qui est le mieux pour son enfant en ne laissant personne tenir sa position à sa place.

Le parent doit communiquer sa détermination aux gens concernés et montrer sa résolution en suspendant les contacts avec celui ou celle qui persiste à jouer le parent d'occasion. Il espacera ou même interrompra les visites dans la famille, ne rencontrera certaines personnes qu'en l'absence de son enfant, etc. Un parent peut à la rigueur tolérer que les gens le jugent, mais pas qu'ils l'empêchent de tenir sa position adéquatement.

On pourrait rétorquer ici qu'il n'est quand même pas impossible qu'un parent manque de perspective dans une situation donnée et adopte face à son enfant une attitude à tout le moins discutable. Il peut arriver en effet qu'un parent se montre exagérément intolérant ou inutilement contraignant parce qu'il est mal à l'aise ou indisposé. Faut-il alors s'abstenir d'intervenir auprès de ce parent ? La réaction inadéquate d'un parent ne risque-t-elle pas de porter préjudice à l'enfant, en plus de présenter une image défavorable du parent lui-même ? L'intervention d'un tiers peut effectivement s'avérer pertinente et se justifier, mais à la condition qu'elle soit de nature parentale.

Quand un père ou une mère intervient auprès de son enfant sous les yeux d'un tiers, il y a un enfant et un parent dans la tête de celui qui observe la scène. Nous avons vu ce qui se passe quand c'est l'enfant intérieur qui réagit : la personne s'engage dans la situation de façon impulsive et inopportune, cherchant d'abord à satisfaire son besoin. Si c'est le parent intérieur qui est mobilisé, la réaction sera tout autre. La personne ne ressentira pas d'emblée l'impulsion d'agir, mais demeurera plutôt en retrait, évitant d'intervenir immédiatement. Si, après réflexion, elle décide d'agir, ce sera uniquement auprès du parent et en marge de la relation avec l'enfant. Elle prendra le parent à part discrètement et l'abordera sur le ton de la discussion plutôt que sur celui de l'affrontement. Il n'y aura alors ni jugement ni intrusion. Seulement un apport de conscience, introduit dans le respect de l'intégrité personnelle et de l'intimité relationnelle du parent, qui en disposera au mieux de ses ressources.

LE SPECTRE DE L'INTERVENTION JUDICIAIRE

Une fois tous les recours possibles épuisés, incluant le chantage émotif, les appels à la clémence, les promesses, les menaces et l'intercession d'un tiers, l'argument ultime invoqué par certains enfants pour se soustraire à l'autorité de leurs parents est: «Tu n'as pas le droit!» La réalité des mauvais traitements infligés à des enfants de tout âge a conduit l'État à adopter des lois de protection et à mettre sur pied plusieurs mécanismes d'intervention sur le plan social. Il en est résulté notamment une judiciarisation de la vie familiale qui, en dépit de sa pertinence, n'a pas que des conséquences positives.

Si la sensibilisation aux droits des enfants et aux limites de l'autocratie parentale sur le plan juridique a permis d'assainir les conditions de vie d'un grand nombre d'enfants, elle a aussi eu pour effet de créer un malaise chez certains parents qui ont l'impression d'agir dans un contexte de probation permanente. À force d'entendre qu'ils ne peuvent pas tout se permettre, ils en viennent à croire qu'ils ne peuvent rien se permettre, incités parfois par leurs propres enfants qui ne manquent pas une occasion de brandir le spectre de l'intervention judiciaire. Le parent se trouve alors partagé entre la nécessité d'exercer son autorité et la peur qu'on lui enlève ses enfants.

Les parents qui tentent de renverser la vapeur face à leurs enfants après avoir été assujettis à leurs exigences pendant des années sont les plus vulnérables à ce genre de mise en demeure. Quand un parent est à la remorque de son enfant sur le plan émotif, il n'est pas en mesure de l'investir suffisamment pour établir un lien solide, de nature à renforcer l'intimité relationnelle et à inciter l'enfant à résister à la tentation éventuelle d'introduire un tiers, dans le but de le neutraliser. Recevoir un appel de l'école ou la visite d'un intervenant social après qu'un enfant a fait savoir qu'il était victime d'un traitement douteux est particulièrement déstabilisant pour un parent, surtout s'il éprouve déjà de la difficulté à affirmer son autorité sereinement.

Il est certain que les abus réels existent et qu'ils doivent être dénoncés et arrêtés. Rappelons cependant que ce ne sont pas les enfants les plus malmenés qui sont les plus prompts à attirer l'attention sur leur condition. Il reste que la ligne de démarcation entre l'exercice normal et bénéfique de l'autorité parentale et l'abus n'est pas toujours évidente aux yeux de certains parents. Où se situe le parent qui, dans le cadre d'un cheminement éducatif conventionnel, ressent l'obligation de sévir à l'endroit de son enfant en le confinant à sa chambre ou en lui donnant la fessée? La réponse à cette question est simple, mais elle risque d'être difficile à soutenir: il est préférable de demeurer un parent sans avoir ses enfants plutôt que d'avoir ses enfants sans être un parent.

La personne qui n'est plus en mesure de déterminer le fonctionnement de son enfant n'est plus un parent à part entière. Dès qu'un parent ne peut plus faire ce qui lui paraît le plus indiqué, il n'est plus un agent de développement. Or, c'est précisément la raison d'être de l'alliance intérieure qui unit un enfant à son père et à sa mère. Le parent qui renonce à son rôle évitera peut-être de perdre ses enfants physiquement, mais il vivra un éloignement intérieur qui ira en s'accentuant au fil du temps. Il s'ensuivra une détérioration de la qualité de l'investissement de l'enfant et, partant, de son développement tout entier. À tout prendre, l'éventualité d'être éloigné physiquement de son enfant en conservant intact le lien reste la moins préjudiciable, même si le caractère brutal de la séparation confère à celle-ci une allure redoutable.

La probabilité d'en arriver à un pareil dénouement est évidemment réduite. Il n'y avait lieu de l'évoquer que pour faire ressortir l'esprit dans lequel un parent doit aborder son enfant. Contrairement à ce que suggère le sens commun, la proximité physique entre un enfant et ses parents n'est pas une fin en soi. Pour qu'elle ait un sens, il faut que l'articulation intérieure soit effective et permanente indépendamment de toute autre considération, même légale.

La position parentale inclut naturellement les lois, dans la mesure où celles-ci en sont issues. Les lois sont édictées en vertu de la qualité du jugement d'hommes et de femmes qui s'appliquent à considérer la réalité en perspective, se référant par le fait même à leur propre parent intérieur. Mais la position parentale ne se réduit pas aux lois. Elle les transcende. Tout au long du trajet au cours duquel il accompagne son enfant vers la maturité, le parent doit se servir des règles et des lois comme d'autant d'indications de la marche à suivre, mais sans jamais perdre son libre arbitre. C'est lui qui, en dernière instance, doit adopter les attitudes appropriées, prendre et assumer les décisions qui conviennent, et exécuter les actes pertinents.

CHAPITRE 7

LES CONDITIONS INITIALES
D'UN BON ENCADREMENT

Encadrer un enfant ne va pas de soi, même quand le parent est en mesure d'assumer sa position d'autorité. Le parent est sollicité constamment et doit réagir rapidement à une multitude de petits irritants. L'enfant passe outre à une interdiction, répond agressivement, prend une initiative fâcheuse, s'est mal comporté à l'école, bouscule son frère, frappe sa sœur, refuse de faire ses devoirs, lève le nez sur le repas, interrompt une conversation… Dans chaque cas le parent doit s'interroger: quelle est la meilleure option? Dois-je sévir ou non? S'il y a lieu d'imposer une punition, laquelle? Comment encadrer les échanges entre frères et sœurs? Comment réagir aux problèmes survenus en mon absence? Comment intervenir en présence d'un tiers? Ce sont là des questions que nous allons aborder avec le souci non pas d'imposer d'autorité des recettes éprouvées mais plutôt de proposer une démarche compréhensible dont chacun pourra évaluer l'à-propos.

Partir du bon pied : l'encadrement du nourrisson

Quand commence-t-on à encadrer un enfant ? Dès qu'il y a matière à le faire, c'est-à-dire dès que le nourrisson s'engage sur la voie de l'inadaptation. Dans les premiers mois de sa vie, il n'y a encore personne dans la tête de l'enfant avec qui le parent peut engager le dialogue et, éventuellement, faire alliance. Les interventions du parent seront donc destinées à corriger directement et physiquement les comportements inadéquats : bloquer le geste de l'enfant qui vise à lancer un objet, lui retirer l'objet dangereux de la main ou de la bouche, le transporter en lieu sûr quand il s'aventure en terrain périlleux, etc. À ce stade, il est inutile d'accompagner le geste de réprimandes appuyées.

Plus l'enfant est autonome, plus le parent doit lui imposer des limites et freiner ses impulsions, qu'il s'agisse de lui faire comprendre que ses crises de colère ne sont pas la meilleure solution pour obtenir ce qu'il désire, qu'il ne peut toucher à certains objets ou qu'il doit coopérer pendant les repas. L'encadrement est alors réduit à sa plus simple expression, indiquant clairement la réprobation par quelques mots simples avec le ton et l'expression appropriés.

Si l'enfant persiste, le parent interviendra de manière plus significative, par exemple en confinant l'enfant à son lit ou à son parc, ou en lui confisquant un objet quelques instants. L'enfant assimilera la contrainte même s'il ne la raisonne pas et, pour autant qu'elle ne va pas à l'encontre de ses besoins fondamentaux, il s'adaptera en conséquence.

Déjà, à ce stade, certains parents se trouvent en difficulté. Ce sont ceux qui ont tendance à empêcher sans contraindre et à réprimander sans prendre les mesures pour inciter l'enfant à ne pas récidiver. Ils vont lui retirer des mains dix ou quinze fois de suite le même objet sans intervenir davantage, lui faire savoir qu'il n'est pas gentil de frapper les autres enfants sans l'empêcher de le faire, etc. Quelques-uns justifient cette attitude en soutenant que l'enfant est trop jeune pour comprendre et qu'ils ne veulent pas lui faire vivre des expériences traumatisantes. Il est vrai que le nourrisson ne peut encore mentaliser, mais il dispose des ressources pour réaliser les associations lui permettant de s'adapter à la réalité, au moins autant que peuvent le faire les animaux. Par ailleurs, il n'y a rien de traumatisant dans l'expérience même de se trouver placé devant les limites qu'impose la réalité; ce serait plutôt le contraire. L'enfant à qui le parent donne l'illusion que tout est possible est de moins en moins capable de tolérer l'épreuve de la réalité; il devient sujet à des désorganisations qui iront en s'intensifiant et qui auront, elles, un caractère particulièrement éprouvant pour lui-même d'abord, pour les autres ensuite[8].

L'encadrement précoce de l'enfant permet d'établir dès le départ un ordre de rapports relationnels harmonieux. Le fait d'être rapidement repris et incité à développer des attitudes adaptées permet à l'enfant d'évoluer dans un climat propice aux échanges satisfaisants. Tout le temps que le parent ne passe pas à le réprimander, à le reprendre, à le surveiller, à le rattraper ou à subir ses exigences, sa tyrannie et ses expressions de rage peut être consacré à l'investir positivement et à favoriser les expériences affectives satisfaisantes et les apprentissages avec le monde qui l'entoure.

L'omniprésence du regard parental

Très rapidement, les rapports se font plus complexes. Déjà, au cours de sa seconde année, l'enfant commence à être présent à lui-même et

---

8. La croyance populaire selon laquelle le nourrisson qui se manifeste bruyamment dès qu'il est contrarié est un enfant qui a du «caractère» apparaît en ce sens discutable. L'incapacité à se maintenir organisé par suite d'une frustration indique plutôt l'absence de caractère, au sens d'aptitude à faire face à l'épreuve de la réalité.

à faire sentir cette présence. Il comprend davantage ; il peut argumenter, contester, s'opposer ; il peut porter des jugements et négocier son affection. Ce qui va poser problème à partir de là et pour la majeure partie de son développement, c'est que sa présence à lui-même est totalement au service de ses impulsions. Elle ne lui sera donc pas d'un grand secours quand viendra le temps de décider ce qui est le mieux et de contrôler ses excès. Elle lui servira plutôt à chercher la meilleure façon de satisfaire ses besoins les plus primitifs à peu de frais et de se soustraire à l'autorité de ceux qui voudraient l'en empêcher. La tâche du parent s'en trouve alors compliquée d'autant. Il ne peut compter sur un allié à l'intérieur de l'enfant, auquel il pourrait faire appel. Il constate que la conscience de son enfant est vite submergée par l'impulsion et qu'il faut une intervention soutenue pour la remettre à flot.

Pour encadrer adéquatement son enfant, le parent doit manifester une volonté qui fasse contrepoids à ses impulsions. Son objectif est de maintenir l'enfant dans une disposition optimale pour satisfaire les deux plus grands besoins de son existence : être aimé et se réaliser. Le parent doit constituer une référence solide en permanence. Pour évoluer sereinement, l'enfant a besoin de sentir une présence forte au-dessus de lui, capable de résister à ses assauts sans s'effondrer sur le plan émotif et de déterminer son fonctionnement avec discernement sans être détournée par ses propres besoins.

Cette force doit être omniprésente dans l'univers personnel de l'enfant et étendre son action au-delà des comportements manifestes, jusqu'à atteindre son expérience la plus intime. Il ne s'agit pas seulement d'influer sur l'agir de l'enfant mais aussi sur ce qui se cache derrière. Le parent n'interviendra pas uniquement sur ce qu'il fait mais aussi sur ce qu'il vit, de manière à le maintenir dans un état propice aux échanges harmonieux et à la réalisation de soi.

Assurer quotidiennement une telle présence n'est pas chose facile. Bon nombre de parents cherchent le mode d'emploi. Il n'y a pas de

recettes, mais certains repères peuvent être utiles, qui se fondent sur trois principes :
- encadrer l'humeur,
- maintenir l'enfant organisé,
- contrôler les écarts de comportement.

Ces principes feront l'objet des prochains chapitres, mais avant de les examiner en détail, il convient de clarifier la question de la «normalité» dans le développement d'un enfant.

Ce qui est naturel n'est pas forcément normal

Le seuil de tolérance de certains parents est parfois si élevé que leurs interventions n'ont aucun effet sur l'état même de l'enfant ; ils en sont réduits à limiter les dégâts en tentant de le contenir. L'enfant court partout, crie, se dispute avec les autres, se roule par terre, répond impoliment, interrompt une conversation, manifeste bruyamment son dépit lorsqu'il essuie un refus, invective, passe outre aux exigences, autant de comportements tolérés par le parent qui n'intervient qu'au moment où survient un incident clairement inacceptable (faire pleurer un autre enfant, briser un objet, etc.). Il impose alors une punition qui servira, au mieux, à fixer la limite, sans avoir d'effet significatif sur le développement intérieur de l'enfant. Celui-ci demeurera un être fondamentalement impulsif et agité, se comportant comme un animal sauvage qu'on ne peut apprivoiser, mais dont on parvient à freiner les excès en dressant une clôture autour de lui.

À l'origine de ce genre d'attitude, on retrouve parfois une confusion entre le «naturel» et le «normal», qui contribue à fausser le jugement du parent. La tendance des enfants à courir, sauter, crier, frapper, revendiquer ou s'approprier confère aux comportements inadéquats une allure de normalité qui porte à en tolérer l'expression sans s'en formaliser outre mesure. C'est là une erreur. Ce n'est pas parce que les enfants se désorganisent facilement qu'il est normal d'être désorganisé.

L'état de normalité renvoie à une réalité identique pour n'importe quel être humain, quel que soit son âge. Une personne est dans un état normal quand il y a équilibre entre ses ressources cognitives et son expérience affective, de telle sorte qu'elle se trouve dans un état de disponibilité optimale pour vivre sa relation avec le monde. Elle est suffisamment stable sur le plan émotif pour que ses processus mentaux demeurent opérationnels et la conservent en maîtrise d'elle-même, et elle est suffisamment spontanée dans ses rapports avec les autres pour rester perméable à l'expérience du moment et en tirer satisfaction. Or, l'enfant dominé par ses impulsions n'est ni bien dans sa peau, ni adapté dans ses échanges avec l'environnement. Plus son niveau d'excitation augmente, plus il devient intolérant, irréfléchi, irritable, vindicatif et irrationnel, donc plus il s'éloigne d'un état de relative normalité.

Il n'y a rien là d'étonnant étant donné le caractère encore embryonnaire de son développement intérieur. Mais ce n'est pas parce qu'on le comprend qu'on doit le laisser faire. Le parent doit avoir avec son enfant la même attitude qu'un adulte devrait avoir avec lui-même. Il doit considérer l'écart avec indulgence, mais prendre les mesures pour rétablir la situation.

Concrètement, le parent doit maintenir un regard permanent sur l'activité de l'enfant, en intervenant non seulement quand il dépasse les bornes, mais dès que l'impulsion prend le pas sur la conscience et commence à déterminer son fonctionnement. Quand le jeu perd toute structure et devient le prétexte à une agitation désordonnée; quand les cris joyeux deviennent des hurlements; quand la chamaillerie tourne à la violence; quand la frustration ou la déception conduit à des décharges agressives; quand la nécessité n'est plus un argument suffisant au moment de dormir, de manger, de se laver, de s'habiller ou de partir; quand le besoin d'attirer l'attention, de dominer, de contrôler ou de s'approprier en vient à faire perdre de vue que les autres ont aussi des droits et des besoins.

Le parent est en droit de s'attendre à ce que son enfant soit serein et souriant, qu'il tolère les frustrations nécessaires, qu'il accepte les exigences, qu'il s'affirme sans agresser, qu'il manifeste sa gratitude, qu'il soit honnête et juste, et qu'il déploie les efforts nécessaires pour développer ses ressources personnelles et affirmer sa valeur tout en respectant les gens qui l'entourent. Ce n'est pas là le portrait type d'un enfant conventionnel et une réalité que le parent peut espérer voir émerger spontanément avec le temps, mais c'est un objectif majeur qui peut être atteint à un stade ultérieur du développement. L'impulsion laissée à elle-même, c'est l'espèce qui envahit le territoire de l'esprit et va y imposer sa loi pour le reste de l'existence en empêchant l'émergence de la conscience.

Pour réduire l'écart entre l'idéal et la réalité, le parent doit forcer la réalité à correspondre à l'idéal jusqu'à ce que l'idéal soit suffisamment intégré pour que l'enfant puisse l'incarner dans la réalité. Le parent comparera ce que son enfant *est* dans le moment présent avec ce qu'il *devrait être* et il prendra les moyens pour que les deux termes de cette comparaison finissent par correspondre. Répété à maintes reprises, cet exercice va maintenir l'enfant dans un état propice aux rapports affectifs satisfaisants, à la réalisation de soi et à l'émergence de la capacité de prendre du recul face à lui-même, trois conditions essentielles à un développement sain.

CHAPITRE 8

ENCADRER L'HUMEUR

La nécessaire vigilance du parent devrait porter, rappelons-le, sur ce que l'enfant *est* et non pas sur ce qu'il *fait*. La nuance est importante parce qu'elle renvoie à un travers particulièrement fréquent dans l'encadrement des enfants, qui consiste à s'en tenir à des rapports de surface sans influer sur l'expérience même de l'enfant. Le parent intervient sur ce qui est visible, mais pas sur ce qui est vécu; il instaure ainsi un ordre objectif qui masque un désordre intérieur. L'enfant agit correctement, mais il n'est pas bien à l'intérieur de lui-même. Il demeure envahi par des impulsions violentes qui minent ses échanges et interfèrent dans son développement.

C'est le cas lorsque le parent s'en tient strictement aux comportements de l'enfant pour déterminer s'il y a lieu d'intervenir ou non. Il pose des exigences, formule des interdits et voit à ce que l'enfant s'y conforme, qu'il s'agisse de ranger ses jouets, de faire sa toilette, d'étudier ses leçons, d'aller au lit, de ne pas frapper les autres enfants ou de ne pas s'éloigner de la maison. L'important pour ce parent est que son enfant fasse ce qu'il lui demande, sans égard à la manière dont les choses se passent. S'il a à le réprimander ou à sévir à son endroit, il prend les initiatives qu'il croit indiquées, mais encore là sans se préoccuper de leurs conséquences véritables sur l'expérience même de l'enfant.

Un tel parent peut avoir tendance à considérer comme acceptable :

- que l'enfant l'interpelle sur un ton autoritaire en ayant recours à l'impératif, («apporte-moi un verre») ;
- qu'il reçoive des cadeaux, des attentions ou bénéficie de privilèges sans manifester de gratitude ;
- qu'il réagisse agressivement à une question parce qu'on le dérange ;
- qu'il jette les hauts cris dès qu'on essaie de lui faire comprendre quelque chose qui ne lui convient pas (corriger sa façon de voir, souligner une erreur, etc.) ;
- qu'il décharge sa frustration sur ses parents par suite d'une déception ou d'une contrariété (annulation d'une activité, défaite dans une compétition, etc.) ;
- qu'après avoir été pris en faute, il réagisse à la réprimande par des invectives qu'il continuera éventuellement à hurler de sa chambre une fois qu'il y aura été envoyé ;
- qu'il exprime son dépit en lançant des objets ou en frappant contre les murs ;
- qu'il se prévale de son droit de dire non dès qu'on demande sans exiger ;
- qu'il se montre inamical avec son entourage simplement parce qu'il s'est levé du mauvais pied et se sent irritable.

Ces attitudes sont à l'évidence inappropriées. Même le parent qui n'intervient pas en conviendra. Il préférerait certainement que son enfant soit aimable, déférent, reconnaissant, raisonnable et généreux, mais il considère tout ce qui n'est pas objectivement répréhensible comme des irritants secondaires avec lesquels il faut composer. Pour autant qu'il parvient à imposer ses règles et à se faire obéir, il peut s'estimer satisfait du type d'encadrement qu'il a mis en œuvre.

Il ne le devrait pas, car il passe à côté de l'essentiel, même si ce qu'il fait est valable. Il encadre les manifestations de la pulsion mais il ne touche pas à la pulsion en elle-même. Avec pour résultat que l'enfant apprend bien (ce qui est permis, ce qui ne l'est pas), mais qu'il se développe mal. Au-delà de la surface, l'anarchie pulsionnelle continue à contaminer les échanges et à interférer dans les processus mentaux. L'enfant a peine à mobiliser ses ressources pour se réaliser, il est investi négativement et il ne se trouve à peu près jamais dans une disposition d'esprit qui permettrait de l'amener à voir la réalité en perspective. Le transfert graduel de conscience du parent à l'enfant ne peut pas s'effectuer, de sorte que l'enfant en est réduit à agir de façon adéquate parce qu'il a peur des punitions plutôt que parce qu'il reconnaît que c'est ce qui est le mieux pour lui.

Pour maintenir l'enfant dans un état qui lui permette de se présenter comme une personne ouverte, dégagée, dynamique, productive, raisonnable et dénuée d'agressivité malsaine, il faut neutraliser la pulsion à sa racine. Pratiquement, il s'agit d'intervenir non seulement sur le comportement, mais aussi sur l'attitude même de l'enfant de manière à déterminer son humeur.

L'entreprise ne va pas de soi. On a généralement tendance à considérer l'humeur comme un état personnel sur lequel un parent n'a pas autorité. Il lui est plus aisé de savoir où il s'en va quand il se trouve face à un écart de comportement évident. Les indications suivantes devraient contribuer à faciliter le changement de perspective.

Les objets de l'intervention

Les enfants n'ont jamais de raison objective d'être de mauvaise humeur. Un enfant peut être fatigué, déçu, indisposé ou contrarié, ce sont là autant d'états ponctuels légitimes en autant qu'ils sont associés à un contexte approprié. Mais il y a une différence entre des manifestations d'humeur passagères et la situation de l'enfant qui affiche en permanence un tempérament boudeur ou irritable.

Divers problèmes se cachent derrière la mauvaise humeur chronique d'un enfant, mais on retrouve toujours un enfant complaisant envers lui-même qui considère que la vie ne lui donne pas assez et qui se comporte sur la base d'un ressentiment latent se manifestant à la moindre contrariété. L'enfant refuse de dire bonjour aux visiteurs, n'a pas le sourire facile, se braque dès qu'il est sollicité, ne trouve rien à son goût, etc. Il *est* agressivité en quête de décharge. Les expériences satisfaisantes ont pour effet, au mieux, de tempérer son humeur, alors que les frustrations même les plus anodines donnent lieu à des débordements spectaculaires.

ÉVITER DE NORMALISER LA MAUVAISE HUMEUR

Certains parents ont tendance à considérer cet état comme normal en invoquant des justifications qui leur font perdre de vue que la mauvaise humeur est une donnée permanente dans la vie de leur enfant. Par exemple, ils vont mentionner sur le ton de la confidence qu'il ne voulait pas venir, qu'il n'aime pas être en groupe, qu'il a dû interrompre un jeu ou qu'il est un peu malade. Ils n'ont pas le recul nécessaire pour réaliser que beaucoup d'enfants sont exposés à des situations plus indisposantes sans s'en formaliser à outrance et que, au fond, leur enfant se trouve dans un état d'insatisfaction permanent.

Un enfant qui a mauvais caractère souffre d'un investissement lacunaire. Il réagit à sa souffrance en agressant le monde entier et, de la sorte, il établit un type de rapport qui a pour effet de perpétuer sa condition de carencé. Pour rétablir la situation, il faut l'exposer à un investissement positif soutenu. Or, pour être l'objet d'un tel investissement, l'enfant doit adopter une attitude de nature à le favoriser. C'est au parent d'agir pour que cette attitude émerge. Nous verrons comment plus loin.

CONTRER LES DÉFOULEMENTS INAPPROPRIÉS

Qu'ils affichent ou non une disposition à la mauvaise humeur, les enfants présentent tous un travers important quand ils doivent faire face à une déception ou à une frustration : ils déchargent leur trop plein d'agressivité sur les gens qui les entourent. La pluie force l'annulation d'une sortie ? Une panne d'électricité interrompt un film ? Des difficultés financières retardent l'achat du jouet promis ? Un ami fait faux bond ? L'équipe perd un match ? Peu importe la cause, beaucoup d'enfants réagissent en se tournant vers leurs parents pour les prendre à partie, leur reprocher en quelque sorte de ne pas empêcher la réalité d'être ce qu'elle est.

Certains parents ne bronchent pas quand leur enfant frustré se défoule sur eux. Et leur seuil de tolérance est encore plus élevé quand ils sont vraiment à l'origine de la frustration, par exemple, lorsqu'ils étaient trop occupés pour faire l'activité promise. Ils considèrent que l'enfant a de bonnes raisons et qu'il leur faut se montrer compréhensifs. Or, quand un parent fait vivre une frustration à un enfant dans un contexte où il n'a pas cherché à lui causer du tort, mais où il n'a fait que se conformer aux exigences de la réalité, il n'a pas à accepter les décharges agressives auxquelles donne lieu l'impulsivité de l'enfant. De toute façon, quand l'enfant fait l'expérience d'une déconvenue quelconque, si pénible soit-elle, le parent ne doit pas tolérer qu'il détourne son dépit sur autrui. L'enfant peut avoir des raisons d'être déçu, chagriné ou malheureux, mais il n'en a jamais d'être hostile.

Il n'est pas étonnant qu'un enfant cède à la facilité de chercher un exutoire quand la réalité ne répond pas à ses attentes. Mais ce n'est pas parce que l'attitude de l'enfant est compréhensible qu'elle est acceptable. L'enfant a besoin d'être situé par rapport à son expérience. Le parent doit contrer le défoulement et forcer l'enfant à accepter de vivre la détresse du moment sans tenter d'y échapper par une décharge agressive inadaptée, jusqu'à ce qu'il ait acquis la force intérieure pour savoir composer par lui-même avec sa souffrance.

S'ATTARDER AU CONTENANT PLUTÔT QU'AU CONTENU

Dans le cadre des échanges quotidiens, il arrive régulièrement qu'un enfant adresse une demande à l'un de ses parents, lui pose une question, exige une explication, conteste une exigence ou argumente contre une décision. Il s'agit de manifestations anodines auxquelles il n'y aurait pas lieu de s'attarder si ce n'était que l'enfant les enrobe souvent d'une agressivité malsaine, qui est ressentie mais non relevée, parce qu'elle est exprimée à travers un contenu formel dénué, lui, de toute référence agressive.

Si un enfant emploie pour dire à sa mère «Qu'est-ce que tu as fait à mon chandail?» le même ton que pour lui dire «Tu es idiote!», on peut en déduire que son état d'esprit est le même. On pourrait donc s'attendre à ce que la réaction de la mère soit la même dans les deux situations. Or, bien souvent, ce n'est pas le cas. Quand l'agression n'est pas manifeste, les parents ont tendance à en faire abstraction et à réagir au contenu alors qu'ils devraient faire exactement le contraire. Leur premier réflexe devrait toujours être d'intervenir d'abord sur le contenant (l'enfant) pour ensuite seulement s'arrêter à ce dont il est question.

Que les griefs de l'enfant soient fondés ou non, ses demandes pertinentes ou non, le parent ne peut jamais l'excuser de lui manquer de respect s'il l'investit convenablement. Lorsqu'un parent s'entend dire agressivement «Passe-moi le lait», «Viens m'ouvrir la porte», «Où as-tu mis mon pantalon?», ou «Tu n'as pas encore réparé ma bicyclette?», il doit ignorer le contenu et faire face à la pulsion jusqu'au réaménagement satisfaisant de la relation. Ce n'est que lorsque l'enfant n'est plus lui-même un problème que le parent peut s'occuper du problème de l'enfant en donnant suite à sa demande ou en répondant à sa question.

Le parent est d'autant plus vulnérable qu'il se sent en faute face à l'enfant. Or, il ne doit jamais perdre de vue que les efforts qu'il déploie pour le bien de son enfant compensent largement les inconvénients occasionnels dont il peut être la cause. S'il peut à la rigueur autoriser certains reproches, il ne doit jamais tolérer le manque de respect.

Les attitudes à adopter

L'intervention auprès de l'enfant dont l'humeur pose problème doit être suffisamment énergique pour conduire à un réaménagement immédiat de la relation. L'enfant impoli, méprisant ou vindicatif doit changer d'attitude sur-le-champ parce que la nature du rapport dans lequel il s'inscrit est inacceptable et doit être modifiée. Le parent ne peut se contenter de lui dire «Tu vas te coucher plus tôt ce soir» comme il le ferait pour un enfant qui n'est pas rentré à l'heure convenue ou qui s'est mal comporté à l'école. C'est l'état qui est en cause, non le comportement. Un enfant peut avoir agi de façon répréhensible et se trouver quand même dans un état d'esprit qui lui permet d'évoluer normalement par la suite. Ce n'est pas le cas de l'enfant dont l'humeur est affectée. Tout ce qu'il vit est contaminé par son état, de sorte qu'il ne peut ni être bien ni faire le bien.

L'intervention doit avoir un effet immédiat sur la situation, autant pour rétablir la condition émotionnelle de l'enfant que pour préserver l'intégrité du parent. Laisser un enfant nous manquer de respect, c'est laisser l'enfant en soi se faire malmener, ce que rien ne saurait justifier. Être parent, c'est prendre soin de tous les enfants qui gravitent dans notre zone d'influence, y compris celui qui est en nous-mêmes.

Une façon simple de réaménager rapidement la relation sur le plan affectif est de réagir au moindre signe d'hostilité en demandant à l'enfant de s'excuser. Quel que soit le propos ou la situation, le cours des choses doit être suspendu et l'enfant placé devant la nécessité impérative de changer d'attitude. Pas de longues discussions, pas de démonstrations, pas de justifications, seulement : «Excuse-toi.» Le parent n'a pas à expliquer ou à prouver à l'enfant qu'il est hostile ; il n'a qu'à le placer devant son état et à en établir les limites. Par ce simple «Excuse-toi», il lui indique :

1°   qu'il est en faute,

2°   qu'il doit se repositionner sur le plan émotif,

3°   qu'il doit s'amender.

Il s'agit d'un absolu relationnel qui ne se discute pas et qui ne laisse place à aucun compromis.

Ainsi interpellé, l'enfant doit faire un choix. Parfois, le mouvement de conscience suffit à lui seul et a pour effet de réorganiser l'expérience. Placé devant son affect inapproprié, l'enfant se ressaisit et s'adapte en modifiant son attitude. C'est surtout chez les enfants qui ont été habitués à faire un effort de conscience que cette réaction se manifeste. C'est cependant loin d'être la situation la plus courante.

Un cran au-dessous se déroule la séquence suivante : l'enfant résiste à la pression du parent, puis finit par s'excuser en conservant un ton ouvertement agressif, ce qui demeure inacceptable. L'enfant obéit, mais il ne convient pas du caractère inapproprié de son mouvement, qui continue à le mobiliser. Le parent doit alors réitérer sa demande, jusqu'à ce que le ton de l'enfant soit dénué d'agressivité et témoigne que la réorganisation interne recherchée a été réalisée.

Lorsque l'enfant est nettement incapable de prendre le dessus sur lui-même et qu'il reste à la merci de ses impulsions, le parent doit le mettre entre parenthèses le temps qu'il revienne à de meilleures dispositions. Le confinement dans sa chambre est habituellement la mesure la plus efficace. Nous verrons au chapitre 11, consacré aux punitions, les conditions à respecter pour qu'une telle mesure soit bénéfique sans être éprouvante.

Cette brève présentation de l'encadrement de l'humeur demeure sommaire. Les échanges avec un enfant boudeur, maussade, impoli, revendicateur ou frondeur peuvent offrir diverses variantes. Par exemple, un enfant peut être de mauvaise humeur, sans agresser ouvertement le parent. Le parent devra alors exiger de son enfant qu'il change d'expression. L'enfant va, ou bien se replacer, ou bien détourner son agressivité sur le parent, ce qui nous ramène au scénario de départ.

Certains enfants ont l'excuse facile, mais ils se laissent de nouveau emporter dès qu'ils sont contrariés ou frustrés. Le parent doit alors augmenter la pression sur l'enfant de manière à avoir une véritable influence sur le cours de son humeur. Il peut soit se montrer davantage intolérant, soit en venir plus vite aux mesures punitives, l'objectif étant toujours de décourager la complaisance et de forcer l'enfant à moduler son univers pulsionnel.

Les pièges à éviter

CHERCHER À CORRIGER L'ENFANT EN LE MÉNAGEANT OU EN FAISANT PREUVE D'HUMOUR

Devant un enfant boudeur ou irritable, certains parents vont opter pour l'intervention indirecte : ils le traiteront avec ménagement et douceur pour ne pas alimenter sa mauvaise humeur ou ils chercheront à le récupérer en faisant preuve d'humour. Dans un cas comme dans l'autre, la stratégie est doublement inappropriée. En ne signifiant pas clairement à l'enfant que son mouvement est inacceptable, le parent le légitime. Et en cherchant à induire un changement d'humeur sans placer l'enfant face à lui-même, il élimine toute possibilité d'évolution vers une meilleure intégration de l'activité pulsionnelle. L'enfant a l'impression qu'il accorde une faveur au parent en retrouvant le sourire et il persiste dans sa conviction qu'il n'y a rien de mal à imposer son humeur à son entourage.

S'EMPÊCHER D'INTERVENIR SUR CE QUI NE PEUT ÊTRE OBJECTIVÉ

L'impolitesse, le manque d'égard, le mépris sont des réalités moins objectives qu'une désobéissance flagrante. Comme il ne peut s'en remettre à l'évidence, le parent doit faire confiance à son jugement pour déterminer s'il y a matière à réprimande. Or, les enfants ont généralement tendance à profiter du fait qu'ils se situent dans une zone où les écarts sont moins aisés à relever pour chercher à amener le parent sur le terrain de l'objectivation. L'enfant prétend que son attitude n'a pas été incorrecte en faisant valoir que le parent ne peut pas prouver qu'elle l'a vraiment été.

Cette question de preuve revient régulièrement dans les discussions concernant l'encadrement des enfants. Elle pose aussi problème dans le cas des écarts de comportement. L'enfant va contester le droit de son parent de le punir lorsque celui-ci ne peut présenter la preuve objective qu'il a commis la faute relevée ; il considère son parent comme un avocat qui doit faire la preuve de sa culpabilité. Des parents se laissent entraîner sur cette voie parce qu'ils manquent de confiance en leur jugement et qu'ils ont besoin de convaincre leur enfant de la nécessité de le réprimander. Ils n'osent pas le punir s'ils ne sont pas en mesure de lui démontrer qu'il a tort, même quand ils savent pertinemment qu'il est en faute.

Or, on n'élève pas un enfant comme si on se trouvait dans un procès devant juge et jurés. C'est le parent qui possède le jugement, c'est donc lui qui est juge. Quand il a la conviction intime que son enfant doit être réprimandé, il doit intervenir en conséquence. C'est particulièrement vrai dans les situations où c'est l'humeur qui est en cause. Lorsqu'un parent perçoit que son enfant est hostile, méprisant, vindicatif ou impoli, il est rare qu'il soit dans l'erreur. Certes, un parent en difficulté sur le plan affectif peut trouver son enfant impoli dès qu'il exprime son opinion ou méprisant dès qu'il émet un commentaire critique, mais c'est l'exception. La plupart du temps, quand le parent ressent une agression, c'est qu'il est effectivement agressé. Il n'a pas à se préoccuper d'en faire la preuve; l'enfant qui agresse le ressent tout autant. Le parent doit amener ce qui est vécu au niveau de la conscience et intervenir en tenant pour acquis qu'au fond de lui-même, l'enfant se sait en faute et qu'il en conviendra quand sa disposition d'esprit le lui permettra.

De multiples exemples démontrent la mauvaise foi des enfants quand leur humeur est prise en défaut. L'enfant répond avec brusquerie, puis nie avoir été agressif. Il se permet une remarque déplacée, puis jure avoir été mal interprété. Il lance un commentaire désobligeant, puis se défend d'avoir voulu être blessant.

L'exemple le plus typique est celui de l'enfant qui marmonne un commentaire à voix basse à un moment où il est indisposé par le parent, puis se défend d'avoir dit quoi que ce soit de déplaisant. En agissant de la sorte, l'enfant se permet d'agresser tout en se soustrayant aux conséquences de son agression. Le parent le sait. Pourtant, il se borne souvent à demander à l'enfant de répéter à voix haute ce qu'il vient de dire; l'enfant refuse, naturellement, et le parent abandonne la partie faute de preuve. La réaction appropriée consiste à sévir en considérant que si l'enfant a senti le besoin de parler à voix basse, c'est qu'il y avait matière à réprimande. Et à l'enfant qui s'indignera du préjudice qui lui est causé, le parent n'aura qu'à répondre : «Parle pour qu'on te comprenne et tu ne risqueras plus d'être traité injustement.»

LAISSER L'ENFANT ÉTABLIR DES ÉQUIVALENCES
AVEC SON PARENT

On dit souvent que l'enfant prend exemple sur ses parents et qu'il a tendance à modeler ses comportements sur les leurs. Par extension, on est porté à considérer comme normal qu'un enfant réponde à ses parents sur le même ton ou qu'il estime avoir droit aux mêmes égards. Cette équivalence de traitement n'a pas sa raison d'être. Il est vrai que les enfants ont tendance à adopter des attitudes semblables à celles de leurs parents et que ceux-ci doivent se montrer soucieux de leur donner le bon exemple. Cela ne fait cependant pas d'eux des êtres égaux. Le parent porte la lourdeur de sa responsabilité en permanence. Il répond jour et nuit aux besoins de son enfant, souvent au détriment des siens propres. Tout ce que l'enfant peut offrir en contrepartie, c'est son respect et sa gratitude. Au-delà, il n'y a pas d'équivalence qui tienne.

Un parent ne doit pas manquer de considération envers son enfant, cela va de soi, mais il n'est pas tenu aux mêmes égards. Les enfants admettent généralement la différence et n'exigent pas un traitement qui les placerait sur un pied d'égalité avec leurs parents. Lorsque c'est le cas, il y a lieu de s'interroger sur les motivations de l'enfant. On peut constater que l'enfant qui se prétend l'égal de son parent ne cherche pas à être respecté mais à agresser. L'enfant à qui sa mère demande de ramasser ses jouets et qui répond «Tu ne m'as pas dit s'il te plaît» cherche davantage à désarçonner qu'à se faire respecter. De même, celui qui reprend les mêmes termes que son père pour lui répondre cherche davantage à tirer profit de la situation pour décharger son agressivité qu'à se modeler sur la présentation paternelle.

La similitude de ton et les formules utilisées font perdre de vue que les motivations du parent et de l'enfant ne sont pas les mêmes. Le parent qui s'adresse à son enfant sur un ton autoritaire ne cherche pas à l'agresser le plus souvent, mais il tente uniquement de se faire écouter ; l'enfant qui répond sur le même ton a un tout autre objectif. De la même manière, le parent qui fait remarquer à son enfant qu'il n'a pas dit s'il vous plaît cherche bien plus à lui apprendre à être poli qu'à l'assujettir, alors que c'est tout le contraire pour l'enfant.

SE CONTENTER DE DEMANDER QUAND IL FAUT EXIGER

Il y a ce qu'un enfant peut faire (selon qu'il le désire ou non) et il y a ce qu'il doit faire (qu'il le désire ou non). C'est au parent qu'il revient de faire la part des choses. Le parent qui prend le parti de toujours respecter les choix de l'enfant sans rien exiger de sa part se met au service de ses fantaisies sans perspective d'adaptation.

Un enfant fait peu de véritables choix, surtout quand il est mobilisé sur le plan émotif. Il devient le jouet de ses impulsions et ne mesure pas les conséquences de ses actes. Il revient au parent de discerner ce qui est adapté et ce qui ne l'est pas. Tant que l'enfant se maintient sur une trajectoire d'adaptation en se conformant aux exigences de la réalité, on est dans le monde des demandes ; quand il s'écarte de la nécessité, on entre dans le monde des exigences.

Demander à un enfant s'il veut demeurer dehors pour jouer et lui demander de partager une aire de jeu avec un autre enfant ne constituent pas des requêtes équivalentes même si elles font appel à des formules analogues. Dans le premier cas, l'enfant peut faire un choix au gré de sa fantaisie, alors que dans le second, il doit tenir compte d'un facteur de nécessité. S'il ne donne pas suite à la demande impérative, le parent doit passer à l'exigence.

Quand l'humeur d'un enfant le conduit à refuser de partager des jouets, de dire bonjour à un visiteur, de baisser le volume de la radio, d'aller chercher un outil dont son père ou sa mère a un besoin urgent, ou d'aller faire une course à l'épicerie, il se soustrait à une demande qui se situe dans l'ordre de la nécessité. Dès que l'humeur oriente l'enfant dans une direction non souhaitée, le parent doit déterminer son fonctionnement et intervenir simultanément sur l'état qui fonde son comportement du moment.

CHAPITRE 9

MAINTENIR L'ENFANT ORGANISÉ

Un enfant peut être le jouet de ses impulsions sans se montrer agressif. C'est le cas lorsqu'il est en état d'agitation. Un enfant est agité quand son niveau d'excitation lui fait perdre le contrôle de son fonctionnement. L'impulsion n'est plus canalisée vers un but à atteindre et sa décharge devient une fin en soi. Par exemple, l'enfant touche à tout sans but précis, se suspend à tout venant, se traîne par terre, court au hasard, se contorsionne, gesticule, émet des sons incongrus ou dit tout ce qui lui passe par la tête.

Le parent tolère souvent ce genre de comportement. Il s'en formalise peu parce qu'il considère cette agitation comme une espèce de jeu. Cette perception est encore plus marquée quand l'agitation est vécue à plusieurs. Les enfants se chamaillent, crient, courent, se bousculent et se jettent par terre sous le regard indulgent de parents qui sont parfois les seuls à ne pas se rendre compte que ce qu'ils prennent pour des jeux turbulents relève de la désorganisation collective.

L'agitation est un état inconfortable que l'on confond avec le plaisir, parce qu'il est empreint de fébrilité et habituellement ponctué de rires bruyants. Or, en dépit des apparences, ce n'est pas parce qu'un enfant rit qu'il a du plaisir. Au-delà d'un certain seuil, l'excitation devient primitive et indifférenciée. L'enfant est mû par des impulsions qui court-circuitent son activité mentale, de sorte qu'il n'est disponible ni à lui-même ni aux autres. Son activité, chargée d'agressivité, se confine au registre sensoriel. L'enfant ne cherche pas à faire l'expérience d'un plaisir, mais il s'agite sans but précis, au gré de ses impulsions.

Située sur un continuum, l'agitation est l'étape qui précède la désorganisation. Plus elle est manifeste, plus la déstructuration est imminente. Le parent peut savoir si son enfant joue réellement ou si son activité relève de l'agitation en évaluant le degré d'organisation du jeu. Plus l'activité de l'enfant est structurée, c'est-à-dire plus elle se déroule selon certaines règles, comporte des séquences ordonnées et vise un objectif précis, plus elle se situe dans le registre du jeu, que l'enfant soit seul ou avec d'autres. Il est possible que l'enfant agisse incorrectement, par exemple en se montrant exagérément agressif ou trop égocentrique, mais sa capacité d'agir dans un contexte organisé montre qu'il n'est pas agité. À l'inverse, plus l'activité de l'enfant est anarchique, ne respecte à peu près aucune logique et se résume à une série de décharges primaires (courir, sauter, se contorsionner, gesticuler, crier ou frapper), plus elle se situe dans le registre de l'agitation. L'enfant peut soutenir le contraire en opposant aux appels au calme répétés l'incontournable «On ne fait que jouer!».

Les objets de l'intervention

Parmi les facteurs susceptibles d'avoir un effet déstructurant et de rendre un enfant agité, on relève la fatigue, les tensions internes et le manque d'encadrement.

LA FATIGUE

Le rôle déstructurant de la fatigue, qu'elle soit physique ou mentale, est simple à démontrer. L'enfant qui se couche à une heure tardive, qui s'est vu imposer une longue séance de magasinage, qui a été soumis à une attente prolongée ou qui vient de fournir un effort de concentration soutenu apparaîtra plus facilement excitable, irritable, intolérant et en proie à une agitation motrice qui ira en s'accentuant. L'illustration peut-être la plus évocatrice de ce phénomène est le cas de l'enfant qui accompagne un parent à un événement qui ne le concerne pas, comme une réunion au travail de sa mère, une compétition de son frère ou de sa sœur, ou une activité de loisir de son père. L'enfant va souvent s'affairer calmement au début (jeu, dessin, lecture), puis, le caractère contraignant de la situation agissant, son fonctionnement va graduellement se détériorer jusqu'à devenir totalement incontrôlable, au grand désespoir du parent. Les tentatives de ce dernier pour rétablir la situation en suscitant de nouveaux intérêts demeureront vaines, parce que l'enfant n'est plus capable alors de s'intéresser à quoi que ce soit.

LES TENSIONS INTERNES

Un enfant qui n'a pas atteint les limites de sa résistance physique peut quand même vivre une expérience pénible susceptible d'entraîner un état d'agitation. C'est le cas des enfants qui éprouvent des tensions internes suscitant une activité émotionnelle intense. Par exemple, certains enfants ressentent la nécessité d'exercer un contrôle de tous les instants sur leurs impulsions parce qu'ils sont incapables d'exprimer leur agressivité sainement. D'autres vivent avec la conviction qu'ils doivent se comporter en petits adultes responsables et qu'il leur faut faire taire en eux tout ce qui est de l'ordre d'un besoin personnel. Nous reviendrons sur cette question au chapitre 17 sur les troubles de l'identité, mais retenons pour l'instant:

- que certains enfants se sont développés de telle manière qu'ils ressentent en permanence une forte tension issue d'une interdiction ou d'une exigence qui fait pression de l'intérieur,
- que le fait de vivre continuellement sous tension prédispose à l'agitation.

LE MANQUE D'ENCADREMENT

L'effet déstructurant de l'absence de cadre extérieur s'applique davantage aux situations où les enfants se trouvent en groupe. Lorsqu'ils sont laissés à eux-mêmes sans une supervision minimale, ils ont tendance à se solliciter mutuellement sur le plan émotif et à s'engager dans une escalade pulsionnelle qui fait augmenter rapidement le niveau d'excitation. On n'a qu'à penser aux élèves que le professeur laisse sans surveillance pendant quelques instants. Dans une telle situation, il est facile de distinguer les enfants dotés d'une structure interne robuste de ceux chez qui elle est défaillante. Les premiers conservent un certain contrôle d'eux-mêmes en dépit de la montée d'excitation alors que les seconds, dès que le cadre extérieur est retiré, passent sans transition du calme relatif à l'agitation.

Les attitudes à adopter

L'existence de facteurs favorisant l'agitation ne signifie pas qu'elle doit être tolérée. La règle est la même que pour l'humeur. Dès qu'un parent constate que son enfant est en voie de se déstructurer, il doit interrompre l'activité de ce dernier et prendre les moyens pour rétablir son état.

Il y a cependant moyen de prévenir l'agitation. Le parent devrait toujours avoir le souci d'éviter de mettre à l'épreuve inutilement la résistance de son enfant. Nous faisons référence ici au parent qui croit bien agir en emmenant son enfant partout où il va parce qu'il trouve important de l'avoir auprès de lui. Il est certainement souhaitable qu'un enfant soit le plus souvent possible avec ses parents, pour autant qu'il soit en mesure de profiter de leur présence. Ce n'est pas toujours le cas.

Le parent qui se fait accompagner de son enfant dans une soirée ou une réunion d'adultes peut lui causer un tort plus grand que s'il l'avait fait garder. Il le prive de ce dont il a le plus besoin, un environnement familier et rassurant, préférant le conduire dans un endroit où il ne pourra probablement pas s'en occuper et où l'enfant sera sans doute stimulé à l'excès, en raison de son niveau de fatigue.

Emmener un jeune enfant à un spectacle qui ne lui est pas destiné est une autre initiative douteuse qui risque de provoquer l'agitation. Non seulement l'enfant lui-même en souffrira, mais l'expression bruyante de son indisposition, par des cris ou des pleurs, aura pour effet de perturber l'auditoire et, dans le cas d'une prestation sur scène, les artistes.

Avant d'emmener son enfant, le parent devrait toujours prendre le temps de se demander si cette initiative est ce qu'il y a de mieux pour lui compte tenu de l'heure, du lieu, du type d'activité, des personnes qui seront présentes et de son niveau de développement.

Il reste que, même dans un contexte approprié, les enfants peuvent vivre des états d'excitation déstructurants. Quand et comment intervenir alors? Le parent doit reprendre le contrôle de la situation avant qu'il ne soit trop tard, c'est-à-dire avant que le niveau d'agitation n'ait atteint le point de non-retour. Il arrive en effet un moment où l'intensité de l'excitation est telle qu'elle court-circuite l'activité mentale, avec pour résultat que toute tentative d'interférer dans la décharge de l'enfant pour le raisonner accentue la déstructuration. Tel parent qui contemple avec un contentement évident son enfant qui court, crie, rit, interpelle les gens et touche à tout s'énervera et s'affolera quelques minutes plus tard quand il aura tenté en vain de calmer l'enfant en proie à une complète désorganisation.

Lorsque le parent intervient au moment où l'enfant est encore accessible, un simple rappel à l'ordre peut suffire. C'est un peu comme s'il injectait une dose de conscience à l'enfant pour favoriser une action sur l'impulsion. L'enfant redevient présent à lui-même et, de ce fait, retrouve une disposition d'esprit lui permettant de se maintenir organisé dans l'activité en cours.

Plus l'enfant est jeune, plus la probabilité est grande qu'il faudra intervenir davantage. L'enfant ne présente alors qu'une capacité embryonnaire de prendre du recul face à son expérience et se trouve donc aisément submergé par ses impulsions. C'est pourquoi on ne peut titiller ou chatouiller un enfant de trois ou quatre ans plus de quelques minutes sans qu'il ne devienne complètement désorganisé.

Le parent qui se rend compte que le niveau d'excitation de son enfant continue à augmenter en dépit de ses interventions verbales doit le retirer de l'activité, quelle qu'elle soit, et le garder auprès de lui le temps que l'intensité pulsionnelle diminue. Il suffit souvent de quelques instants pour que la régulation se produise. Une bonne façon de déterminer le moment où l'enfant est en état de retourner jouer consiste à lui refuser systématiquement l'autorisation de le faire chaque fois qu'il le demande ; tant que l'enfant réagit au refus en explosant de colère, c'est qu'il n'est pas prêt ; quand il se montre capable de tolérer le délai, c'est l'indication que son fonctionnement est stabilisé et qu'il est en état de retourner s'amuser.

Quand l'agitation atteint le stade où l'enfant n'est plus du tout réceptif aux consignes, il peut devenir nécessaire de le confiner temporairement dans sa chambre. Mais ce n'est pas toujours la bonne solution. Les débordements d'excitation surviennent le plus souvent quand l'enfant est stimulé à l'excès, ce qui se produit le plus souvent en dehors de son environnement familier ; sa chambre est alors inaccessible. De plus, lorsque la désorganisation est importante, la chambre ne suffit pas toujours à contenir l'enfant. Enfin, le confinement n'est peut-être pas indiqué parce qu'un enfant qui n'écoute plus rien éprouve un inconfort sur lequel le parent doit agir dans les meilleurs délais.

Le parent peut se trouver devant la nécessité d'intervenir physiquement. L'objectif n'est pas de punir l'enfant, mais plutôt de provoquer une dépression physique, c'est-à-dire un ralentissement de l'activité motrice destiné à faire tomber la tension. L'enfant agité va souvent se montrer très réactif lorsqu'il est brusqué physiquement. Certains vont pleurer abondamment ; les larmes sont à ce moment davantage la manifestation d'une décompression que l'expression d'un chagrin ou d'une souffrance. Une fois son état stabilisé, il ne reste chez l'enfant ni peine ni ressentiment, pour autant que le parent ait abordé la situation avec le détachement nécessaire.

Qui dit intervention physique ne dit pas tomber à bras raccourcis sur l'enfant en l'abreuvant de reproches. Le parent ne doit pas perdre de vue que son enfant n'a commis aucune faute délibérée. L'enfant agité se trouve en quelque sorte dans un état second sur lequel il n'a aucune prise et dont le parent ne peut en conséquence lui tenir rigueur. L'action physique ne vise pas à lui donner une leçon mais à le rendre fonctionnel à nouveau. Idéalement, le parent devrait s'exécuter avec fermeté tout en demeurant disponible sur le plan affectif pour consoler l'enfant durant le moment éprouvant qu'il traverse.

Les pièges à éviter

TENTER DE RAISONNER L'IRRAISONNABLE

La scène se passe dans une salle où de nombreux parents sont rassemblés avec leurs enfants depuis déjà plus d'une heure. À l'écart, une mère est accroupie auprès de son petit garçon qui se roule par terre. Elle lui parle calmement et lève la tête de temps à autre pour sourire, voulant indiquer qu'elle maîtrise bien la situation. Soudain l'enfant se lève, se met à courir en criant et se jette par terre un peu plus loin. Sa mère le suit sans précipitation, s'accroupit de nouveau et recommence à lui parler, donnant l'impression qu'elle domine toujours une situation qui lui échappe pourtant complètement.

Ce genre d'attitude procède généralement d'une bonne intention. Le parent croit bien agir en traitant l'enfant avec douceur et en tentant de le raisonner au lieu de s'emporter. Or, s'il n'est effectivement pas souhaitable de s'emporter, il ne vaut pas beaucoup mieux de tenter de raisonner un enfant déstructuré. L'enfant entend ce que dit le parent, mais il ne peut l'intégrer tant que son niveau d'excitation affecte ses processus mentaux. Il faut d'abord modifier l'état de l'enfant pour ensuite seulement mettre sa raison à contribution.

DEMANDER À L'ENFANT DE SE MAÎTRISER

Certains parents croient que la perspective d'une gratification va amener l'enfant turbulent à se maîtriser et à fonctionner adéquatement. On lui promet de le récompenser s'il cesse de s'agiter et s'exécute correctement. Il est possible que cette perspective l'amène à faire un effort de maîtrise de soi, mais cette tentative sera habituellement de courte durée et ne fera que différer la nécessité d'une intervention plus énergique de la personne en autorité. L'enfant désire la gratification, mais il est trop dominé par ses impulsions pour faire ce qu'il faut en vue de l'obtenir.

Un enfant ne peut faire le choix de ne plus être agité, pas plus qu'il ne choisit de le devenir. L'agitation est l'expression d'une détérioration intérieure qui fait suite à une trop forte tension ou à une stimulation excessive, dont une des conséquences est précisément l'incapacité de faire un choix. C'est ce qui explique l'échec relatif des tableaux de comportement en usage à l'école pour inciter les enfants qui présentent des troubles de l'attention à se prendre davantage en main.

Promettre une récompense peut même avoir un effet contraire à celui qui est attendu. La perspective d'une gratification éveille un besoin qui ne peut être satisfait étant donné la condition déstructurée de l'enfant; la frustration qui en résulte peut alors intensifier davantage la mobilisation interne et l'activité pulsionnelle à la base de l'agitation.

L'hyperactivité: syndrome ou faux-fuyant?

Pour bien des gens, l'agitation d'un enfant serait un signe, sinon la preuve, de ce phénomène qu'on appelle l'hyperactivité. Dès qu'un enfant s'agite et rend la vie difficile aux personnes qui doivent l'encadrer, celles-ci ont tôt fait, non sans un certain fatalisme, d'invoquer l'hyperactivité. Il ne s'agit pas ici de remettre en question l'existence même du syndrome de l'hyperactivité, mais de mettre en garde les parents contre la tentation de l'associer automatiquement aux manifestations d'agitation récurrentes de leurs enfants. La majorité des enfants qui présentent des troubles de fonctionnement par suite d'un encadrement lacunaire ou d'un investissement déficient sont agités, facilement excitables et incapables d'une attention soutenue.

De fait, lorsque l'encadrement est en cause, les enfants agités présentent des attitudes et des comportements qui peuvent être assimilés au syndrome de l'hyperactivité: ils tolèrent difficilement les frustrations, sont aisément distraits, se déstructurent dès qu'ils sont laissés à eux-mêmes et sont incapables de se mobiliser longtemps sur une tâche sans soutien extérieur. Mais ce qui est étonnant, c'est qu'ils se présentent sous un tout autre jour quand ils sont pris en charge dans un cadre individuel, de façon ferme et cohérente; ils collaborent, se concentrent, observent fidèlement les consignes et s'appliquent dans leur travail. On se demande alors où est le déficit cérébral censé les affecter en permanence. Une supervision étroite de l'encadrement à la maison suffit généralement à tempérer l'impulsivité de l'enfant, sans qu'il soit nécessaire d'avoir recours au Ritalin, médication destinée à contrôler l'hyperactivité.

L'expérience de fortes tensions internes peut aussi conduire à un tableau d'hyperactivité. L'enfant mal dans sa peau qui vit des contradictions intérieures le maintenant sous pression peut avoir peine à se concentrer et être le jouet de débordements moteurs de tous ordres. Une intervention centrée sur les symptômes d'hyperactivité et de déficit d'attention peut atténuer l'ampleur des manifestations problématiques, mais elle n'aura aucun effet sur l'organisation intérieure de l'enfant. Il continuera à faire l'expérience de son mal de vivre tant qu'une compréhension globale de sa condition n'aura pas conduit à une remise en question de l'investissement dont il est l'objet.

Une convergence de facteurs explique la propension actuelle à se tourner rapidement vers l'hyperactivité quand vient le temps de faire le point sur les problèmes de comportement d'un enfant. Ainsi, certains parents sont soulagés d'apprendre que la condition de leur enfant relève de sa constitution particulière et ne remet aucunement en question leur compétence parentale. Par ailleurs, certains professionnels de la santé sont heureux de pouvoir cibler un trouble identifiable pour lequel ils disposent d'un remède (le Ritalin), ce qui s'inscrit dans la logique médicale traditionnelle. Et certains intervenants de milieux auxquels on confie des enfants (école, garderie) apprécient le recours à cette médication, parce qu'elle les dégage de l'obligation d'élaborer des stratégies destinées à amener les enfants agités à fonctionner adéquatement.

Le diagnostic rapide et commode d'hyperactivité ne favorise pas les remises en question de l'encadrement, qui n'en sont pas moins fondées. Les parents qui ont un enfant distrait, dissipé, turbulent ou impulsif devraient d'abord se demander si leur façon d'être avec lui ne contribue pas à perpétuer sa condition d'enfant hyperactif, avant d'envisager une explication organique. Se rallier à l'hypothèse d'un syndrome d'hyperactivité au lieu de considérer l'agitation comme une manifestation parmi d'autres d'un développement lacunaire ouvre à l'action provisoirement lénifiante d'une médication, mais ferme pour longtemps à la possibilité d'avoir un effet en profondeur sur l'organisation interne de l'enfant et d'en faire une personne qui disposera de ressources pour composer sainement avec ses impulsions.

CHAPITRE 10

CONTRÔLER LES ÉCARTS DE COMPORTEMENT

Les enfants n'éprouvent pas tous des problèmes de mauvaise humeur ou d'agitation, mais tous présentent, un jour ou l'autre, des écarts de comportement. Tout parent a ainsi à faire face à des manifestations d'inconduite. Il est inévitable qu'un enfant, même s'il est bien encadré ou investi adéquatement, commette des actes répréhensibles. On en arrive donc au troisième principe d'encadrement optimal : contrôler les écarts de comportement. L'encadrement d'un enfant se résume pour une large part à lui interdire de faire ce qu'il veut faire et à l'obliger à faire ce qu'il ne veut pas faire. L'enfant est un être naturellement complaisant envers lui-même qui cherche à obtenir le plus possible en faisant le moins possible. Il ressent ses besoins comme des obligations et perçoit les obligations réelles comme autant de contraintes inutiles. Il veut être admiré sans faire l'effort d'acquérir une valeur, il veut être aimé sans être aimable, il veut avoir sans donner. C'est seulement au terme d'un long développement qu'il pourra en venir à voir les choses autrement.

Tout au long de ce chapitre, on gardera à l'esprit qu'amener l'enfant à se comporter adéquatement ne constitue pas une fin en soi. L'objectif visé n'est pas de conditionner l'enfant à se comporter correctement en lui donnant des gratifications quand il va dans le sens désiré et en le faisant souffrir quand il dévie de sa route. Le but ultime pour le parent est de faire émerger la conscience de manière à ce que l'enfant soit en mesure d'orienter lui-même son fonctionnement adéquatement au terme de son développement. Les contraintes et les punitions ne surviennent que pour maintenir le cadre pendant que le parent éveille l'enfant à la conscience. C'est elle et non la peur qui devra guider les choix quand le moment viendra pour l'enfant d'être maître de sa destinée.

Les objets de l'intervention

L'enfant peut déterminer ce qui est le mieux pour lui-même à un stade précoce de son développement pour autant qu'il soit peu mobilisé. Dès que l'impulsion se manifeste, elle envahit le champ de la conscience et prend la commande. Il n'y a alors plus de raison qui tienne. L'enfant perçoit la réalité en fonction de son besoin du moment et oriente son fonctionnement en conséquence, même si la voie qu'il choisit lui est préjudiciable. Qu'il s'agisse de sortir à une heure indue, d'acheter un jouet hors de prix, de différer le moment des devoirs ou de se rendre à une activité en dépit du temps inclément, l'enfant ne retiendra que les arguments qui vont dans le sens de son besoin, se gardant bien de prendre en compte l'ensemble de la réalité.

Certes, les impulsions ne conduisent pas toutes à des comportements inappropriés. L'enfant qui ressent l'envie de sauter à la corde ou de jouer avec son jeu électronique et qui donne suite à son projet ne fait rien de répréhensible. À la condition que les circonstances s'y prêtent! Il appartient au parent de déterminer ce qui est le mieux pour son enfant en analysant ses besoins à la lumière de l'ensemble de la réalité. Lorsque le parent s'est prononcé, l'enfant doit aller dans la direction indiquée, quitte à n'être d'accord que plus tard. S'il en dévie en prenant une initiative inopportune ou en s'insurgeant, il est en faute et le parent doit intervenir.

En règle générale, plus un écart de comportement est délibéré, plus il commande une intervention sévère. Un enfant qui agit consciemment à l'encontre de la volonté du parent rompt l'entente tacite qui est à la base même de l'alliance établie durant les premiers mois de sa vie et qui constitue la pierre angulaire du processus de développement :

1° le parent détermine au meilleur de sa connaissance ce qui est le mieux pour l'enfant ;

2° comme il ne peut être toujours présent, il transmet sa volonté au parent intérieur de l'enfant, qui, même à l'état embryonnaire, est en mesure de saisir que ce qui est voulu est le mieux pour lui ;

3° il est compréhensible que l'enfant hésite, conteste, argumente, tarde à faire ce qui lui est demandé, expédie son travail, fasse la sourde oreille ou interprète les consignes à sa façon, mais il est inacceptable qu'il choisisse de désobéir.

L'écart de conduite n'est pas toujours accompli consciemment. L'enfant à qui le parent répète de se présenter à table et qui ne bronche pas parce qu'il est captivé par son émission de télévision, celui à qui il demande de ramasser ses vêtements et qui les empile en vitesse sur une chaise, celui à qui il dit de faire attention aux fleurs et qui les atteint de son ballon par inadvertance, celui à qui il demande de baisser le ton et qui se remet à parler à tue-tête quelques instants plus tard parce qu'il est emporté par son excitation, celui à qui il rappelle de mastiquer sans faire de bruit et qui s'oublie au repas suivant sont autant d'exemples où l'enfant ne choisit pas délibérément de désobéir. Chacun de ces enfants est en faute et pourrait être réprimandé ou même puni. Mais, dans chaque cas, l'enfant est trop envahi (trop captivé, trop pressé, trop enthousiaste, trop énervé, trop habitué) pour s'exécuter adéquatement, même s'il convient de ce qu'il doit faire. L'alliance avec le parent n'est pas remise en question ; c'est plutôt la qualité du partenaire intérieur de l'enfant qui laisse à désirer. Les interventions auront donc pour principal objectif d'inciter l'enfant à faire un effort de conscience au lieu de céder à la facilité de se montrer complaisant face à ses impulsions.

L'enjeu est différent quand un enfant choisit délibérément de passer outre à la volonté du parent. Le désaveu de celui-ci doit alors être sans équivoque. Tolérer qu'un enfant désobéisse, c'est ouvrir la porte au chaos comportemental et aux conséquences néfastes qui y sont associées. Le parent qui communique à son enfant l'impression que la désobéissance est concevable ou peut constituer une forme de stratégie lui reconnaît implicitement le droit de s'en remettre à son jugement défaillant, ce qui peut, éventuellement, le placer en situation précaire. En outre, l'expérience répétée de la désobéissance conduit à une rupture intérieure de l'alliance entre le parent et l'enfant, qui ne peut aller qu'en s'accentuant. Le parent que l'enfant peut ignorer à tout moment n'a plus d'assise permanente dans la tête de celui-ci. Comme il n'est plus en position d'être partie prenante dans son développement, il ne perçoit plus son enfant comme un prolongement de lui-même et est amené graduellement à le considérer comme un étranger.

Tous les enfants sont tentés de désobéir à un moment ou à un autre. La réalité de la désobéissance est donc assez commune. Mais si le fait en lui-même est banal, le parent ne doit jamais banaliser le fait. Le parent doit faire preuve de sévérité et d'intolérance afin de décourager la récidive, de manière à préserver l'enfant en attendant que la capacité de ce dernier d'aborder son expérience en perspective se développe et permette éventuellement que la volonté de l'un (le parent) s'harmonise avec celle de l'autre (l'enfant). Pour favoriser cette convergence, le parent doit sans cesse s'efforcer de faire comprendre à l'enfant que, lorsqu'il désobéit, c'est à lui-même qu'il fait du tort.

Les attitudes à adopter

L'encadrement des écarts de conduite, réduit à sa plus simple expression, signifie que la volonté du parent se dresse devant les impulsions de l'enfant. L'enfant adopte un comportement inapproprié ? Le parent s'interpose et rétablit la situation. En réalité, ce n'est pas si facile. Le parent se heurte souvent à une résistance farouche de l'enfant et, pour arriver à ses fins, il improvise en ayant recours à des stratégies plus ou moins heureuses qui lui permettent de survivre jusqu'à la prochaine fois. Les conseils qui suivent devraient aider les parents qui ressentent le besoin d'intervenir de façon plus assurée et plus efficace sans altérer le lien privilégié qui les unit à leur enfant.

PASSER RAPIDEMENT DE LA PAROLE AUX ACTES

De manière générale, les parents parlent trop. Ils répètent les mêmes demandes jour après jour, discutent, parlementent, expliquent, argumentent sans fin. Or, le caractère déterminant de la pression des besoins chez les enfants de tous âges fait d'eux des êtres qui sont essentiellement de mauvaise foi et qui veulent obtenir le plus possible en agissant le moins possible. En conséquence, ils sont portés à :
- contester les décisions qui ne leur conviennent pas sans jamais admettre d'eux-mêmes qu'ils ont tort ;
- jauger la limite de tolérance de leurs parents, puis à se baser sur celle-ci pour déterminer le moment où ils vont faire ce qui leur est demandé ou cesser de faire ce qui leur est interdit.

Le parent doit faire le deuil d'une vision idéale de l'éducation qui repose sur la concertation et le dialogue, et s'adapter aux impératifs de la réalité. Un premier pas en ce sens consiste à s'abstenir d'argumenter inutilement et de cesser de répéter indéfiniment.

Une fois que le parent a expliqué clairement pourquoi il refuse une sortie, pourquoi il tient à ce que les devoirs soient faits à une heure donnée ou pourquoi il ne peut pas acheter le jouet désiré, il doit cesser de se justifier et agir de façon que l'enfant se conforme à ce qu'il lui a demandé. De la même façon, quand il en a assez de répéter à son enfant qu'il doit ramasser ses jouets, qu'il doit laisser son émission pour venir manger ou qu'il doit penser à dire merci, il doit cesser de répéter et prendre les moyens pour ne plus avoir à réitérer ces demandes.

Dans les faits cependant, le parent éprouve beaucoup de difficulté à passer des paroles aux actes. Trois facteurs contribuent à empêcher ou à retarder ce passage. D'abord, le parent n'est pas très enclin à s'imposer la dépense d'énergie qu'exige une intervention soutenue auprès d'un enfant, surtout quand celui-ci n'a rien fait de clairement répréhensible à ses yeux. Envoyer un enfant dans sa chambre parce qu'il ne cesse pas d'argumenter ou parce qu'on en a assez de répéter la même demande est une initiative d'affrontement qui requiert un effort. Le parent n'est pas toujours prêt à en faire autant pour si peu. Or, il ne se rend pas compte qu'une intervention prompte et vigoureuse présenterait l'avantage de résoudre définitivement un problème qui, autrement, peut perdurer et occasionner une perte de temps et un gaspillage d'énergies de beaucoup supérieurs à ce qu'il aurait fallu mettre en œuvre pendant un jour ou deux pour corriger la situation.

Le second facteur est en rapport avec l'indulgence dont on est naturellement porté à faire preuve à l'égard des enfants. Des parents mentionnent ainsi que s'ils ne sévissent pas comme ils le devraient, c'est qu'ils veulent laisser une chance à leur enfant. Il peut arriver que cette attitude soit bénéfique, mais l'expérience démontre que lorsqu'un parent n'intervient pas quand la situation le commande, c'est le plus souvent à lui-même qu'il accorde une chance. Il multiplie les avertissements en exprimant ouvertement sa détermination, tout en priant intérieurement pour que la situation se règle sans qu'il ait à affirmer son autorité dans le cadre d'un affrontement.

Le troisième facteur favorisant la tolérance au détriment de l'intervention efficace est l'incapacité du parent d'accepter la réalité telle qu'elle est. Les mêmes difficultés reviennent jour après jour, les mêmes travers réapparaissent sans cesse, pourtant on dirait toujours que c'est la première fois que le parent doit y faire face. Le parent a beau savoir que son enfant est ingrat, agressif ou étourdi, il semble s'étonner chaque fois que celui-ci fait preuve d'ingratitude, d'agressivité ou d'étourderie. D'une fois à l'autre, le parent manifeste sa surprise, sa déception, son indignation, il se livre aux mêmes interrogations et entreprend les mêmes explications. C'est qu'en dépit de la permanence des attitudes, le parent continue de s'attendre à ce que son enfant soit ce qu'il voudrait qu'il soit plutôt que ce qu'il est : «Il devrait être capable à son âge de...»; oui, mais il ne l'est pas. «Je ne devrais pas avoir à lui dire...»; non, mais il faut quand même le faire. «Pourquoi est-ce qu'il n'est pas...?»; il le sera quand on l'obligera à l'être. «Pourquoi faut-il toujours que je lui dise...?»; parce qu'on n'a pas fait en sorte que ce ne soit plus nécessaire.

Pour qu'un enfant soit ce qu'on veut qu'il soit, il faut commencer par admettre la réalité de ce qu'il est, puis faire en sorte qu'il évolue dans le sens voulu. Le parent doit cesser de se limiter à lui dire ce qu'il doit faire ou non, et agir de manière qu'il s'exécute. Face à la multitude d'écarts mineurs qui minent la qualité de vie du milieu familial, la détermination du parent est le principal facteur de changement.

ABAISSER SON SEUIL DE TOLÉRANCE

Quand un parent considère qu'il a fait le tour d'une question, il peut avertir son enfant qu'il met un terme à l'argumentation. L'enfant qui cherche à relancer la discussion doit savoir qu'il encourt une sanction, car le prolongement de la polémique ne peut que tourner en rond et servir d'exutoire à l'agressivité de l'enfant. Vient donc un moment où le parent doit cesser d'expliquer ou d'insister pour passer aux actes. Et ce moment doit survenir de plus en plus rapidement quand il s'agit de récidives. Une intervention prompte aura pour effet d'intensifier l'effort de conscience de l'enfant. Quand un parent a répété à quelques reprises qu'il est l'heure de rentrer, de manger, de se laver ou de se coucher, il est temps qu'il prenne des mesures pour inciter l'enfant à s'arracher plus rapidement à ses occupations.

Plus le parent est tolérant, plus l'enfant va en profiter. C'est dans sa nature. Si un parent peut répéter la même demande pendant vingt minutes avant de se mettre en colère, l'enfant va régler son alarme intérieure à vingt minutes, puis continuer à vaquer à ses affaires sans se soucier du reste. Cet exemple est caricatural, mais il reflète bien la logique de fonctionnement qui prévaut. L'enfant va aussi loin que le parent le laisse aller. Quand sa marge de manœuvre rétrécit, il s'adapte en conséquence.

FORCER L'ENFANT À S'EXÉCUTER, PUIS LUI FAIRE ASSUMER LE COÛT DE L'EFFORT

Lorsqu'ils demandent à leur enfant de faire quelque chose et que celui-ci n'obéit pas, qu'il s'agisse de ramasser ses jouets, d'étudier, de faire ses exercices ou de ranger sa chambre, certains parents le forcent à obéir en le suivant à la trace, alors que d'autres optent pour une punition sans donner suite à leur demande. Ces deux réactions sont plus valables que laisser l'enfant se soustraire à ses obligations sans en subir les conséquences, mais, prises isolément, elles sont incomplètes.

Punir un enfant sans l'obliger à faire ce qu'il devait faire, c'est l'autoriser à se faire du tort ou à faire du tort aux autres. Quand un parent sévit à l'endroit d'un enfant qui n'a pas voulu manger, étudier, partager les jouets ou rendre service, sans exiger qu'il le fasse, il réprouve l'inadaptation sans y mettre fin. Par ailleurs, le parent ne devrait pas mobiliser son temps et son énergie à suivre son enfant à la trace pour l'obliger à faire quelque chose. Le parent qui se dépense sans compter pour permettre à son enfant d'avoir accès à une condition de vie satis-faisante est en droit d'attendre de cet enfant le respect qui l'exemptera d'avoir à être toujours sur ses pas.

La meilleure réaction face à un enfant qui tente de se soustraire à une obligation est de le forcer à s'exécuter en le supervisant étroite-ment, puis de lui donner une punition pour avoir obligé son parent à intervenir de la sorte. Le parent dont l'enfant refuse de faire ses devoirs ne peut le laisser mettre en péril son cheminement scolaire ni demeurer près de lui en permanence pour s'assurer qu'il effectue son travail convenablement. Pour rétablir la situation sans porter préjudice à son développement, il faut :

1° qu'il demeure près de l'enfant le temps de s'assurer qu'il travaille bien ;

2° qu'il ne le tienne pas pour quitte et qu'il sanctionne son manque d'égards face au parent d'abord, face à lui-même ensuite.

FAIRE FACE À L'ENFANT AU LIEU D'AGIR SUR LES SITUATIONS

Certains parents réagissent aux écarts de comportement de leur enfant en modifiant la situation plutôt que d'intervenir directement auprès de l'enfant. Par exemple, tel parent confisquera la balle de son enfant après lui avoir vainement demandé de cesser de la lancer contre le mur ; tel autre s'assoira, dans la voiture, entre deux enfants qui se querellent et qui refusent de mettre fin à leur dispute. Les réactions de ce type sont particulièrement fréquentes, mais leur caractère courant ne doit pas faire perdre de vue qu'elles se situent en marge de la position parentale. Le parent enclin à intervenir de cette manière règle la situation, mais pas le problème.

L'enfant pose problème parce qu'il est un être en chantier qui a besoin d'être construit. Il est dominé par ses impulsions et incapable d'avoir le recul nécessaire pour orienter son fonctionnement. Le parent doit l'amener à faire l'effort de se contrôler et à considérer ses attitudes davantage en perspective. Pour régler le problème, il doit agir sur lui de l'intérieur en lui faisant face, en le confrontant aux limites qu'impose la réalité et en le forçant à développer un regard critique face à lui-même, pour autant qu'il est en âge de comprendre, au moins sommairement, le bien-fondé de ses exigences.

Le parent qui place le téléphone hors de portée pour ne pas que l'enfant s'en serve, qui lui enlève son bâton des mains pour ne pas qu'il frappe un autre enfant ou qui verrouille la porte de la cour pour l'empêcher de sortir n'exerce aucune action sur lui, abdiquant son rôle d'agent de développement. Il en résulte que l'enfant est susceptible de récidiver à la première occasion. Par ailleurs, l'enfant ne peut rien intégrer, n'ayant pas eu à admettre quoi que ce soit. Le rapport de force entre son impulsion et sa conscience ne se trouve modifié en rien, de sorte que la disposition à se comporter de façon inadaptée demeure toujours la même.

Pour avoir un effet correctif et non palliatif, l'intervention du parent doit être directe sur l'enfant, et conjuguer dissuasion et conscience. La combinaison de ces deux modalités est nécessaire pour que l'intervention soit profitable. La mise à contribution de la conscience de l'enfant sans mesure dissuasive sera sans effet à court terme, alors que le recours à la dissuasion sans appel à la conscience sera sans effet à long terme. En d'autres termes, si le parent ne fait qu'expliquer à l'enfant pourquoi il veut qu'il agisse dans le sens indiqué, celui-ci continuera d'être submergé par ses impulsions, et si le parent ne fait que le punir, il freinera temporairement ses élans pulsionnels, qui reprendront le dessus dès que la contrainte s'atténuera.

Quand le parent dit à son enfant de cesser de lancer sa balle, celui-ci doit cesser de la lancer; quand il lui dit de ne pas se servir du téléphone, celui-ci ne doit pas s'en servir; quand il lui dit de ne pas frapper sur les autres, celui-ci doit s'abstenir de le faire. Si l'enfant n'obtempère pas, le parent lui fera face en lui donnant une punition pour ne pas avoir écouté et en lui faisant prendre conscience de l'ensemble de la réalité, au-delà du besoin immédiat. L'enfant ne sera pas long à effectuer l'adaptation requise, ce qui contribuera non seulement à favoriser son développement mais aussi à assainir le climat dans lequel il évolue.

Par ailleurs, agir uniquement sur la situation pour corriger temporairement un problème de comportement peut conduire le parent à s'imposer des sacrifices qui mineront ses rapports avec l'enfant. Certains parents en viennent à ne plus sortir en famille parce que leur enfant est trop indiscipliné, ou conservent leurs bibelots sous clés de peur que leur enfant ne les brise. Il résulte de tels compromis des insatisfactions mutuelles qui affectent la qualité de vie familiale et alimentent les tensions. L'encadrement soutenu de l'enfant a exactement l'effet contraire. Le parent se sent plus libre et plus serein, il peut avoir toute la latitude pour s'ouvrir à des expériences nouvelles, enrichissantes pour lui-même et pour l'enfant.

CHEMINER DE LA RIGIDITÉ VERS LA FLEXIBILITÉ

Il ne faudrait pas retenir de ce qui a été dit jusqu'à présent que l'encadrement d'un enfant se résume à une série d'automatismes rigides. C'est tout le contraire. Une des caractéristiques premières d'un encadrement sain est la flexibilité dont le parent peut faire preuve. Le parent qui se sent en confiance dans sa position d'autorité et qui maîtrise bien son rapport avec son enfant n'éprouvera pas le besoin de s'en remettre à un ordre de choses rigide par crainte d'ouvrir la porte à des abus de toutes sortes. Il pourra laisser son enfant veiller un soir sans avoir peur de ne plus être capable de l'envoyer se coucher à l'heure habituelle le lendemain ; il pourra le laisser remettre à plus tard ses devoirs de temps à autre sans craindre qu'il en prenne l'habitude ; il pourra se montrer indulgent à la suite d'un geste agressif sans redouter une escalade de violence ; il pourra passer l'éponge sur une impertinence sans y voir le préambule à une dégradation des rapports affectifs.

Tout est question de jugement. Le parent se montrera tantôt indulgent, tantôt intolérant, selon qu'il percevra l'écart de conduite comme l'expression d'un relâchement passager ou comme la manifestation d'un travers en instance de se fixer qui commande de ce fait un encadrement plus rigide. Pour qu'il soit possible d'osciller de cette façon entre rigidité et flexibilité, il faut que le parent ait auparavant fait la preuve répétée qu'il est en mesure d'encadrer adéquatement son enfant quand le besoin s'en fait sentir.

Le parent qui s'est toujours montré permissif et qui n'est jamais parvenu à affirmer son autorité devra se montrer rigide au début en vue de reprendre la situation en main. L'enfant habitué à passer outre aux consignes et aux interdictions, à voir son parent céder devant ses exigences et différer les punitions, va réagir à cette nouvelle rigidité en maintenant ses attitudes pendant quelque temps avant de s'adapter intérieurement. Il aura tendance à tester continuellement la détermination du parent et profitera du moindre relâchement pour tenter de revenir à son mode de fonctionnement antérieur, qu'il s'agisse d'argumenter à outrance, d'adopter un ton méprisant, d'ignorer les avertissements, de prendre des initiatives sans permission ou de contester les exigences. C'est pourquoi les tentatives isolées d'imposer une certaine discipline s'avèrent souvent peu concluantes. Le parent qui veut provoquer un changement durable n'a d'autre choix que de se montrer intransigeant le temps d'établir la permanence de son attitude ; c'est seulement quand il considère qu'il y est parvenu qu'il pourra commencer à nuancer ses interventions en fonction des particularités du moment.

Les parents qui sont parvenus à prendre le dessus après avoir été longtemps submergés par les débordements de toutes sortes souhaitent parfois vivement de ne plus avoir à affronter leur enfant de nouveau.

Faisant référence à l'harmonie relative qui règne maintenant à la maison, ils disent espérer que «ça va durer». Or, il faut parvenir à surmonter ce genre de crainte. Les parents doivent arriver à comprendre que lorsqu'un enfant se comporte de manière inappropriée, que ce soit en se montrant agressif, impoli ou inconséquent, c'est lui qui se trouve en difficulté, pas le parent. Être parent, c'est être prêt en permanence à faire face à toute éventualité. Quand un travers réapparaît chez un enfant, le parent devrait se dire «C'est malheureux pour lui, car il va passer un moment difficile» plutôt que «Bon! Voilà mes problèmes qui recommencent!»

Le parent qui parvient à prendre ses distances de cette manière est un parent qui n'a plus peur. Il est essentiel de ne pas avoir peur pour pouvoir se permettre une certaine souplesse. Tant que la perspective d'avoir à affronter son enfant est ressentie comme quelque chose d'éprouvant, il est préférable de s'en tenir à un encadrement plus strict, pour ne pas se faire prendre à contre-pied. Quand un parent se montre plus permissif ou plus indulgent, il doit s'attendre à voir son enfant prendre des libertés et à devoir le récupérer par la suite en resserrant l'encadrement.

TENIR COMPTE DE SES LIMITES PERSONNELLES

Quand un parent fixe les bornes à ne pas dépasser ou les règles à suivre, il doit tenir compte du fait qu'il n'est pas un pur esprit, mais qu'il habite un corps fini dont il lui faut prendre soin s'il veut demeurer efficace. Pour le bien de l'enfant, il faut que le parent soit fonctionnel en tout temps. L'enfant a besoin de son regard pour établir la complémentarité intérieure qui lui fait défaut entre ses expériences et la conscience qu'il en a. Mais ce regard n'est pas désincarné; il loge dans une entité dont il n'est pas possible de faire abstraction. L'enfant, lui, le considère comme tel. Il ne lui vient jamais spontanément à l'esprit que son père ou sa mère pourrait être fatigué, malade, éprouvé ou préoccupé. Il ne voit pas l'expérience derrière le regard qu'il sollicite. À ses yeux, son parent est un pourvoyeur intarissable qu'il devrait pouvoir mettre à contribution en permanence.

Le parent organisera donc l'encadrement en tenant compte de lui-même, en veillant à ce que sa *mécanique* tienne le coup et permette à son regard de demeurer en fonction. Le parent ne doit jamais perdre de vue que lorsqu'il est avec son enfant, il n'y a qu'un parent pour deux enfants (l'enfant en soi et l'enfant devant soi) ; c'est à lui de s'assurer que tout le monde survit, y compris lui-même.

Prenons l'exemple d'un parent qui se sent physiquement mal en point et qui doit composer avec un enfant turbulent. Celui-ci ne l'est pas plus qu'à l'habitude, mais son comportement paraît à son parent plus difficile à tolérer en raison de l'indisposition du moment. Dans une telle situation, certains parents vont céder à l'exaspération et prendre à partie leur enfant violemment, même s'il n'est pas en faute objectivement. D'autres vont adopter l'attitude inverse ; ils considèrent que ce n'est pas la faute de l'enfant s'ils sont malades et qu'ils n'ont pas à lui en faire subir les conséquences en se montrant intolérants à son endroit, quittes à voir leur état de santé se détériorer davantage. Ces deux réactions sont aussi inappropriées l'une que l'autre.

Le parent doit faire savoir à l'enfant :

1. que son état ne lui permet pas de se montrer aussi tolérant qu'à l'habitude ;
2. que l'enfant va devoir s'adapter en conséquence en tempérant ses ardeurs ;
3. que s'il n'est pas capable de faire un effort en ce sens, lui, le parent, devra prendre des mesures en conséquence parce que l'enfant a besoin d'un parent pour s'occuper de lui et qu'aucun autre n'est disponible.

Il en va ainsi pour toute situation où il est nécessaire de tenir compte de certains impératifs personnels, qu'il s'agisse d'un travail urgent à terminer, d'une épreuve à surmonter ou d'un problème à régler. Si la réalité oblige un parent à imposer des contraintes inhabituelles à l'enfant en raison de certaines limites personnelles, par exemple, dans le but de ne pas être dérangé, de se reposer ou de pouvoir se concentrer, il doit déterminer un modus vivendi temporaire à privilégier pour demeurer fonctionnel et en aviser son enfant.

Il ne s'agit pas pour le parent de faire passer ses besoins personnels avant ceux de l'enfant, mais uniquement de fixer les limites au-delà desquelles son intégrité risque d'être atteinte et d'enjoindre l'enfant de les respecter. Lorsque l'exception devient la règle et que tout est prétexte à l'imposition de contraintes et de restrictions, le parent ne satisfait plus à la règle relative au respect prioritaire des besoins de l'enfant ; il tombe dans le travers d'un encadrement conçu en fonction de ses propres besoins. Il est hors position et ne peut de ce fait invoquer l'importance de sa contribution pour justifier son intransigeance.

NE FAIRE QU'UN AU-DESSUS DE L'ENFANT

Encadrer un enfant est une entreprise exigeante du seul fait de la résistance constante opposée aux demandes des parents. Si, de surcroît, un des deux parents court-circuite l'action de l'autre, l'exercice devient pratiquement impossible. Lorsque l'enfant lève les yeux vers ses parents, il doit être exposé à un seul et même regard.

Cela ne veut pas dire que les parents pensent toujours exactement de la même façon. Chaque parent a des besoins, des valeurs qui lui sont propres et singularisent son fonctionnement. Un parent peut être naturellement enclin à tolérer les expressions d'agressivité, son conjoint s'y montrer plus sensible ; un parent peut être indisposé par le désordre, l'autre moins ; un parent peut encourager les manifestations d'autonomie, l'autre se montrer surprotecteur.

En dépit des particularités de chacun, il est possible d'adopter une position commune lorsqu'il faut se situer face à l'enfant. L'exercice consiste pour chaque parent à s'obliger à prendre le recul nécessaire pour dépasser ses mouvements spontanés et à aller dans le sens de l'adaptation au service de l'enfant. Au lieu de se contenter d'opter pour ce qui lui convient, chaque parent prendra le temps de se demander si ce qui lui convient est ce qui convient le mieux à l'enfant. C'est à cette condition que les parents peuvent se rejoindre et ne faire qu'UN aux yeux de l'enfant.

Il s'agit là d'une attitude particulièrement difficile à maintenir avec constance. Se mobiliser pour interdire, rappeler à l'ordre ou réprimander est en soi exigeant. On peut s'imaginer alors ce qu'il faut de détermination au parent quand la nécessité de l'intervention n'est pas évidente. Celui que le bruit et l'agitation n'indisposent pas sera moins porté à intervenir lorsque l'enfant est turbulent. Celui qui n'accorde pas une grande importance aux résultats scolaires se formalisera moins d'une performance qui laisse à désirer. Celui qui n'aime pas être dérangé tolérera plus facilement que son enfant passe plusieurs heures devant la télévision.

Ce décalage dans le niveau de tolérance des deux parents est monnaie courante. Le plus sévère se trouve souvent aux prises avec la passivité de l'autre, quand ce n'est pas avec son désaccord manifeste, et il se retrouve isolé face à l'enfant qui, encouragé par la division, intensifie sa résistance.

Il en va autrement quand les parents font alliance pour contrer l'inadaptation. L'effort auquel chaque parent doit alors consentir consiste à prendre le temps d'objectiver le fonctionnement de l'enfant au-delà de sa réactivité propre. Il peut ainsi être amené à convenir que son enfant est effectivement plus turbulent que de raison et que ce n'est pas parce que ça ne le dérange pas qu'il doit le laisser se désorganiser à sa guise ; ou que ce n'est pas parce qu'il n'attache pas une grande importance à la réussite scolaire que celle-ci n'est pas importante ; ou encore que la tranquillité que suscite la télévision ne justifie pas de laisser l'enfant s'abrutir à la regarder sans interruption pendant des heures.

Le coefficient de difficulté est plus élevé encore quand l'enfant s'en prend à l'un des deux parents, par exemple, pour lui reprocher son intransigeance, remettre en question son jugement ou défier son autorité. La tentation est grande pour celui qui n'est pas visé de demeurer en marge et de laisser son conjoint se débrouiller seul. Or, le soutien mutuel des parents est essentiel dans de telles situations, non seulement parce qu'il a pour effet d'augmenter l'efficacité de l'encadrement, mais aussi parce qu'il favorise le développement d'une référence parentale intérieure unifiée chez l'enfant. Lorsqu'un des deux parents vient prêter main-forte à l'autre, il ne prend pas parti pour celui-ci contre son enfant, il prend parti pour la position que tous deux doivent assumer au même titre, contre l'impulsion qui se manifeste. Un parent qui laisse l'autre faire face seul à l'enfant affaiblit la position parentale et, conséquemment, l'intégration qu'en fera l'enfant.

Bien sûr, on ne peut s'attendre à ce que les parents soient toujours au même diapason quand ils ont une décision à prendre. À quel parent n'est-il pas arrivé, après avoir refusé une permission ou manifesté sa réprobation, de se faire objecter : « Maman, elle, veut que j'y aille. » Ou : « Papa, lui, me laisse faire. » Il y a deux réactions possibles dans ce genre de situation, l'une défensive et l'autre favorisant l'adaptation.

La réaction défensive est celle du parent qui se sent menacé dans sa position d'autorité dès que son jugement est remis en question. L'enfant peu sûr en lui se manifeste alors : il hausse le ton, comme si le fait de parler plus fort lui donnait davantage raison, refuse de discuter et demeure sourd aux arguments, incapable de se dégager du rapport de force dans lequel il s'est engagé. Revenir sur une décision serait admettre sa faiblesse et constituerait une atteinte à son intégrité.

À l'inverse, la réaction du parent qui se demande pourquoi son conjoint a permis ce que lui-même aurait refusé ou interdit ce qu'il aurait permis favorise l'adaptation. Il est animé, non par la peur de voir son autorité défiée, mais par le souci de faire ce qui est le mieux pour son enfant. Il se montre alors disposé à revenir sur sa décision si, toute réflexion faite, il admet qu'elle n'est pas la plus pertinente. C'est à ce moment le parent en soi qui est en fonction : il écoute les arguments de l'autre parent, puis fait valoir son point de vue dans le but d'en arriver à choisir la meilleure option.

Quand il y a mésentente ou désaccord face à l'enfant, le parent le plus émotif est généralement celui qui fera preuve d'un jugement défaillant. Par exemple, le parent qui souffre d'insécurité aura tendance à se montrer surprotecteur et à manquer de discernement face aux questions relatives à l'autonomie, et le parent agressif aura peine à faire la part des choses face à des débordements pulsionnels.

Le parent qui connaît bien ses zones de vulnérabilité sera davantage en mesure de reconnaître les situations où il risque de manquer de perspective et où il aurait avantage à s'appuyer sur le jugement de son conjoint. Ainsi, le parent qui se sent menacé dans sa valeur personnelle peut s'attendre à manquer de jugement quand viendra le temps d'évaluer les performances de son enfant, en raison de ses trop grandes attentes à son endroit. Celui qui répugne à imposer son autorité saura qu'il risque d'éprouver de la difficulté lorsqu'il devra faire preuve de sévérité. À la lumière de tels constats, il devient possible d'en arriver rapidement à des consensus et de communiquer à l'enfant une impression de cohésion.

Il reste à déterminer s'il est préférable que les parents se montrent toujours solidaires devant leurs enfants et ne discutent de leurs désaccords qu'en privé. Il peut arriver que la nécessité d'en référer à des considérations personnelles commande de différer la discussion et de s'en tenir à un accord de surface. Un des parents peut être conscient que l'autre réagit de façon excessive et s'abstenir de s'interposer parce qu'il serait forcé de faire appel à des éléments auxquels les enfants n'ont pas à avoir accès, comme une épreuve passée ou un conflit profond. Mais il n'est pas en soi préférable que les parents se présentent toujours comme étant d'emblée solidaires. Il n'y a rien de mal à exprimer des divergences de vue devant l'enfant, pour autant qu'elles aboutissent à une position commune bien assumée par les deux parents.

L'enfant qui est témoin de tels échanges a le sentiment d'évoluer à l'intérieur d'un cadre sécuritaire où la raison a préséance sur les impulsions irrationnelles de chacun. Il n'est pas toujours satisfait des décisions, mais il se sent profondément en confiance. Il sait quelque part en lui-même qu'il peut exiger, revendiquer, protester ou s'indigner à loisir sans se soucier des conséquences. Il bénéficie en tout temps de deux regards convergents dont la régulation mutuelle constitue la garantie que ce qui sera décidé sera pour le mieux.

Les pièges à éviter

Le parent qui tente de conserver le contrôle de son enfant a parfois recours à des stratégies dont la relative efficacité lui fait perdre de vue qu'elles vont à l'encontre d'un développement sain. L'enfant doit parvenir à faire ce qui est le mieux parce que c'est le mieux et non parce qu'il a peur ou qu'il espère obtenir quelque chose en échange. Pour le faire évoluer en ce sens, le parent doit maintenir une relation étroite à l'intérieur de laquelle il impose la réalité à la conscience de l'enfant, tout en prenant les mesures destinées à faire respecter ses exigences. Le message du parent doit être le suivant: «Tu vas faire ce que je te demande parce que c'est ma volonté et que ma volonté est au service de ton mieux être.» De cette jonction permanente entre la volonté du parent et l'impulsion de l'enfant peut émerger une structure interne harmonieuse chez l'enfant. Plus les mesures préconisées ont pour effet de soustraire le parent du face-à-face avec son enfant, plus le travail d'intégration risque d'être compromis.

DÉLÉGUER SON AUTORITÉ

Les parents qui éprouvent de la difficulté à se faire obéir font appel parfois à des personnages investis d'une autorité supérieure. Ce sera le Père Noël qui n'apportera pas de cadeaux à l'enfant, le petit Jésus à qui il va faire de la peine ou la police qui va le mettre en prison. Ce genre d'argument présente le double inconvénient de faire la preuve de la faiblesse du parent et de déstabiliser l'enfant sur le plan émotif. Le parent n'est plus perçu comme un interlocuteur crédible à partir du moment où il demande à l'enfant d'agir en vertu de l'autorité de quelqu'un d'autre. De surcroît, l'enfant se trouve placé devant une menace diffuse de nature à alimenter son insécurité.

Une variante moins dommageable mais tout aussi inadéquate consiste à chercher appui sur une figure d'autorité réelle. L'enseignant est souvent utilisé à cette fin quand le travail scolaire est en cause : «Ton professeur ne sera pas content.» Des membres de la famille ou des amis peuvent être invoqués : «Grand-maman ne sera pas heureuse de te voir comme ça.» La référence la plus courante reste toutefois l'autre parent : «Attends que ton père arrive!»

Quand une personne délègue son autorité, elle n'est plus un parent mais un intermédiaire entre l'enfant et celui ou celle qui a le pouvoir de le déterminer. Ce parent pourra continuer à faire illusion, mais la qualité du lien le reliant à l'enfant s'en trouvera inévitablement altérée. L'enfant sera porté à s'éloigner de lui et à se rapprocher de son véritable interlocuteur relationnel sur le plan affectif.

AVOIR RECOURS À DES SUBTERFUGES

Une autre stratégie dont le caractère discutable n'est pas évident consiste à chercher des moyens de faire obéir l'enfant sans avoir à imposer son autorité. Nous faisons référence ici à quelques astuces dont certains parents se montrent très fiers, qui n'hésitent pas à les transmettre à leur entourage comme autant de recettes ingénieuses. L'enfant ne veut pas donner une information dont on a besoin? On joue au jeu des questions pour l'amener à la livrer. Il refuse de redonner un livre à un autre enfant? On le lui échange contre un jouet. Il s'entête à rester debout quand vient le temps du coucher? On fait le cheval jusqu'à sa chambre pour lui faire accepter le déplacement. Il dérange pendant un spectacle? On s'applique à détourner son attention pour le maintenir tranquille. L'objectif implicite du parent est toujours d'agir pour que l'enfant fasse ce qu'il doit faire en évitant de l'affronter.

Les moyens varient selon le type de difficulté. Il peut s'agir d'inciter l'enfant à se comporter comme une grande personne, de prendre d'autres enfants en exemple, de faire miroiter des avantages potentiels («Ton cousin va être là»), d'évoquer des inconvénients possibles («Il ne viendra plus si tu n'es pas gentil»), de feindre l'indifférence, de jouer sur les sentiments, etc.

Cette tendance à prendre des voies détournées se manifeste généralement dès que l'enfant est en âge d'affirmer son autonomie et qu'il devient nécessaire de l'affronter pour qu'il obéisse. L'exemple typique est celui du parent qui déambule avec son enfant de deux ans dans un lieu public et qui, le voyant prendre délibérément la mauvaise direction, lui envoie la main en disant «Au revoir! Maman s'en va!» et en adressant un regard complice aux témoins de la scène. L'enfant réagit soit en rejoignant le parent avec empressement, mû par l'anxiété, soit en trépignant, soit en poursuivant sur son élan, pas du tout ébranlé par la perspective de la séparation. Quelle que soit sa réaction, le résultat n'est pas très bénéfique pour son développement. Dans le premier cas, le parent a gain de cause, mais au prix d'une impression de danger; dans le second, la situation se transforme en rapport de force; et dans le troisième, le parent fait la démonstration de sa propre impuissance. En réalité, l'enfant avait d'abord besoin d'être sensibilisé, avec fermeté mais sans excès émotionnel, à l'importance de demeurer auprès du parent.

L'important dans cette illustration n'est pas le fait lui-même, en soi anodin, mais l'esprit dont il témoigne. Le parent qui a tendance à s'en remettre à des ruses pour se faire obéir agit sur son enfant de l'extérieur plutôt que de l'intérieur. Sa priorité est de régler le problème et non de faire évoluer son enfant. L'enfant qui agit dans le sens voulu par le parent sans s'en rendre compte ou qui le fait pour des mauvaises raisons (peur, gains, etc.), ne retire aucun profit de ses expériences. Tout est toujours à recommencer.

Par ailleurs la qualité du lien avec l'enfant s'en trouve significativement altérée. Le parent qui a recours à des stratagèmes cherche à venir à bout des ennuis que l'enfant lui occasionne au lieu de faire alliance avec lui contre ses impulsions inappropriées ; il agit contre l'enfant, pas avec lui, même si ce n'est pas délibéré. Il en résulte un éloignement affectif qui ne paraîtra pas évident au premier abord, mais dont la réalité se manifestera lorsque les affrontements deviendront inévitables. L'opposition de l'enfant sera d'autant plus forte qu'il aura l'impression que chacun prend parti pour soi-même.

À l'opposé, l'enfant auquel le parent n'hésite pas à faire face et à imposer des limites dans le contexte d'une proximité affective permanente ne risque pas de perdre de vue qu'en dépit d'une opposition de surface, son parent est avec lui et prend parti pour lui.

TENTER DE SOUDOYER L'ENFANT

Il est difficile de résister au réflexe de promettre quelque chose à l'enfant pour l'inciter à fonctionner adéquatement. Toutes les sollicitations qui commencent par «Si tu… (fais ce que je demande, restes tranquille, manges comme il faut, aides ton père, etc.)» et qui se terminent par «Tu auras… (une récompense, un privilège, une permission, etc.)» entrent dans cette catégorie. Tout parent cède, à un moment ou à un autre, à la tentation d'utiliser ce genre d'argument pour obtenir la coopération de l'enfant. Il n'en reste pas moins qu'il n'est jamais opportun d'associer directement une exigence, quelle qu'elle soit, à la perspective d'une gratification. Nous y reviendrons dans la cinquième partie à propos de l'émergence de la conscience.

Certes, il est concevable de chercher à encourager l'accomplissement en évoquant la possibilité d'une récompense. En général, le «Si tu…» est suivi d'une demande positive, comme obtenir de bons résultats, rendre un service ou faire du ménage ; la stratégie de la gratification peut alors agir comme stimulant, même si elle n'assure rien. Cependant, elle dérape manifestement quand un parent promet à son enfant de le récompenser s'il ne commet pas d'écart de comportement (demande négative). Le minimum que le parent attend d'un enfant est qu'il se comporte correctement. Abaisser le seuil de cette exigence équivaut à démissionner en tant que parent. Le message transmis alors est le suivant : «Je ne suis pas en mesure de faire face à tes débordements, alors je vais te payer pour que tu te contrôles par toi-même.» Il en résulte un rapport mutuellement insatisfaisant. L'enfant n'éprouve aucun respect pour son parent, incapable de se tenir debout devant lui, et le parent ne peut faire autrement que réagir négativement au peu de considération dont il est l'objet.

Par surcroît, la situation risque de se dégrader lorsque l'enfant n'a pas les ressources intérieures pour se contrôler quand vient le temps de le faire, même devant la perspective d'une récompense. La gratification promise a beau être attrayante, il a trop peu d'emprise sur lui-même pour en tenir compte au moment de faire l'effort demandé, qu'il s'agisse de contenir son agressivité, de respecter l'heure de retour à la maison, de surveiller son langage, de garder le silence ou de quoi que ce soit d'autre qui exige une modulation de ses impulsions.

SE DISSIMULER DERRIÈRE LES RÈGLES

Le recours aux règles est un autre piège qui s'inscrit dans la lignée des interventions ayant pour effet de soustraire le parent du face-à-face avec son enfant. Nous avons vu l'enfant face à une figure d'autorité auxiliaire, puis face à des subterfuges, ensuite face à des récompenses, le voici maintenant face à des lois. C'est le cas lorsque le parent s'abrite derrière des règles extérieures pour éviter de se mettre directement en cause dans l'exercice de son autorité. Au lieu de se présenter comme une inté-gration incarnée de l'ensemble des obligations et interdictions qui régissent les rapports avec l'environnement, le parent demeure systé-matiquement en retrait, faisant toujours valoir que c'est la norme établie qui est responsable des insatisfactions imposées, et non pas lui-même.

La nuance est subtile et n'apparaît pas évidente au premier abord. On la décèle au type de formulation privilégié. Plutôt que de personna-liser ses décisions en parlant à la première personne, le parent a recours à des tours plus impersonnels. Il ne dira pas «Tu feras ceci (ou tu ne feras pas cela) parce que c'est ce que j'ai décidé, une fois pris en compte l'ensemble de la réalité», mais plutôt, en faisant abstraction de lui-même: «Les enfants doivent se coucher de bonne heure.»; «Tu ne peux pas tou-cher aux objets parce que c'est interdit.» «C'est écrit que tu ne dois pas courir.»; etc. Une telle attitude peut révéler la difficulté d'assumer le trans-fert de ressentiment consécutif aux frustrations de l'enfant. Le parent essaie de se soustraire à l'agressivité de celui-ci en lui laissant entendre qu'il ne doit agir que pour se conformer à ce qui est édicté. Ce genre de faux-fuyant conduit généralement à des désorganisations interminables, l'enfant ne trouvant personne devant lui pour composer avec les exi-gences de la réalité et imposer une limite à ses débordements.

Le parent peut invoquer une règle quand il veut expliquer à l'enfant pourquoi il doit se soumettre à certaines exigences, par exemple une règle d'interdiction de nourrir les animaux ou de franchir une ligne de sécurité, mais à partir du moment où il en reconnaît la pertinence ou la légitimité, il doit faire comprendre à l'enfant que cette règle est devenue sa règle (c'est-à-dire une règle parentale) et que la transgresser c'est lui désobéir.

IGNORER LES COMPORTEMENTS INDÉSIRABLES

Dans certains cas, par exemple, quand l'enfant tient des propos impolis, fait du bruit ou jette des objets par terre, le parent feint d'ignorer l'agir fautif pour l'inciter à y substituer un comportement plus acceptable. Il ignore ce que fait l'enfant pour le placer devant la nécessité de trouver des moyens plus adaptés d'arriver à ses fins, qu'il s'agisse d'obtenir de l'attention, de se rendre intéressant ou d'exprimer ses griefs. Cette attitude s'avère parfois d'une relative efficacité, mais elle comporte des limites importantes qui remettent en question son bien-fondé.

L'ignorance intentionnelle est un phénomène de surface qui ne correspond pas nécessairement à ce que le parent ressent intérieurement. Il peut adopter un comportement qui exprime l'indifférence, tout en étant profondément sensible à ce qui se passe. En fait, le recours à l'ignorance est presque toujours motivé par une indisposition ou un agacement qui persiste en dépit du changement d'attitude.

Cependant, et contrairement aux animaux, l'enfant est capable de percevoir au-delà des apparences. Il sait que son parent peut lui refuser l'attention qu'il recherche, mais rester sensible à ce qu'il fait. Une fois qu'il a décelé cette sensibilité, il ne sert à rien au parent de simuler l'indifférence. Plus souvent qu'autrement, cette perception subtile incitera l'enfant à maintenir l'attitude ou le comportement qui a produit cet effet... tant que le parent feindra l'ignorance.

Même lorsqu'elle repose sur une indifférence réelle, l'ignorance intentionnelle constitue une mesure hasardeuse, comme le sont toutes celles qui sont à base de laisser faire. Quand le parent laisse l'enfant à lui-même, il court le risque qu'il s'engage davantage sur la voie de l'inadaptation jusqu'à ce qu'il ne soit plus possible de l'ignorer. Le parent qui attend que l'indifférence cède le pas à l'exaspération se voit forcé d'intervenir dans un contexte relationnel détérioré, ce qui n'aurait pas été le cas s'il avait repris son enfant quand il n'était pas encore ébranlé sur le plan émotif.

Ce n'est cependant pas là le plus important. L'ignorance intentionnelle n'est pas une bonne attitude parce que le parent qui y a recours ne réagit pas à ce moment comme l'agent de développement qu'il devrait être. Il aborde l'éducation dans une perspective comportementale, visant à renforcer les bonnes attitudes au détriment des mauvaises. Il en résulte que l'enfant passe d'une attitude à une autre sans effort de conscience et en vient à se comporter adéquatement parce que c'est ce qui fonctionne plutôt que parce qu'il sait que c'est le mieux pour lui.

Par ailleurs, des dimensions relationnelles déterminantes pour la qualité du lien, tels le respect et la considération, peuvent se trouver évacuées. L'enfant adoptera l'attitude souhaitée envers son parent parce que l'attitude contraire ne marche pas et non parce qu'il reconnaît la valeur de celui-ci et la place privilégiée qu'il tient dans sa vie.

On revient donc à la nécessité de faire face à l'enfant pour orienter son fonctionnement adéquatement et, en même temps, l'amener à se situer en perspective dans le contexte d'une proximité affective qu'il est toujours important de s'appliquer à préserver.

MENACER SANS AGIR

Certains parents font face à l'enfant, mais ils n'ont pas la détermination suffisante pour mener leur intervention à son terme. Ils relèvent les écarts de comportement et font savoir à l'enfant qu'ils n'en toléreront pas davantage, brandissant la menace d'une sanction qui, cependant, ne vient jamais.

L'exemple suivant est typique de ce mode de fonctionnement. Un père est occupé à converser dans un endroit public pendant que son enfant court en tous sens sans prendre garde à ce qu'il fait. Estimant que son enfant dépasse les bornes, le parent interrompt sa conversation et lui laisse savoir que, s'il continue à s'agiter de la sorte, il devra venir s'asseoir sagement près de lui. Le parent retourne à sa conversation, l'enfant continue à courir... Rien ne se passe.

Un tel scénario est monnaie courante. Quelle que soit la menace (- envoyer l'enfant dans sa chambre, mettre un terme abruptement à une sortie, interrompre une activité, confisquer un jouet...), la séquence est toujours la même : le parent menace, l'enfant récidive, la sanction annoncée n'est pas appliquée ; le parent menace de nouveau, l'enfant persiste, la sanction n'est toujours pas appliquée ; et ainsi de suite.

On pourrait conclure à un manque de détermination, mais ce serait prendre l'effet pour la cause. Il s'agit d'un véritable problème d'estime de soi. Quand un parent annonce à son enfant qu'il va sévir, puis qu'il le laisse défier impunément son autorité, il se manque de respect à lui-même. Un parent qui a de la considération pour lui-même est aiguillonné par toute récidive : laisser l'enfant le traiter comme quantité négligeable serait porter atteinte à sa propre intégrité. Cette expression d'estime de soi le garde à l'abri des relâchements prolongés.

CHAPITRE 11

LES PUNITIONS

L'encadrement des excès pulsionnels de l'enfant nécessite à un moment ou à un autre le recours aux punitions. Il ne suffit pas de menacer, il faut être capable de passer aux actes. C'est une réalité devant laquelle tous les parents sont placés et dont il est pourtant peu question dans les ouvrages consacrés à l'éducation des enfants. Pédagogues et autres spécialistes de l'éducation montrent comment inciter l'enfant à faire ce qui lui est demandé, comment le responsabiliser ou comment désamorcer l'agressivité, mais ils indiquent rarement ce qu'il faut faire quand la conciliation a échoué, comme si cette éventualité était si improbable qu'elle n'avait même pas à être envisagée. Elle constitue pourtant bien davantage la règle que l'exception.

Le parent doit constamment placer l'enfant face à lui-même afin de développer sa capacité de prendre du recul et de considérer la réalité de façon à adapter son fonctionnement en fonction de ses besoins et de ceux des autres. Mais en attendant qu'il prenne le dessus sur lui-même, il revient au parent de prendre le dessus sur l'enfant. Pour y parvenir, il devra recourir à l'occasion à des punitions, destinées à contrôler les débordements et excès de toutes sortes ou à dissuader l'enfant de persévérer dans la déviance. L'objectif des punitions n'est pas de conditionner l'enfant à se comporter adéquatement, mais de favoriser son adaptation, le temps qu'il soit suffisamment constitué pour moduler lui-même ses impulsions.

On peut répartir les mesures punitives en quatre catégories, qui seront autant d'options au moment d'intervenir. Chacune de ces options renvoie à une logique particulière dont le parent doit comprendre l'esprit s'il veut en faire un usage approprié. Ce sont le confinement dans la chambre, les mesures d'appoint, les sanctions physiques et le désinvestissement.

LE CONFINEMENT DANS LA CHAMBRE

Le confinement dans la chambre est la mesure la plus courante. Elle présente plusieurs avantages : elle est simple, à portée de la main (quand l'enfant est à la maison) et expéditive (exécution immédiate). Le parent y a recours le plus souvent quand l'enfant adopte une attitude inconvenante, comme l'impolitesse, le mépris, l'agressivité, l'entêtement ou l'agitation, qui persiste dans l'immédiat et qui est susceptible de conduire à des écarts de comportement.

La logique est la suivante. Le parent s'attend à ce que l'enfant se comporte de façon convenable, ait une attitude sereine, se conforme aux exigences de la réalité et agisse de façon harmonieuse avec les gens qui l'entourent. Lorsque ce n'est pas le cas, c'est qu'il y a infiltration pulsionnelle malsaine (frustration, ressentiment, jalousie, domination) ; le parent peut alors considérer comme nécessaire de mettre l'enfant entre parenthèses sur le plan relationnel : la chambre sert précisément à cette fin.

En substance, le message transmis à l'enfant doit être le suivant : «Comme tu n'es pas capable de fonctionner adéquatement avec les autres (incluant moi-même, le parent), tu devras fonctionner tout seul jusqu'à ce que la situation soit rétablie à ma satisfaction.» Le confinement dans la chambre a trois fonctions : contenir les débordements de l'enfant, l'inciter à faire un effort pour contrôler ses excès et l'amener à adopter un regard critique face à lui-même.

Il y a cependant un minimum de règles à observer pour que le confinement atteigne ces objectifs. Or, elles ne le sont pas toujours. Il s'ensuit que les résultats ne donnent pas satisfaction et que le parent est porté à remettre en question la pertinence de cette mesure punitive, alors que c'est la manière de l'appliquer qui est davantage en cause.

L'ENTRÉE DANS LA CHAMBRE : FORCER
LA COLLABORATION DE L'ENFANT

Certains parents répugnent à envoyer leur enfant dans sa chambre à cause de la quantité d'énergie qu'il leur faut déployer pour y parvenir. Il va de soi que la perspective d'être enfermés dans leur chambre ne sourit généralement pas aux enfants. C'est pourquoi bon nombre d'entre eux vont spontanément résister au parent en argumentant, en contestant, en menaçant, en se jetant par terre, en s'enfuyant ou en se débattant. Le parent n'a pas à subir ce type de réaction, qui mine sa relation avec l'enfant davantage que la punition elle-même. L'enfant est en faute et il doit en accepter les conséquences, aussi désagréables soient-elles. S'il n'en est pas capable, le parent prendra les moyens pour l'inciter à le devenir.

Une stratégie dont l'efficacité a été éprouvée consiste à prolonger la durée du confinement selon les efforts qu'il a fallu déployer pour conduire l'enfant dans sa chambre. Le parent lui signifiera que plus il mettra de temps à y entrer, plus il mettra de temps à en sortir. Il est important d'aller voir l'enfant au moment où il aurait normalement pu en sortir pour qu'il prenne conscience du tort qu'il s'est fait en donnant du mal au parent. Appliquée avec constance, cette stratégie fait contrepoids à l'impulsion de résister aux sanctions et rend l'affrontement initial moins éprouvant.

LA CHAMBRE COMME CONTENANT : L'IMPORTANCE
D'OUBLIER L'ENFANT

Le parent qui envoie un enfant dans sa chambre vise à provoquer une pause dans la relation. Comme l'enfant n'est pas en mesure de fonctionner adéquatement, il le confine dans un lieu qui le contiendra de manière :

1° à ce qu'il puisse l'oublier pendant quelques instants, le temps de récupérer ;

2° à ce que l'activité pulsionnelle de l'enfant diminue d'intensité faute d'être alimentée de l'extérieur.

Si l'enfant sort constamment, frappe contre les murs, brise des objets, invective le parent ou l'interpelle à tout moment, la chambre ne joue pas son rôle. Le parent est contraint d'y renvoyer l'enfant, de s'y rendre pour répondre à ses sollicitations ou de subir son harcèlement à distance, de telle sorte que l'échange problématique se trouve constamment réactualisé, empêchant toute récupération et maintenant la décharge pulsionnelle en activité.

Devant de telles complications, certains parents en viennent à abandonner le recours à la chambre, s'obligeant à un face-à-face permanent qui ne fait que détériorer davantage le climat relationnel. Pour conserver un climat sain à la maison, le parent ne doit pas tolérer que son enfant sorte de sa chambre, qu'il manifeste son dépit sans retenue de l'intérieur et encore moins qu'il l'utilise comme un lieu de défoulement. Si l'enfant passe outre à cette exigence, le parent doit intervenir physiquement de manière à le dissuader de céder à son impulsion. Plus l'intervention sera prompte et incisive, exempte de discussions inutiles, plus l'enfant s'adaptera rapidement à la situation et réduira son champ de débordement. Après avoir vécu l'expérience à quelques reprises, il s'en tiendra à entrer dans sa chambre en maugréant, en contestant et en signifiant son dépit, sans aller au-delà des limites établies.

Quelques parents tolèrent que leur enfant brise ou endommage des objets pendant son isolement parce que, soutiennent-ils, «c'est sa chambre et il en fait ce que bon lui semble». Il s'agit là d'une position qui se veut respectueuse de l'espace personnel de l'enfant, mais qui est indéfendable au point de vue de son développement. L'enfant qui détruit ses possessions se fait du tort objectivement et ressent sa décharge comme une expérience éprouvante sur le plan émotif, en partie parce que c'est le parent qui est visé par le geste de destruction. Le confinement dans la chambre doit avoir pour objectif de contenir les excès, pas d'en favoriser l'expression.

Le répit dont bénéficie le parent qui n'hésite pas à recourir à la chambre lui permet de se dégager sur le plan émotif de la situation conflictuelle et de retrouver la sérénité nécessaire pour tenir sa position adéquatement.

LA CHAMBRE COMME LIEU CONTRAIGNANT : LA NÉCESSITÉ DE VOIR ÉMERGER UNE CERTAINE DÉTRESSE

La plupart des parents voient dans le confinement dans la chambre un moyen de dissuader l'enfant de se comporter de façon inadéquate. Cependant, il peut se glisser des erreurs de perspective qui empêchent cette mesure d'atteindre son but. Par exemple, on entretiendra des doutes sur son efficacité en alléguant qu'elle est sans effet sur l'enfant parce que celui-ci s'y trouve bien. Il est plongé au milieu de son petit monde familier où il a tout le loisir de s'occuper au point même de ne pas se rendre compte qu'il est en punition. La réponse à cet argument est double.

D'abord, envoyer l'enfant dans sa chambre devrait avoir, en soi, un certain effet étant donné qu'il s'agit d'un désaveu formel exprimé à son endroit. L'enfant ne peut pas faire abstraction de cette désapprobation pendant qu'il est dans sa chambre, ce qui devrait avoir pour résultat d'alimenter un certain malaise. Si ce n'est pas le cas, il y a lieu de s'interroger sur la qualité du lien qui relie le parent à l'enfant et sur l'importance du regard du parent sur l'expérience que l'enfant fait de lui-même.

La sensibilité de l'enfant au jugement porté à son endroit ne suffit cependant pas à faire du confinement dans la chambre une mesure hautement dissuasive. Il faut en plus que cette expérience soit vécue comme contraignante. C'est le cas à certaines conditions.

Ne pas faire coïncider la fin de la crise avec la fin de la punition

Les parents dont l'enfant réagit au confinement par une crise prolongée ont parfois tendance à le laisser sortir de sa chambre lorsqu'il se calme. C'est une erreur. Tant que l'enfant exprime sa rage en déchargeant son agressivité, il ne fait pas l'expérience de sa condition de privation et, de ce fait, il n'est pas sensible à la véritable dimension contraignante de la chambre. Quand sa crise se termine, commence l'attente pendant laquelle l'enfant prend conscience de son impuissance. Il est à nouveau disponible pour vivre des rapports normaux, mais la rencontre est différée. Il en résulte une détresse de nature à le faire réfléchir sur la pertinence de donner libre cours à ses impulsions. L'enfant à qui le parent permet de sortir immédiatement après qu'il s'est défoulé à satiété n'a été à aucun moment suffisamment présent à lui-même pour devenir conscient de la remise en question que le confinement devrait logiquement favoriser. Il a été contenu mais non contraint.

Ne pas laisser l'enfant décider du moment où il peut sortir

Il faut également éviter de déléguer à l'enfant le pouvoir de décider du moment où il doit sortir. L'enfant peut profiter du temps où il est dans sa chambre pour s'adonner à l'une ou l'autre de ses activités de prédilection, mais il vient un moment où son occupation ne le satisfait plus. Il

exprime alors son souhait de sortir, ce à quoi le parent acquiesce généralement. Certains enfants vont même avoir la latitude de mettre fin au
retrait quand bon leur semble, sans nécessité d'en référer au parent.
La dimension contraignante se trouve encore une fois escamotée.

Or, c'est au parent de décider quand l'enfant peut sortir de sa chambre. Il doit prendre en compte son propre état, la gravité de l'écart à
l'origine de la punition et la disposition d'esprit de l'enfant. Quand
l'enfant manifeste le désir de sortir, le parent devrait toujours différer sa
décision de quelques minutes, le temps d'évaluer la situation et de
s'assurer que l'enfant a vraiment fait l'expérience de la solitude.

Déterminer la durée du confinement
en fonction du seuil de tolérance de l'enfant

Une question qui revient souvent est celle de la durée du confinement.
Dix minutes? Vingt minutes? Une demi-heure? Davantage? Le parent
est-il assez sévère s'il ne l'y laisse que quelques instants? L'est-il trop
si le confinement se prolonge plus d'une heure? Il n'y a pas de durée
optimale absolue. Tout est fonction du seuil de tolérance de l'enfant.
Certains enfants n'en peuvent plus après quelques instants, alors que
d'autres sont capables de demeurer dans leur chambre plus d'une
heure sans se sentir indisposés outre mesure.

Pour obtenir les meilleurs résultats, le parent doit déterminer le
moment où l'enfant n'est plus à l'aise et ajuster le délai en conséquence. Si l'enfant est capable de demeurer une heure dans sa chambre
sans s'en formaliser, sa véritable punition devra commencer après une
heure. Si, à l'opposé, il ne se possède plus après cinq minutes, l'objectif visé pourra être considéré comme atteint pour ce qui a trait à l'aspect
contraignant du confinement.

L'erreur que commettent certains parents est de se projeter dans la
situation et de présumer que la punition est excessive parce qu'eux-
mêmes la vivraient comme intolérable si elle leur était imposée. C'est

l'état de l'enfant qui détermine la sévérité de la punition. Tant qu'il n'est pas éprouvé, il n'y a pas d'épreuve.

Augmenter graduellement la pression en fonction de la récidive

Quand un parent envoie un enfant dans sa chambre à la suite d'un écart de conduite et que l'enfant récidive à la première occasion, il devrait en conclure :

1° qu'il n'a pas été suffisamment dissuasif pour amener l'enfant à faire l'effort de se contrôler,

2° qu'il lui faut conséquemment se montrer plus sévère.

Le message implicite communiqué à l'enfant doit être : «Je vais augmenter graduellement la pression jusqu'à ce qu'elle soit suffisamment forte pour faire contrepoids à tes impulsions.»

À partir de là, c'est l'attitude de l'enfant qui indique au parent la marche à suivre. Quand le délai entre deux écarts de comportement commence à augmenter de façon systématique, c'est que la durée optimale du confinement a été atteinte.

Contraindre par la chambre sans contraindre dans la chambre

Certains parents croient qu'il faut interdire à l'enfant de se livrer à quelque occupation que ce soit pendant qu'il est dans sa chambre sous le coup d'une mesure de confinement. Ils vont même jusqu'à confisquer des objets pour, espèrent-ils, accentuer l'effet dissuasif. Or, ces parents imposent une double contrainte à leur enfant. En plus de réduire son espace, ils interfèrent dans son activité de manière à l'empêcher de tirer le meilleur parti de sa condition.

Il est justifiable d'interdire à l'enfant de faire usage d'appareils susceptibles de le captiver au point de le soustraire à l'expérience de sa situation de contrainte, notamment la télévision et les jeux électroniques, mais le priver totalement de s'adonner à des activités qui lui plaisent est déconseillé. En premier lieu, parce que l'inactivité forcée est une forme de contrainte de beaucoup supérieure à la seule limitation de l'espace. En second lieu, parce que le but du confinement n'est pas de faire souffrir, mais de permettre l'émergence d'un état qui disposera l'enfant à prendre du recul face à lui-même. Si l'expérience est trop éprouvante, jamais l'enfant ne parviendra à cet état.

LA SORTIE DE LA CHAMBRE : LE MOMENT DE CONSCIENCE

Quand un parent envoie un enfant dans sa chambre, c'est que la jonction ne se fait plus entre son expérience et la conscience du parent. L'enfant est trop dominé par ses impulsions pour tenir compte du regard du parent, qui n'a d'autre choix que de le mettre en marge du monde le temps que l'alliance se rétablisse. Pour que la correspondance soit à nouveau effective, il est essentiel que l'enfant reconnaisse la pertinence du jugement porté sur lui. Il doit y avoir un moment où le parent se présente devant l'enfant et profite de l'accalmie pulsionnelle pour faire appel à sa conscience et lui demander de convenir que son attitude, ses propos ou son comportement n'était pas appropriés. C'est à cette seule condition que l'intimité de la relation peut être rétablie et que le confinement dans la chambre peut prendre une valeur évolutive. Si ce moment de conscience ne survient pas, la punition demeure au niveau de la dissuasion comportementale. L'enfant s'abstient de donner libre cours à sa propension pour la déviance uniquement pour ne pas être puni, sans possibilité d'accéder à la capacité d'agir en perspective en vue de ce qui est le mieux.

C'est au moment de la sortie que la rencontre entre l'enfant et le parent doit avoir lieu. Un enfant ne devrait jamais sortir de sa chambre avant d'avoir reconnu sincèrement le caractère inadéquat des agissements qui l'y ont conduit et le bien-fondé des exigences du parent à son endroit. Lorsque c'est le cas, le parent peut compter sur un appui intérieur chez l'enfant, aussi fugitif soit-il. Peu importe qu'il retombe ou non dans le même travers, l'important, à ce stade de son évolution, est que l'enfant reconnaisse ce qui est le mieux et soit d'accord pour l'incarner le cas échéant. Or, le scénario est loin de se dérouler toujours comme ça.

Il n'est pas rare que la période de confinement prenne fin sans que la rencontre ait eu lieu. Nous avons déjà évoqué la situation où l'enfant sort de sa propre initiative et reprend ses activités sans même s'en référer au parent. Souvent, le parent ouvre la porte et met fin à la punition sans plus de formalité. Parfois, l'enfant est envoyé dans sa chambre, s'endort et en ressort le lendemain matin sans qu'aucun retour ne soit effectué sur ce qui s'est passé la veille. Il peut arriver enfin que la punition soit interrompue à cause d'un impondérable, comme le départ pour l'école, une sortie familiale ou l'arrivée de visiteurs, et qu'elle ne soit jamais complétée.

La rencontre peut par ailleurs avoir lieu sans que l'objectif soit atteint. C'est le cas lorsque l'enfant reste d'humeur incertaine ou persiste à maintenir qu'il n'a rien fait de répréhensible. C'est le cas aussi lorsqu'il admet ses torts en maugréant, uniquement dans le but qu'on lui laisse la paix, mais toujours influencé dans sa perception de la réalité par la charge pulsionnelle qui l'habite. Il n'y a aucun cheminement vers une plus grande conscience de soi, de sorte que rien n'indique au parent que ce qui va être vécu ultérieurement sera mieux que ce qui était vécu auparavant.

L'omission des rencontres et les retours mal effectués sont le signe que l'alliance entre l'enfant et le parent est, ou bien défaillante, ou bien inexistante. Lorsque le parent ne voit pas la nécessité de s'assurer que l'enfant est en état d'être réinvesti et que l'enfant ne ressent pas le besoin de rétablir la proximité affective avec le parent sur la base de ses regrets, c'est que la coupure relationnelle associée au confinement n'était pas vraiment significative, donc que le lien qui relie l'enfant au parent n'est pas d'une grande intensité. Plus l'intimité est grande entre l'enfant et le parent, plus il va apparaître important à l'un comme à l'autre que la parenthèse ouverte par le confinement dans la chambre soit refermée, de manière à ce que l'arrimage affectif se refasse.

Le parent doit agir à la manière d'un sas favorisant la transition entre deux environnements incompatibles. Il faut qu'il rencontre l'enfant après chacune des périodes de confinement, jusqu'à ce que la conscience de celui-ci prenne le pas sur son impulsion. Tant que l'enfant n'est pas en mesure de reconnaître ses torts, il doit demeurer dans la chambre.

L'aveu de l'enfant doit être authentique. Il faut que l'émotion qui accompagne son expression soit davantage de l'ordre de l'affliction que de l'agressivité. Un enfant ne devrait jamais se dégager du parent ou s'en affranchir sans avoir admis calmement, sur fond de tristesse, que ce qu'il était avant d'entrer dans la chambre ne correspondait pas à ce que la réalité commande qu'il soit et que son parent n'avait donc pas d'autre choix que de sévir à son endroit. Alors seulement, la parenthèse peut être refermée et l'ordre relationnel originel, rétabli.

DES INQUIÉTUDES

Les parents qui hésitent à recourir de façon systématique au confinement dans la chambre soulèvent souvent deux inquiétudes. Ils ont peur que l'enfant ne prenne sa chambre en aversion et ils craignent qu'il ne s'y retrouve en permanence, compte tenu du nombre d'écarts pour lesquels ils doivent sévir. Les parents qui entretiennent l'une ou l'autre de ces réserves sous-estiment sans s'en rendre compte le potentiel cognitif de leur enfant.

« Il va prendre sa chambre en aversion »

Si les enfants n'étaient pas capables d'opérations mentales plus élaborées que celles d'un chien ou d'un chat, on pourrait s'attendre à ce que la chambre soit perçue négativement lorsqu'elle est utilisée à des fins dissuasives. Ce n'est pas le cas, car les enfants disposent, dès la fin de leur seconde année, d'une capacité de raisonnement qui leur permet de s'affranchir des rapports de contiguïté. Cette disposition leur permet notamment de comprendre qu'une chambre peut avoir plusieurs fonctions, incluant la contrainte, et que c'est l'usage qu'on en fait qui détermine l'expérience qu'on y vit.

Pour être vraiment prise en aversion, il faudrait que la chambre soit associée à une expérience traumatisante. Sa seule évocation donnerait lieu alors à une montée émotionnelle problématique. Par exemple, une personne peut vouloir cesser d'habiter une maison après la perte d'un être cher. Chez un enfant, une aversion équivalente pourrait provenir de traitements abusifs.

« Il va être tout le temps dans sa chambre »

Une logique analogue s'applique à la crainte de voir l'enfant se retrouver continuellement dans sa chambre. Ce sont généralement des parents dont l'enfant est difficilement contrôlable qui émettent cette réserve. Devant la quantité impressionnante d'attitudes et de comportements qu'ils ne doivent plus tolérer, ils sont portés à s'exclamer : «Mais il va être tout le temps dans sa chambre!». Leur raisonnement est basé sur l'idée a priori que le fonctionnement de leur enfant a quelque chose de fixé, d'immuable. Si un parent envoie un enfant dans sa chambre chaque fois que son attitude est inadéquate et que celle-ci est en permanence inadéquate, alors il sera confiné en permanence dans sa chambre, croient-ils.

Ce n'est pas ce qui se passe en réalité. Dès que le parent commence à exercer son autorité en introduisant des punitions systématiques, il se rend compte que son inquiétude n'était pas justifiée. Le nombre et la durée des périodes de confinement diminuent rapidement, jusqu'à ne plus constituer une préoccupation.

Il y a deux raisons à cela. La première est que l'enfant réagit à la contrainte et s'adapte en conséquence. La seconde est que le climat créé par un encadrement plus soutenu favorise l'émergence d'un investissement sain de la part du parent, de nature à répondre aux besoins affectifs de l'enfant et à influer positivement sur son équilibre personnel.

Les mesures d'appoint

Le confinement dans la chambre n'est pas toujours une mesure suffisante ou appropriée aux yeux du parent. Il arrive que celui-ci juge la faute trop importante pour considérer que la situation puisse être corrigée seulement par une période de solitude contraignante. Il souhaite faire réfléchir l'enfant en lui imposant une punition supplémentaire, de nature à conserver vivante dans sa mémoire l'expérience désagréable associée à son écart de conduite.

Les mesures envisagées sont presque toujours des privations. Certains parents préféreront à l'occasion imposer une tâche ou une corvée à l'enfant, mais c'est une option moins fréquente, probablement parce qu'elle commande une surveillance et un suivi plus étroits. La majorité se contentera de confisquer un jouet, d'interdire une activité, d'annuler une sortie, de limiter les déplacements, de retirer un privilège, de devancer le moment du coucher, bref de priver l'enfant de quelque chose qu'il aime bien (objet ou activité). L'idée est à peu près toujours la même: prolonger l'inconfort durant un certain temps de manière à dissuader l'enfant de récidiver.

L'objet de la privation varie d'une situation à l'autre, mais il est certain que le parent va spontanément chercher à atteindre l'enfant là où il est vulnérable. Il doit cependant prendre soin d'agir de manière réfléchie, en évitant de s'engager sur certaines voies.

ÉVITER D'ANNONCER DES PRIVATIONS IRRÉALISTES

Poussés par l'exaspération, certains parents sont conduits à annoncer des privations irréalistes. Les menaces les plus courantes sont: «Je vais partir et t'abandonner», «Je vais te mettre dehors», «Je vais te laisser sur le bord de la route», «Je ne m'occuperai plus de toi», et autres annonces d'initiatives radicales et excessives. De telles menaces ne mènent nulle part; elles ont même un effet négatif sur l'enfant, que celui-ci les prenne au sérieux ou non. Ou bien il n'y croit pas et persiste dans ses écarts de conduite, ou bien il y croit et fait alors l'expérience d'une anxiété susceptible de porter atteinte à son équilibre personnel.

S'ABSTENIR DE PRÉCISER LA DURÉE

Les parents ressentent souvent le besoin de préciser la durée de la privation: «Tu ne regarderas pas la télévision pendant une semaine», «Tu ne prendras pas ta bicyclette pendant un mois», etc. Le problème avec cette précision réside dans son manque de souplesse: elle ne permet pas de s'adapter aux circonstances et à l'évolution de la situation. Un parent qui agit ainsi peut se voir contraint de maintenir jusqu'au bout une punition dont il ne ressent plus la pertinence, uniquement parce qu'il craint de perdre sa crédibilité ou son autorité. À l'inverse, l'expiration du délai peut être prématurée: le parent peut être encore indisposé à l'égard de l'enfant et se sentir mécontent de devoir adopter une attitude conciliante. Le mieux pour le parent est de ne pas s'engager au-delà du moment présent et de se borner à signifier à l'enfant que la privation durera aussi longtemps qu'il l'estimera nécessaire.

PRIVER SANS SE PRIVER

Certaines privations affectent d'autres personnes que l'enfant, parfois même le parent. Annuler une sortie familiale, interrompre un jeu d'équipe, différer l'achat d'un bien collectif sont de cet ordre. La tentation est parfois grande d'imposer ce genre de privation, surtout quand il ne semble y avoir aucune solution de rechange immédiate. Ce n'est évidemment pas une heureuse initiative.

Le parent doit toujours prendre soin de ne pas pénaliser d'autres personnes, incluant lui-même. Il doit résister à la tentation d'aller au plus expéditif et s'efforcer de trouver un aménagement satisfaisant. Par exemple, il imposera certaines restrictions dans le contexte de l'activité en cours sans mettre fin à celle-ci («Tu vas t'asseoir pendant que les autres cueillent les pommes») ou il limitera l'utilisation de l'appareil qu'il se propose d'acquérir. Il peut aussi différer la punition, attendant que les circonstances s'y prêtent mieux. L'important est de circonscrire l'expérience déplaisante de manière à atteindre l'enfant sans miner le climat d'ensemble inutilement.

PRÉSERVER L'INTÉGRITÉ PHYSIQUE DE L'ENFANT

Le parent ne doit jamais mettre l'intégrité ou la santé de l'enfant en péril, par exemple, en lui faisant sauter un repas ou en l'abandonnant dans un endroit dangereux. Les sanctions doivent susciter un inconfort sans porter préjudice à l'enfant. Le parent qui use de châtiments susceptibles de porter atteinte à l'intégrité de son enfant se déstabilise par ailleurs lui-même le plus souvent. Il crée des conditions qui peuvent engendrer de l'inquiétude et risque ainsi de se placer lui-même en difficulté émotive.

NE PAS COMPROMETTRE L'ACTUALISATION

Il est naturel que le parent qui envisage une privation lorgne du côté des activités préférées de son enfant. Il est toutefois important que l'activité sur laquelle s'arrêtera le parent ne constitue pas un des moteurs de l'actualisation de l'enfant. Nous nous attarderons longuement à cette dimension dans la troisième partie ; retenons pour l'instant que l'actualisation s'apparente à la réalisation de soi.

Empêcher un enfant de jouer au Nintendo ou d'aller à bicyclette ne prête pas vraiment à conséquence. Mais lui interdire de participer à une compétition sportive, d'aller à son cours de musique ou lui confisquer son matériel de peinture risque de compromettre un tant soit peu son évolution. L'enfant se constitue à partir de ses réalisations. Elles sont aussi vitales pour la bonne marche de son développement psychique que la nourriture pour son développement physique. L'en priver, c'est interférer directement dans le processus d'édification de la valeur personnelle. C'est pourquoi il faut autant que possible s'abstenir de pénaliser tout ce qui a trait à la réalisation de soi.

Il y a suffisamment de possibilités d'atteindre l'enfant là où seul son plaisir est concerné (télévision, sortie, jouet…) sans toucher aux champs d'actualisation. Dès qu'une activité, quelle qu'elle soit, revêt une valeur d'actualisation, la perspective d'en priver l'enfant ne devrait toujours être envisagée qu'en dernier recours. Si l'enfant retire d'une activité un bénéfice objectif sur le plan de sa valeur, cette activité devrait faire l'objet d'une immunité permanente en ce qui concerne les sanctions.

ÉVITER D'APPLIQUER LA LOI DU TALION

Le parent qui gifle son enfant parce que celui-ci a frappé un autre enfant ou qui brise un jouet de son enfant parce que ce dernier a cassé celui de son camarade applique la loi du talion. Or, même si la tentation peut être forte de répondre à l'impulsion par l'impulsion, il est préférable d'y résister. Être parent, c'est demeurer au-dessus de la mêlée en tout temps, particulièrement quand l'anarchie pulsionnelle se manifeste.

Fonctionner sur le mode de la dissuasion agressive sans nécessité absolue peut certes conduire à une réduction des comportements indésirables, mais au détriment du développement global de l'enfant.

Ce n'est pas tant le geste du parent que sa finalité destructive qui risque de le heurter intérieurement. Ce qui est le plus éprouvant pour l'enfant qui assiste au spectacle de la destruction d'un de ses jouets, ce n'est pas la perte qu'il subit mais l'empreinte émotionnelle de la violence à laquelle il est exposé.

LA PLACE DES SANCTIONS PHYSIQUES DANS L'ENCADREMENT

La tentation était forte de passer sous silence les sanctions physiques, compte tenu du caractère controversé de cette dimension de l'encadrement. Mais comme la majorité des parents finissent par y avoir recours sous une forme ou une autre, il vaut mieux essayer d'y voir plus clair et de contribuer à ce que toute intervention de ce type soit effectuée avec discernement.

LES JUSTIFICATIONS POSSIBLES

L'introduction de sanctions physiques est concevable dans un contexte où elles constituent des balises de sécurité dans le processus global d'encadrement d'un enfant. La possibilité d'y avoir recours permet au parent de s'engager dans les affrontements avec son enfant en ayant l'assurance qu'il pourra en voir la fin quoi qu'il arrive. Certains parents se plaignent d'être engagés constamment dans des face-à-face qui n'en finissent plus. Leur enfant n'écoute rien, passe outre aux interdictions, défie leur autorité, ignore les réprimandes et les sollicite constamment; l'heure du coucher en particulier donne lieu à une interminable succession de demandes. Ces parents ne disposent d'aucun moment de répit et se sentent envahis en permanence par une exaspération de nature à engendrer une violence émotionnelle dont nous avons déjà évoqué le caractère potentiellement préjudiciable au développement de l'enfant au chapitre 5.

La sanction physique vise essentiellement à prévenir ce genre de dégradation relationnelle. Elle est un recours de dernière instance, à ne mettre en œuvre que quand les autres types de punitions se sont avérés totalement inefficaces. Le parent signifie alors à l'enfant qu'il a atteint un point limite qu'il ne le laissera pas dépasser, quitte à être l'objet d'un ressentiment passager. Il est moins nocif pour l'enfant de ressentir de l'agressivité que de susciter de la haine. Il ne s'agit plus alors tant de punir, c'est-à-dire imposer un châtiment, que de reprendre le contrôle de la situation.

À l'occasion, la sanction incitera l'enfant à agir dans le sens demandé quand son opposition devient irréductible. Par exemple, face à un refus obstiné de faire ses devoirs ou sa toilette, ou de ranger sa chambre, une action directe peut être indispensable pour le forcer à s'exécuter. Le parent devra effectuer des vérifications périodiques ou suivre l'enfant à la trace en demeurant auprès de lui si l'exécution reste problématique. Dans un cas comme dans l'autre, il pourra être contraint de recourir à une inter-vention physique pour forcer l'adaptation. La tape sur les fesses est la mesure que le sens commun a conduit à privilégier en raison du faible préjudice causé à l'enfant et du risque minime de porter atteinte à son intégrité physique. Par la suite, le parent imposera à l'enfant une autre punition (confinement ou privation) pour se dédommager de ses efforts, lui faisant ainsi payer le prix de sa complaisance envers lui-même.

C'est davantage comme mesure de soutien au confinement dans la chambre que le recours aux sanctions physiques trouve sa justification. Pour que la chambre joue son rôle de lieu contenant, il faut que l'enfant en respecte les frontières. C'est ce qui préserve l'univers familial de l'anarchie pulsionnelle. La sanction physique pourra inciter l'enfant à faire l'effort de se conformer à cette exigence.

Quand un enfant est confiné dans sa chambre, ses débordements doivent se limiter à exprimer à haute voix son dépit d'y avoir été envoyé. S'il persiste à hurler sa rage, frappe contre les murs, s'attaque aux objets ou prend l'initiative de sortir, le parent doit l'intimer fermement de tempérer ses excès et de respecter les limites imposées, puis retourner vaquer à ses occupations. Pas question de s'engager alors dans de longues discussions ou de surveiller la porte pour s'assurer que l'enfant ne l'ouvre pas! Le parent doit pouvoir se dégager de la situation avec l'assurance que son enfant fera l'effort de se contrôler.

Si l'enfant ne tient pas compte de l'avertissement, le parent peut choisir d'agir rapidement sans se perdre dans un discours inutile, puis se retirer sans autre formalité. Encore ici, la tape sur les fesses est habituellement la mesure la plus indiquée. Si l'enfant continue à se manifester, ce qui devrait normalement se produire quand la crédibilité du parent n'a pas encore été établie, le parent pourra intervenir à nouveau en l'informant qu'il n'aura pas le dessus. S'il n'obtempère toujours pas, le parent pourra appliquer la même sanction et revenir ainsi à la charge jusqu'à ce que l'enfant cède, ce qui ne saurait manquer de se produire.

Chaque enfant a ses limites. Le parent qui aura démontré suffisamment de détermination pour les atteindre saura qu'il peut venir à bout des excès de l'enfant, et l'enfant le saura aussi. À partir de ce moment, l'intensité des échanges ira rapidement en s'atténuant et le confinement dans la chambre pourra jouer son rôle.

La même logique s'applique à la transition du coucher. Certes, l'attitude est différente au départ. Border un enfant et l'envoyer dans sa chambre par suite d'une impolitesse n'ont rien de comparable. Mais une fois la coupure effectuée, une fois tous les rituels accomplis (verre d'eau, passage aux toilettes, histoire, confidences…), le parent doit pouvoir regagner son espace personnel sans s'attendre à être sollicité à tout moment. Les enfants ne l'entendent pas toujours ainsi. Étirer la période du coucher est presque un sport pour certains. Ils ne se rendent pas compte qu'en agissant de la sorte, ils exaspèrent le parent, qui n'a pas la possibilité de récupérer convenablement.

La fermeté doit être pour le parent l'arrière-garde de la tendresse. Pour que l'enfant et le parent apprécient bien le moment que constitue l'heure d'aller au lit, le parent doit en contrôler la durée. L'enfant comprendra sans équivoque qu'une fois la transition effectuée, le parent ne tolérera pas les sollicitations indues. Il sera peut-être nécessaire au parent d'avoir recours à une sanction physique comme argument d'appoint si la fermeté verbale ne suffit pas. L'enfant ne sera pas long alors à s'adapter et le moment du coucher pourra devenir ce qu'il doit être, un concentré de tendresse.

À l'exception des situations qui peuvent porter atteinte à l'intégrité du parent, les sanctions physiques demeurent des actes de dernier recours. Elles ne devraient jamais être appliquées comme mesures de représailles de première instance à la suite d'un quelconque écart de comportement. Frapper un enfant sans nécessité absolue, c'est:
1° lui infliger une souffrance inutile,
2° banaliser l'utilisation de la violence dans la vie de tous les jours.

La sanction physique ne peut se justifier que comme mesure d'exception et n'a pas sa place comme moyen usuel de dissuasion.

LES CONDITIONS À RESPECTER

Une fois circonscrit le cadre dans lequel le parent pourrait être autorisé à recourir aux sanctions physiques, le reste relève pour une bonne part du sens commun:
- Le parent ne doit jamais frapper un enfant sur une partie de son corps où il est particulièrement sensible ou vulnérable.
- Le parent ne doit jamais user de violence au-delà de ce qui est strictement nécessaire pour que le geste ait une valeur dissuasive.
- Le parent ne doit jamais passer aux actes avant d'avoir donné la chance à l'enfant de se soustraire à cette éventualité en rétablissant son fonctionnement par lui-même.

Une quatrième règle s'impose, celle-là moins évidente : le parent ne doit jamais frapper un enfant sous le coup d'une impulsion. L'action physique doit être le résultat d'un choix et non la conséquence d'un débordement. C'est ce qui distingue essentiellement la violence de la fermeté. Quand le passage à l'acte est déterminé par une impulsion plutôt que par une décision, c'est l'espèce qui s'attaque à l'espèce. Le mouvement est haineux et le geste, destructeur. Cette situation se produit quand le parent n'intervient que lorsqu'il est poussé à l'exaspération. Son geste a davantage l'allure d'une décharge que celle d'un acte réfléchi et il est susceptible de mener à des excès dont le caractère inacceptable n'apparaîtra qu'après coup, conduisant aux oscillations souvent observées entre la violence et la culpabilité.

Le parent qui considère qu'une sanction physique est appropriée à la situation et qui tape les fesses de son enfant en exprimant avec vigueur une réprobation qui demeure réfléchie plutôt que ressentie ne risque pas de le traumatiser. Il garantit plutôt la permanence d'un ordre de rapport dénué de violence excessive tant sur le plan physique qu'émotionnel.

La mesure ultime : le désinvestissement

Il arrive que certains problèmes perdurent en dépit des efforts répétés du parent pour en venir à bout. Il s'agit habituellement de travers chroniques envers lesquels l'enfant est particulièrement complaisant. On parlera d'une nonchalance insurmontable à l'égard du travail scolaire, d'une impulsivité dévastatrice qui refait surface à tout moment, d'une irresponsabilité perpétuelle ou d'un manque d'égards désespérant en raison de sa récurrence. Le parent a beau réprimander l'enfant, le punir de toutes les façons, rien n'y fait. L'impulsion est plus forte que la dissuasion. L'enfant ne manifeste pas forcément une volonté délibérée de faire échec à l'encadrement, mais son manque d'emprise sur lui-même le maintient dans la désorganisation. Au parent qui veut s'en sortir, il reste un moyen d'avoir un impact significatif sur son enfant : le désinvestir.

Le désinvestissement est un phénomène avec lequel les parents sont généralement assez peu familiers. Il faut donc prendre soin de bien le définir pour qu'il ne prête pas à confusion. Comme le terme le suggère, désinvestir un enfant pour un parent, c'est lui retirer son investissement ou, formulé autrement, cesser de lui donner du sens. Le parent, en quelque sorte, *éteint* son regard et met en veilleuse sa disponibilité émotionnelle, jusqu'à ce que la façon d'être de l'enfant lui donne satisfaction et justifie le rétablissement de la jonction relationnelle.

Nous avons beaucoup insisté sur l'importance du besoin d'*être* chez l'enfant et sur la nécessité que le parent satisfasse à cet impératif du développement. Mais à partir du moment où ce qu'incarne l'enfant ne vaut pas d'être investi et où le parent ne parvient pas à faire en sorte qu'il en soit autrement, celui-ci doit se résoudre à placer l'enfant devant la réalité : ce qu'il est ne mérite pas qu'on se mobilise pour lui. Dès lors, le parent change de registre relationnel et circonscrit ses échanges avec l'enfant à un niveau formel, en extrayant tout ce qui est de l'ordre d'une proximité affective. Le rapport est maintenu, mais établi sur la base des exclusions suivantes : ni tendresse, ni intérêt, ni attentions, ni privilèges.

Pas de tendresse! Le contact avec l'enfant demeure effectif, mais exempt de tout ce qui l'agrémente en temps normal. Le parent entre en relation avec son enfant uniquement lorsqu'il y a nécessité objective. L'interaction est alors amorcée de façon dépouillée, sans l'enrobage affectif qui lui donne une couleur singulière en temps normal. Pas de bonjour ou de bonsoir, pas de sourire entendu, pas de regard complice, pas d'attendrissement! Rien de ce qui signe le lien; rien d'autre que ce qui doit être dit et qui doit être fait!

Pas d'intérêt! Les mille et une choses que l'enfant veut raconter, montrer, exécuter ne sont plus d'emblée intéressantes, comme cela devrait être le cas normalement. Le parent ne s'arrête qu'à ce qui est pertinent pour lui permettre de superviser adéquatement son fonctionnement : travail scolaire, santé, hygiène, tenue vestimentaire, déplacements, etc. Pour le reste, la machine à regarder n'est plus en fonction.

Pas d'attentions ! Le parent n'a plus le réflexe spontané de vouloir favoriser les expériences plaisantes chez l'enfant en ayant des attentions particulières à son endroit : gâteries, jouets, sorties, etc. Il n'a aucune raison de se donner du mal pour quelqu'un qui ne tient pas compte de lui. Il se limite donc au nécessaire en différant le superflu.

Pas de privilèges ! Dans le même esprit, les permissions et dérogations destinées à contribuer au mieux être de l'enfant, souvent au détriment du sien (donner préséance à un choix d'émission, le laisser veiller en s'imposant un surcroît de fatigue, lui payer une sortie facultative…), n'ont plus leur raison d'être. Le parent ne prive pas l'enfant indûment, mais il élimine tout ce à quoi il n'est pas tenu et qui est normalement dicté par la considération à son endroit.

LES CONFUSIONS POSSIBLES

En dépit de ce que pourrait suggérer l'énumération précédente, désinvestir un enfant ce n'est ni l'abandonner à lui-même, ni le rejeter. C'est le confiner à sa solitude pour l'éveiller à l'urgence de se dégager de l'emprise pulsionnelle, ce qui se produit rapidement dans la très grande majorité des cas. Le parent doit bien comprendre la portée de cette distinction s'il ne veut pas être entraîné sur la voie de l'inadaptation et de la morbidité affective.

La différence entre désinvestir un enfant et l'abandonner à lui-même

Désinvestir un enfant ne signifie pas le laisser à lui-même sans se préoccuper de ce qui lui arrive. Le parent continue à encadrer l'enfant, à être présent à ses besoins et à lui donner l'occasion de se réaliser comme auparavant. Sauf qu'il ne le fait plus vivre à l'intérieur de lui.

Il n'est pas question de laisser l'enfant faire ce que bon lui semble en se désintéressant de son sort, que ce soit en rapport avec l'hygiène, l'alimentation, le travail scolaire, le langage ou tout autre aspect de son fonctionnement. Agir de la sorte serait, pour le parent, à la fois manquer à ses obligations et ouvrir la porte à une situation intenable. Pour éprouver du respect envers lui-même, le parent doit avoir le sentiment d'assumer adéquatement ses responsabilités.

Le message implicite que doit véhiculer le parent par ses attitudes et son comportement doit être en substance le suivant : « Je suis tenu, étant donné ma position, de t'amener à être ce que tu peux être de mieux, mais je ne suis pas obligé de t'aimer. » Les expressions de l'amour que sont l'affection et l'estime ne sont pas des a priori inconditionnels. Ce sont des mouvements spontanés qui doivent être suscités pour émerger. On ne peut aimer que ce qui est aimable. L'enfant doit en être conscient.

La différence entre désinvestir un enfant et le rejeter

Il est certain que la plupart des enfants ressentent le désinvestissement comme une expérience pénible. Lorsque ce n'est pas le cas, c'est que l'attachement aux parents est superficiel ou inexistant. Mais aussi dure que paraisse la position du parent, elle n'est pas destructrice tant qu'il ne fait que s'abstenir d'investir. Ce n'est que s'il investit l'enfant négativement que le parent devient destructeur.

Nous avons vu au chapitre 5 que le sentiment de rejet est intimement lié à l'hostilité. L'enfant par rapport auquel le parent prend ses distances souffre du manque qu'il ressent, mais il ne se sent pas détesté ; pour autant que le parent ait l'attitude appropriée.

Il ne faut pas que le parent confonde bouder et désinvestir. Bouder quelqu'un, c'est être concerné par lui sur le plan émotif ; on investit la personne visée négativement en se cantonnant dans une agressivité passive. Désinvestir un enfant, c'est se sentir dégagé sur le plan émotif face à lui. Le retrait de l'investissement est le résultat d'un choix et non pas l'expression d'un ressentiment contenu.

Un indice qu'il s'agit bien de désinvestissement est la capacité de maintenir des rapports formels adéquats. Quand le parent refuse systématiquement de parler à l'enfant ou se montre incapable de s'adresser à lui sans agressivité, quand il cherche activement à le blesser ou à le pénaliser, alors il est en réaction à l'enfant. Il est en position, non pas de désinvestissement, mais bien de contre-investissement. Il n'a pas éteint son regard, il en a modifié la nature, le rendant potentiellement dommageable pour son enfant.

LE RÉTABLISSEMENT DE L'INVESTISSEMENT

Le parent qui met la proximité affective en suspens sans hostilité tout en demeurant à l'écoute de son enfant et en se montrant attentif à ses besoins exerce une forte pression sur lui, mais il ne compromet pas son intégrité. Il revient à l'enfant de faire un effort sincère pour devenir un pôle d'investissement valable, ce qui peut vouloir dire contrôler davantage ses humeurs, afficher un plus grand respect, tenir compte des besoins des autres et s'appliquer davantage à son travail.

C'est à partir du moment où le parent perçoit la sincérité et la détermination de l'enfant à apporter les correctifs qui s'imposent qu'il peut rétablir le contact et réaffirmer le lien. L'enfant aura alors compris, au moins confusément, que l'alliance avec le parent, si fondamentale soit-elle, n'est pas aussi inconditionnelle qu'il le croyait. Elle repose sur un respect mutuel et une volonté commune d'aller vers ce qui est le mieux.

La durée du désinvestissement peut aller de quelques heures à quelques jours. Tout dépend de l'ampleur du problème et de la possibilité d'obtenir des indices sérieux de la bonne volonté de l'enfant : rapport de l'école, permanence d'un changement d'attitude, etc. Le parent ne peut cependant pas se dire : « Je vais désinvestir mon enfant pendant deux jours, puis revenir à la normale. » On désinvestit un enfant parce qu'il ne mérite plus d'être investi, on le réinvestit quand il le mérite à nouveau, même si l'attente est difficile à supporter de part et d'autre. C'est le prix que le parent doit payer pour conserver le respect de lui-même et acquérir celui de son enfant.

LA THÉORIE DE L'ENFANT TEFLON : ÇA NE COLLE PAS !

N'y a-t-il pas des enfants imperméables à quelque encadrement que ce soit et qu'aucune mesure de répression ou de correction, incluant le désinvestissement, ne peut réorienter vers un développement sain ? Oui, selon la théorie de l'enfant Teflon. Celle-ci soutient que l'évolution a conduit à l'émergence d'un nouveau groupe d'enfants considérés à tort comme des enfants à problèmes parce qu'ils sont indépendants d'esprit et réfractaires aux structures existantes. « L'enfant nouveau » serait en réalité un enfant plus évolué, qui dérange parce qu'il remet en question l'ordre ancien.

Cette théorie a séduit certains parents, heureux de s'entendre dire que les difficultés de leur enfant à l'école ou à la maison ne seraient pas la conséquence d'un développement lacunaire, mais résulteraient plutôt de compétences intellectuelles et affectives qui transcendent les modes de fonctionnement traditionnels. Cette hypothèse attrayante n'en est pas moins hautement fantaisiste. Elle repose sur des considérations génétiques et organiques sans aucun fondement scientifique, qui visent à expliquer certains changements dans la façon d'être des enfants et conduisent à porter un jugement curieux et non crédible sur la santé affective des plus réfractaires à l'encadrement.

Certes, on ne peut dénier l'émergence de nouveaux schèmes de fonctionnement chez certains enfants, mais, pour expliquer cette évolution récente, il paraît plus indiqué de chercher du côté des parents.

Les dernières décennies se caractérisent par une remise en question des valeurs traditionnelles et, particulièrement au Québec, un effondrement de la structure socio-religieuse qui suppléait aux carences personnelles en matière d'encadrement. Cet effritement du cadre extérieur a conduit de nombreux parents, qui vivaient leur condition comme contraignante, à prendre leurs distances par rapport aux exigences de leur position et à placer leurs propres besoins au centre de leurs préoccupations. Certains enfants investis dans ce contexte ont grandi sans faire l'expérience de la proximité affective empreinte de respect et de gratitude nécessaire au développement d'un lien profond avec le parent devant soi et, éventuellement, avec le parent en soi. Une telle évolution pouvait conduire au détachement constaté chez l'enfant Teflon.

Selon la théorie de l'enfant Teflon, cet être «nouveau» est une personne qui remet globalement en question le monde des adultes, résiste systématiquement aux pressions dont il est l'objet et se montre insensible aux arguments affectifs. Il a peut-être un père et une mère, mais pas de parents. Ce que l'on décrit comme l'indépendance serait en réalité une absence d'attachement, qui pourrait, dans une perspective positive (et optimiste), favoriser une plus grande liberté d'esprit.

Par contre, l'enfant Teflon est parallèlement décrit comme un candidat au suicide, réaction désespérée à l'expérience décevante d'évoluer dans un monde de mensonge et d'incompréhension. Or, c'est là davantage l'aboutissement du cheminement personnel malheureux d'un enfant qui dispose de ressources cognitives importantes, mais qui, n'ayant pas été bien investi, traîne une détresse éprouvante.

C'est le type d'investissement privilégié par le parent, plus que la nature particulière de l'enfant, qui est responsable du peu d'emprise du parent. Celui qui tient sa position adéquatement peut aborder sereinement l'encadrement de son enfant sans se demander s'il aura la surprise de découvrir en cours de route qu'il a mis au monde un enfant Teflon.

CHAPITRE 12

SITUATIONS PARTICULIÈRES

Quel que soit le lieu ou le contexte, la position du parent demeure la même. Qu'un écart de conduite se produise sous ses yeux ou en son absence, qu'il survienne à la maison ou à l'extérieur, qu'un seul ou que plusieurs enfants soient en cause, le parent doit afficher la même détermination à faire contrepoids aux impulsions inadéquates. Cette attitude n'est cependant pas dénuée de souplesse : le parent saura s'adapter à certaines circonstances ou situations, et moduler ses interventions en conséquence. C'est le cas quand un incident se produit en public, quand le parent et l'enfant ne se trouvent pas à proximité, et quand la famille comprend plus d'un enfant.

L'intervention en public

Lorsqu'un incident se produit en public ou à l'extérieur de la maison, le parent ne peut évidemment envoyer son enfant dans sa chambre. En outre, le contexte offre rarement l'intimité voulue pour les discussions ou les échanges difficiles. Le parent doit quand même intervenir, tant pour son propre bien que pour celui de son enfant. Même si l'enfant est à ce moment-là sous la responsabilité de quelqu'un d'autre (professeur, animateur, gardien, entraîneur ou moniteur), le parent présent doit intervenir si son comportement ne lui donne pas satisfaction et si l'encadrement laisse à désirer.

Si, après un avertissement, l'enfant persiste à se comporter de manière inadéquate, le parent doit agir. Le plus indiqué est habituellement :

1° de suspendre l'activité en cours ;
2° de se retirer avec l'enfant dans un endroit discret pour éviter de se donner en spectacle ;
3° de reprendre fermement l'enfant en le plaçant face à lui-même.

Dans la majorité des cas, l'enfant repris dans un face-à-face vigoureux se conformera aux attentes du parent. Lorsqu'il ne le fait pas, c'est généralement que l'attitude parentale de fermeté est nouvelle et peu convaincante. L'enfant va se désorganiser ou demeurer sourd aux arguments du parent pour reprendre là où il avait été interrompu et même accentuer sa déviance par bravade.

Il peut arriver que le parent soit obligé de mettre un terme à l'activité en cours. Cette initiative ne doit cependant pas rester sans suite. Le parent qui rentre à la maison en maugréant contre le mauvais sort qui lui a fait mettre au monde un tel enfant et qui passe à autre chose une fois rendu à destination court le risque de voir son enfant récidiver à la première occasion. Il imposera donc une punition sévère à l'enfant parce qu'il a profité de sa vulnérabilité. Un séjour dans la chambre assorti de certaines restrictions est souvent ce qu'il y a de plus indiqué.

Le problème ne peut être considéré comme résolu avec la fin de la punition. Le parent qui ne vient pas à bout de son enfant en public doit sérieusement remettre en question le type d'encadrement qu'il privi-

légie à la maison. Car un enfant incontrôlable en public l'est généralement aussi à la maison. Les effets d'une permissivité excessive ne
sont pas toujours évidents à l'intérieur du cadre familial, mais c'est hors
de la maison qu'on peut en mesurer l'ampleur. C'est pourquoi le parent
devrait considérer les excès publics de son enfant non comme des incidents isolés, mais comme les symptômes d'un problème d'encadrement plus généralisé.

On n'élève pas un enfant en public. Les interventions du parent
sous le regard de tiers ne servent qu'à survivre dans la situation. C'est
à la maison, dans l'intimité du foyer, que le travail de fond doit être
accompli. Le parent doit y encadrer son enfant comme s'il était en
public. S'il laisse passer des choses pour lesquelles il interviendrait
devant un tiers, c'est que son regard sur son enfant est complaisant et
qu'il a besoin d'un regard auxiliaire pour être incité à tenir sa position
adéquatement.

Le parent qui réagit sévèrement aux écarts commis en public et
qui apporte des correctifs à ses exigences quotidiennes pourra aborder
les sorties ultérieures avec de plus en plus de sérénité. Il aura cependant avantage à communiquer ses attentes à son enfant avant de partir,
ce qui devrait avoir pour conséquence de donner à celui-ci plus de
recul dans son fonctionnement. Il lui suffira alors de demeurer vigilant
et d'intervenir promptement mais avec discrétion lorsque la situation
le commande, sans redouter de devoir s'engager dans un affrontement
interminable dont il sortirait perdant.

De son côté, l'enfant pourra évoluer vers un mode de fonctionnement plus conforme à ce qu'on attend normalement d'une personne
qui se développe sainement. Il se présentera sous un jour plus pon-
déré en public et réservera ses excès et débordements pour la maison, faisant la part entre ce qui peut être exprimé au grand jour et ce
qui ne doit l'être qu'en vase clos, là où son intégrité ne risque pas
d'être remise en question.

Le contrôle à distance

Être un parent, c'est assurer la permanence d'un regard sur l'enfant. Le parent ne peut se contenter simplement de savoir en tout temps ce que fait son enfant, il doit aussi déterminer en tout temps ce qu'il est. Quand il le confie à la supervision d'un tiers, qu'il s'agisse d'un ami, d'un professeur ou d'une gardienne, il doit demeurer la référence ultime pour tout ce qui peut être significatif et prendre les moyens pour influer sur ce qui se passe même s'il n'est pas là.

Il est certain que la personne à laquelle le parent délègue son autorité doit recourir à certaines mesures pour maintenir un cadre adéquat. Mais là s'arrête sa responsabilité. La gardienne veut dispenser adéquatement des soins de base et prévenir les incidents malheureux ; le professeur veut enseigner dans un climat propice à la réalisation de son mandat ; l'ami veut se montrer digne de confiance. La préoccupation du parent est tout autre. Il veut que son enfant soit quelqu'un de bien et, pour s'en assurer, il conserve un droit de regard sur tout ce qu'il incarne, en sa présence comme en son absence.

Il faut que l'enfant sente la présence de ce regard où qu'il soit, de telle sorte qu'il ne se laisse pas réduire aux attentes fonctionnelles des personnes qui sont responsables de lui temporairement. En ce sens, il est nécessaire que le parent soit toujours informé de ce qui concerne son enfant et n'hésite pas à utiliser les moyens nécessaires pour rétablir la situation quand son fonctionnement ne lui a pas donné satisfaction.

Si l'enfant a commis un écart de conduite dans le cadre d'une activité à l'école, chez un grand-parent ou en présence de sa gardienne, le parent doit le punir. Il résistera à la tentation de faire élever son enfant par d'autres adultes. Il peut arriver que le responsable temporaire de l'enfant lui inflige une punition, mais cette sanction ne doit pas être prise en considération dans l'attitude subséquente du parent. L'intervention de ce dernier se situe à un autre niveau : elle vise à préserver la qualité du lien privilégié qui l'unit à son enfant et non seulement à régler un problème ponctuel.

Nous reviendrons sur cette question au chapitre 15, qui porte sur l'actualisation à l'école, car c'est dans le contexte scolaire que l'encadrement à distance est le plus sujet à controverse.

La régulation des rapports entre frères et sœurs

Depuis le début de cet ouvrage, il est presque toujours question du parent et de l'enfant, l'un et l'autre au singulier. C'est une perspective qui veut faire ressortir la relation singulière, non seulement entre deux personnes, mais aussi entre deux états, et cela quelles que soient les circonstances. En réalité, cette relation se déroule et évolue dans un contexte où il y a souvent deux parents, parfois plusieurs enfants. Nous avons abordé au chapitre 10 la nécessaire alliance entre deux parents qui doit présider à l'encadrement de l'enfant, voici maintenant que nous allons examiner la situation relativement courante d'une pluralité d'enfants sous la responsabilité du parent (ou des parents). Celui-ci se trouve placé devant la nécessité de moduler les impulsions non pas d'un seul, mais de deux ou de plusieurs enfants en relation les uns avec les autres, ce qui implique quelques considérations.

LE CARACTÈRE NORMALEMENT CONFLICTUEL DES RELATIONS

Les conflits entre enfants d'une même famille sont un phénomène à la fois fréquent et normal. L'inévitable reproduction des différends résulte de la convergence de deux facteurs : l'absence de retenue et la compétition affective.

Le premier facteur est associé à la proximité permanente des enfants et à leur appartenance à une même cellule familiale. Cette situation conduit à une levée des inhibitions qui se traduit par une expression plus directe de l'activité pulsionnelle. Toutefois, avoir moins de retenue ne veut pas dire automatiquement être plus violent. C'est la compétition affective qui explique l'agressivité des échanges.

Dès la naissance, l'enfant s'engage dans une quête affective vitale pour sa survie psychique. Pendant des années, les parents sont ses principaux pourvoyeurs en cette matière. L'arrivée d'une sœur ou d'un frère signifie concrètement le retrait d'une partie de l'investissement, qui est réorienté vers le nouvel enfant. L'obligation d'accepter un partage du regard parental crée un ressentiment latent que ne peuvent compenser complètement l'affection sincère que frères et sœurs éprouvent les uns pour les autres et le sentiment de solidarité familiale. Il en résulte une ambivalence affective qui conduit à des affrontements. Dans le meilleur des cas, cette coexistence explosive est ponctuée par des élans de tendresse et par une affirmation de l'appartenance commune, consistant par exemple à célébrer un succès ensemble ou à faire front devant un danger.

Les frictions entre enfants sont à ce point normales que c'est leur absence qui doit être considérée comme suspecte. La réaction normale d'un enfant dont le frère ou la sœur se fait réprimander est de se tenir sagement à l'écart en attendant que tout rentre dans l'ordre, en se disant qu'il a bien assez de ses propres problèmes sans se mêler de ceux des autres. Quand le réflexe de l'enfant est de s'interposer ou quand les enfants font systématiquement alliance contre les parents, prenant la défense les uns des autres dans les situations litigieuses, on est en droit de s'interroger sur la qualité de la relation entre enfants et parents. L'intensité des liens qui se créent entre enfants (d'une même famille ou non) et l'intimité qui en découle sont souvent inversement proportionnelles à la proximité affective avec leurs propres parents.

Jusqu'à l'adolescence, les relations entre enfants demeurent essentiellement fonctionnelles et s'organisent autour d'intérêts et d'objectifs communs. Les rapprochements comportant une dimension affective importante servent généralement à compenser une carence de l'investissement parental. L'enfant qui est profondément troublé par ce qui arrive à son frère, à sa sœur ou à son ami exprime davantage son propre besoin d'être aimé que sa capacité d'aimer. Car si les enfants sont sensibles à ce qui se passe autour d'eux, ils ne disposent pas des ressources leur permettant de se montrer véritablement empathiques. Dans un contexte familial relativement sain, la tentation pour un enfant de faire ressortir les travers d'un frère ou d'une sœur aura régulièrement préséance sur celle de veiller à son bien-être.

Cependant, ce n'est pas parce que les échanges entre enfants sont normalement conflictuels que le parent peut tolérer les agressions mutuelles, bien au contraire. Il est important que le parent encadre étroitement la vie collective jusqu'à ce que les besoins d'exclusivité soient dépassés et que le ressentiment issu de la compétition affective s'atténue. Il arrive en effet un moment où l'enfant, devenu adolescent, commence à se détacher de ses parents et se tourne vers de nouvelles sources d'investissement (groupe de pairs, relations amoureuses). Si les débordements ont été adéquatement encadrés tout au long de l'enfance, les frères et sœurs pourront vivre des relations harmonieuses, une fois libérés de leurs attentes affectives incompatibles, sans traîner le poids d'un passé éprouvant. À l'opposé, les frères et sœurs qui ont pu s'agresser sans frein risquent de développer des inimitiés qui résisteront au passage du temps.

LES MODALITÉS D'ENCADREMENT

Certains parents, accompagnés de leurs enfants, agissent comme si ceux-ci leur étaient presque étrangers. Ils passent en revue les articles en solde, discutent avec le vendeur, guettent l'arrivée de l'autobus, conversent au passage avec une connaissance, le regard toujours dirigé devant, totalement absents aux multiples échanges qui se déroulent au même moment dans leur sillage. Les enfants peuvent se provoquer, s'invectiver et se chamailler à loisir sans que le parent ait conscience de ce qui se passe. Certains débordements excessifs entraînent parfois une brève incursion qui prend la forme d'un rappel à l'ordre. Les enfants tempèrent brièvement leurs ardeurs, le temps que le parent retourne à son univers d'en haut, puis ils reprennent les hostilités là où ils les avaient laissées. On dirait deux mondes parallèles sur le plan relationnel, chacun pourvu de sa dynamique.

Être présent à l'univers relationnel des enfants

Ce que les enfants vivent entre eux peut paraître insignifiant par rapport au monde relationnel des adultes. Pourtant, les communications entre les enfants ont autant d'effet sur leur condition affective que celles qui se déroulent dans le monde des adultes. Il y a, dans un cas comme dans l'autre, des tentatives d'impressionner, de séduire, d'assujettir ou de faire alliance, des mouvements tantôt réducteurs, tantôt destructeurs.

Assurer une présence adéquate à l'expérience de l'enfant implique l'attention du parent à ce type d'échange. Le parent doit conserver un regard sur les activités émotionnelles de manière à les moduler au besoin. Plus la proximité affective est grande entre les enfants, comme c'est habituellement le cas entre frères et sœurs, plus le parent doit demeurer vigilant. Il n'a pas à filtrer tout ce qui est vécu, mais uniquement à faire en sorte que les relations ne prennent pas un cours destructeur en raison des enjeux affectifs.

Forcer la régulation des échanges

Quand deux enfants se querellent, le plus difficile consiste à départager les responsabilités. Chacun des protagonistes accuse l'autre de tous les torts, clame sa propre innocence et jure que ce n'est pas lui qui a commencé. Le parent qui n'est pas en mesure de trancher peut interdire simplement aux enfants de jouer ensemble. Son message est alors le suivant: «Comme vous êtes incapables d'être ensemble, vous allez vous occuper chacun de votre côté.» Si les enfants n'obtempèrent pas, le parent doit faire preuve de détermination en envoyant chacun dans sa chambre ou dans des pièces différentes pour une période donnée.

Les enfants sont comme des aimants qui s'attirent. Chacun est naturellement porté à rechercher la compagnie des autres. La menace de se trouver séparés les incitera à se montrer moins complaisants envers leurs impulsions et à faire l'effort de trouver des terrains d'entente. Pour obtenir un tel résultat, il faut cependant que le parent se montre persévérant en maintenant ses exigences et en ne laissant pas aller les choses à la première récidive.

Éviter d'uniformiser l'encadrement

Le parent doit faire attention de ne pas tomber dans l'excès contraire en uniformisant systématiquement ses interventions ou en ayant recours à des attitudes automatiques. Certains parents ne cherchent jamais à départager les torts par crainte de se faire reprocher d'être partial et rejetant. Or, une telle attitude est souvent à l'origine d'injustices flagrantes.

En général, les enfants sont particulièrement sensibles à l'injustice, tout particulièrement quand les punitions qu'on leur inflige sont inéquitables. Certains, dans un esprit vindicatif, vont accepter plus facilement d'être envoyés dans leur chambre si leur frère ou leur sœur y est envoyé aussi, même si les torts ne sont pas équivalents.

Céder à la facilité de punir sans distinction pour s'éviter les argumentations qu'exige une approche plus nuancée, c'est courir le risque d'alimenter les inimitiés et d'élargir le fossé affectif qui sépare les enfants. Par ailleurs, le parent qui se montre régulièrement incapable de faire preuve de discernement en viendra graduellement à perdre la confiance de ses enfants, qui vont se refermer sur eux-mêmes et avoir tendance à régler leurs difficultés en vase clos.

Il ne faut pas hésiter à focaliser l'intervention sur l'enfant dont la culpabilité est évidente ou à distribuer les punitions en fonction des responsabilités de chacun. La responsabilité n'inclut pas que le facteur déclencheur, elle est aussi fonction de l'âge, de l'intention et des capacités, c'est-à-dire d'un ensemble de caractéristiques propres à chaque enfant. Si, en raison de son âge, un enfant aurait dû se montrer plus avisé que son frère plus jeune, il peut être l'objet d'une sanction plus sévère. S'il est clair qu'un des enfants a provoqué malicieusement sa grande sœur, il peut être le seul à être réprimandé, même s'il est plus jeune.

Le parent proche de ses enfants connaît assez bien leurs zones problématiques. Il sait lequel a tendance à provoquer, lequel ne se mêle pas de ses affaires, lequel a un tempérament jaloux, lequel est plus influençable, lequel présente une disposition pour les initiatives douteuses, etc. Cette connaissance devrait lui permettre de prendre position plus aisément quand il n'a pas été témoin de l'échange litigieux.

Le souci de particulariser les interventions doit être présent en toute occasion, pas seulement quand vient le temps de punir. Si un enfant a réalisé une performance digne de mention, le parent ne doit pas s'abstenir de la souligner sous prétexte de ménager la susceptibilité des autres enfants ou par crainte de se faire accuser de favoritisme. De même, le parent ne doit-il pas hésiter à accorder un traitement qui peut être considéré comme privilégié si celui-ci est justifié par la condition de l'enfant; par exemple, il est normal qu'un enfant puisse se coucher plus tard parce qu'il est plus âgé. Pour autant que le parent prenne position en tenant compte de l'expérience de chacun, la conscience des enfants ne retiendra pas la frustration ressentie comme un préjudice véritable.

Éliminer la violence

L'exclusion de la violence physique doit constituer un a priori absolu. Sans contrôle parental, les agressions mutuelles entraîneront une anarchie relationnelle de laquelle va certes émerger un certain équilibre, basé sur la loi du plus fort, mais c'est une voie qui va tout à fait à l'encontre d'un processus de développement humain et social sain, fondé sur la suprématie de la conscience. Les enfants doivent être dissuadés de se laisser aller à un agir agressif pour régler leurs différends.

Le parent sanctionnera donc sévèrement le recours à l'agression physique, quel qu'en soit le motif. Celui ou celle qui frappe a toujours tort, peu importe la réalité ou l'ampleur du préjudice qui lui a été causé. La punition doit être de nature à décourager toute forme de récidive.

Le parent ne doit pas céder à la tentation de donner raison à un enfant parce que sa victime l'avait provoqué. À son enfant qui crie à l'injustice parce qu'il n'a pas été l'instigateur de la querelle, le parent peut répondre en substance : « Lorsqu'il y a un problème que tu ne peux régler pacifiquement, tu me le fais savoir. Si tu fais le choix de te faire justice par la violence physique, tu en subiras les conséquences. »

Exiger le respect mutuel

Les parents se montrent généralement plus tolérants face aux agressions verbales, ce qui est compréhensible. Un rappel à l'ordre ferme suffira souvent à tempérer les excès de langage qui caractérisent (et enveniment parfois) les affrontements. Sans cautionner ouvertement les gros mots et les invectives, le parent peut convenir pour lui-même que leur apparition occasionnelle est inévitable. Qu'un enfant réagisse au moment d'une dispute en assénant à l'autre un « Tu es malade », « Tu es stupide » ou « Va au diable » n'est pas acceptable. Mais ce type d'agression demeure superficiel et fait plus de bien à l'enfant qui profère l'injure que de mal à celui qui en est la cible. Il s'agit de manifestations de dépit primitives et isolées sur lesquelles le parent doit intervenir, en étant conscient que leur effet sur les enfants est à peu près nul.

Il en va autrement quand un des enfants tient des propos destinés à atteindre l'autre dans son intégrité. Ce sont généralement des commentaires désobligeants et blessants lancés à froid. Relèvent de cette catégorie les propos qui font ressortir un travers (poids, apparence, défaut de langage...), ridiculisent, rappellent des échecs, cherchent à humilier ou expriment un rejet ouvertement: «Je ne veux plus te voir», «Je ne peux pas te sentir», etc.

Les enfants ont besoin d'être protégés de la violence émotionnelle au moins autant que de la violence physique. C'est pourquoi tout ce qui est de l'ordre d'un mouvement hostile devrait être fortement réprouvé et donner lieu à une sanction aussi sévère que s'il s'agissait d'une décharge physique. Le parent ne peut forcer un enfant à aimer ses frères et sœurs, mais il peut le contraindre à les respecter.

L'ÉVOLUTION DE L'ENCADREMENT AU FIL DU DÉVELOPPEMENT

Plus un enfant est autonome, plus l'encadrement dont il est l'objet devient relatif. Il va de soi qu'un parent ne se comporte pas avec un enfant de quinze ans comme il le faisait quand il avait trois ans. La supervision du fonctionnement est beaucoup moins étroite, en raison de la place grandissante que prend chez l'enfant la référence à son propre témoin ou parent intérieur. Mais aussi longtemps que l'enfant demeure un être en développement, la position parentale doit être maintenue sous une forme ou une autre. Le parent réel doit toujours être prêt à prendre la relève quand le parent intérieur de l'enfant faillit à la tâche. Il est certain qu'au fil des ans les exigences évoluent, les interdictions diminuent et la pression exercée est moins soutenue, mais la détermination du parent à faire contrepoids aux impulsions inadéquates devrait demeurer la même.

La période durant laquelle la supervision du parent est la plus étroite et commande l'engagement parental décrit dans cette deuxième partie s'étend de la naissance à la puberté. Tout au long de cette période, la jonction peut se faire entre les impulsions de l'enfant et la volonté du parent sans interférence significative, ce qui donne au parent toute la latitude pour maintenir l'enfant dans une disposition d'esprit favorable à son épanouissement.

Les changements cognitifs et affectifs qui coïncident avec la puberté et l'adolescence contribuent à soustraire l'enfant à l'influence du parent, qui ne pourra plus dès lors déterminer son fonctionnement de manière aussi absolue par la suite. Il faut que le parent ait profité pleinement du temps où il avait la possibilité de mettre en place des assises intérieures solides chez l'enfant, notamment sur le plan de l'aménagement et de l'expression des impulsions, pour que la poursuite du développement s'effectue normalement en dépit des bouleversements pulsionnels propres à cette étape de la vie.

Dans un contexte propice à une évolution saine, il se produit à l'adolescence une modification dans la nature des rapports que le parent entretient avec son enfant. Ce virage relationnel permet au parent de continuer à déterminer le fonctionnement de son enfant en dépit de l'accession de celui-ci à une autonomie physique et mentale qui le rend capable de se dégager de son emprise. Le parent qui s'appuyait principalement sur une autorité de fait pour s'imposer à l'enfant doit à présent compter avec la reconnaissance de cette autorité par l'enfant. Le passage qui devrait s'effectuer à ce moment est celui d'une relation plutôt axée sur le pouvoir et fondée sur un ascendant objectif à une relation plutôt axée sur l'autorité et fondée sur le respect[9].

Bien plus que la perspective de représailles, la qualité du lien tressé à partir des multiples échanges relationnels passés incite l'adolescent à se plier aux exigences parentales quand tout son être le porte ailleurs. Lorsque ce lien est défaillant, le jeune échappe graduellement à ses parents dès que ceux-ci ne disposent plus de moyens de dissuasion efficaces.

9. Une relation de pouvoir s'appuie sur un support extérieur à la personne (statut, fonction, ressources financières, etc.). Une relation d'autorité s'appuie sur ce que la personne incarne, sur ce qu'elle impose par ses connaissances, son jugement, sa valeur personnelle. On peut enlever le pouvoir à quelqu'un, par exemple en le démettant de ses fonctions, mais on ne peut pas lui retirer son autorité.

Certains parents se présentent en consultation pour savoir comment reprendre en main un enfant (généralement de 13 ou 14 ans) qui ignore leurs exigences, passe outre à leurs interdictions et se moque des punitions. Ils doivent souvent se rendre à l'évidence : ils n'ont plus de parents que le statut légal, n'ayant pas l'autorité suffisante pour être des agents de développement. Ce qui n'a pas été construit intérieurement et antérieurement ne peut être érigé après coup. Si ces parents ne peuvent compter sur un allié à l'intérieur de l'enfant pour faire pression sur celui-ci quand son impulsion l'entraîne sur la voie de l'inadaptation, ils sont appelés à vivre des échecs répétés jusqu'à ce que le réseau social prenne la relève.

Tant et aussi longtemps qu'un parent n'a pas passé le relais pour de bon à son enfant, plus précisément au parent intérieur de celui-ci, il doit conserver son regard en éveil et s'imposer d'autorité quand il le juge nécessaire. Être parent signifie faire naître le mieux, du début à la fin du développement.

Il reste qu'un enfant bien encadré n'est pas forcément un enfant équilibré. L'encadrement, pris isolément, n'est pas un facteur de développement. C'est la pierre d'assise sur laquelle doit s'appuyer le parent pour investir sainement son enfant de manière à en faire un être humain de qualité. Moduler les impulsions de l'enfant n'est pas nécessairement ce que le parent fait de plus important, mais c'est ce qu'il fait de plus pressant. C'est pourquoi nous nous y sommes attardés aussi longuement. Mais si le parent doit s'occuper, souvent en priorité dans la vie quotidienne, de ce que son enfant ne doit pas être, il lui faut aussi s'occuper de ce qu'il doit être. On entre dès lors dans le domaine de l'actualisation de soi, qui fera l'objet de la partie suivante.

TROISIÈME PARTIE

LA MARCHE
VERS L'ACTUALISATION

CHAPITRE 13

LES CONDITIONS DE L'ACTUALISATION

L'actualisation est un processus par lequel une personne se construit intérieurement à partir de ses réalisations. C'est la matière première de l'identité. Elle s'appuie d'abord sur les accomplissements de l'enfant, que le regard parental est destiné à reconnaître. Le parent a ainsi pour tâche de révéler à l'enfant ce qu'il est, mais cela ne suffit pas; il doit aussi *déterminer* l'enfant, l'aider à se réaliser. Cette double responsabilité (regarder et déterminer) est nécessaire pour contribuer à l'actualisation de l'enfant.

Le parent qui est présent auprès de son enfant, qui s'intéresse à ce qu'il fait et l'encourage ne tient sa position qu'à demi. Il fait plus que beaucoup d'autres, mais ce n'est pas suffisant pour favoriser le plein épanouissement de son enfant.

Affirmer sa valeur pour s'actualiser

L'enfant a besoin d'affirmer sa valeur dans la réalité. Dès que des garçons et des filles se regroupent autour d'une activité commune, ils s'organisent pour introduire un élément d'émulation ou pour se mettre en évidence d'une façon ou d'une autre. Ils veulent émerger, obtenir leur part de grandeur, connaître leur moment de triomphe.

Chaque fois qu'un enfant fait l'expérience objective de sa valeur et de la reconnaissance qui peut lui être associée, il ajoute un élément à sa mosaïque intérieure. Plus il se construit, moins il est menacé par les échecs et les remises en question, et moins il ressent le besoin de faire la démonstration de sa valeur.

C'est tout le contraire pour l'enfant qui évolue sans être incité aux réalisations personnelles ou dont celles-ci ne sont jamais reconnues. Il affiche souvent une indifférence de surface qui dissimule un mal de vivre. Cette souffrance se manifeste par un ressentiment latent qui fait pression et s'exprime dès que la réalité le permet.

Cet enfant se présente généralement comme un être insatisfait, revendicateur et plutôt envieux, qui tente de compenser ce qu'il ne peut être en exigeant d'avoir le plus possible (jouets, vêtements, accessoires, etc.). Il a tendance à réduire les autres à ce qu'il est en faisant ressortir leurs faiblesses plutôt qu'en faisant l'effort de se hisser lui-même à un plus haut niveau. Il ne reconnaît pas son besoin de grandeur, mais il se gonfle comme la grenouille de la fable lorsqu'il obtient un succès inattendu; comme si au fond de lui-même il entretenait la conviction illusoire que cette réussite n'était pas un accident de parcours, mais la confirmation d'une valeur qui tardait simplement à s'exprimer au grand jour. Cet enfant s'en remet inévitablement à l'identification pour avoir accès à l'expérience d'une certaine valeur personnelle: il s'approprie les réalisations du groupe auquel il appartient ou se nourrit des succès des figures qu'il a idéalisées, par exemple, des vedettes du sport, de la chanson ou du cinéma.

Ne pas avoir la possibilité d'affirmer sa valeur constitue une des expériences les plus éprouvantes que peut vivre un enfant. Il va d'abord s'efforcer de nier la réalité; il essaiera de se convaincre et de convaincre les autres qu'il n'a pas vraiment perdu, qu'il aurait pu gagner si…, que l'autre a triché, que la victoire n'est pas importante, qu'il est meilleur dans d'autres activités. Mais au-delà des excuses de surface, le sentiment d'échec fait son œuvre en sourdine et génère une détresse intérieure appelée à se perpétuer. Car lorsqu'un enfant consacre la plus grande partie de ses énergies à convaincre qu'il est quelqu'un, il ne lui en reste plus pour faire l'effort de le devenir. Pire, la négation de sa condition lui donne l'impression qu'il n'a pas à s'améliorer.

La situation est encore plus problématique quand l'enfant est soumis au regard d'un parent qui lui renvoie dès son tout jeune âge l'image qu'il est quelqu'un d'exceptionnel, sans lui fournir le soutien nécessaire pour qu'il en vienne à incarner cette projection. Les parents qui agissent de la sorte considèrent le plus souvent leur enfant comme un prolongement idéal d'eux-mêmes, mais ils ne sont pas en mesure d'aller au-delà de cette fantaisie.

Plus l'écart est grand entre ce que le parent propose à l'enfant comme vision de lui-même et la réalité, plus l'enfant aura tendance à avoir recours à des stratégies compensatoires pour maintenir l'illusion de sa grandeur. Une des plus courantes consiste à modifier son apparence physique dans le but de se singulariser. Le phénomène est plus généralisé à l'adolescence alors que la nécessité d'affirmer sa différence et de signaler son appartenance au groupe conduit à des expériences esthétiques et vestimentaires de toutes sortes. Les cheveux sont très souvent mis à contribution : le jeune les teindra ou les coiffera de façon provocante, se rasera la tête d'un côté, y tracera des sillons, etc.

Les effets de cette distorsion entre l'image projetée par l'enfant et la réalité de ce qu'il est sera explorée en détail au chapitre 17 consacré aux troubles de l'identité. Retenons pour le moment que la précocité du besoin de se singulariser avant la puberté et l'ampleur des excès auxquels conduit ce besoin au moment de l'adolescence et par la suite peuvent témoigner de certaines carences en matière d'actualisation de soi. Plus il y en a à l'extérieur (à la surface), moins il y en a à l'intérieur.

Si les enfants ne parviennent pas tous à se réaliser substantiellement pour incarner quelque chose de satisfaisant dans la réalité, c'est plutôt par manque de soutien qu'à défaut de ressources personnelles. La plupart disposent du minimum requis pour se réaliser dans une ou plusieurs sphères d'activités, mais personne dans leur tête ne les conseille, ne les encadre, ne les stimule ou ne les ramène à l'ordre. Leur parent intérieur encore fragile ne fait pas le poids devant les impulsions qui les assaillent de toutes parts. Ils se trouvent ballottés au gré de leurs besoins, comme des navires sans gouvernail.

Sans un soutien parental constant, le chemin vers l'actualisation de soi devient pour ainsi dire impraticable. Malheureusement, il arrive trop fréquemment que l'enfant doive se débrouiller en s'appuyant sur sa seule expérience, parce que son père et sa mère sont, chacun de son côté, accaparés par un autre enfant avec lequel ils en ont plein les bras : celui qui est à l'intérieur d'eux-mêmes.

Le choc des besoins

La plupart des adultes ont des enfants au moment de leur vie où ils sont en mesure de réaliser leur plein potentiel. Le projet de fonder une famille s'inscrit d'ailleurs naturellement dans le mouvement global d'actualisation de soi de chaque individu. Si, à l'ère du libre choix, les gens font encore des enfants, ce n'est pas simplement dans le but de perpétuer l'espèce. En dissociant la sexualité du processus de reproduction, les êtres humains se sont partiellement affranchis de cette contrainte biologique, mais ils l'ont remplacée par une contrainte psychologique apparemment tout aussi puissante. Tout être humain veut *être* le plus possible, se donner une extension intérieure. Dans cette perspective, faire un enfant présente le double avantage de permettre d'accéder à une nouvelle dimension au regard du monde (être valorisé en tant que parent)

et de donner vie à un prolongement de soi susceptible d'accomplissements auxquels il sera possible de s'associer.

Cependant, il y a un écart considérable entre cette dernière aspiration
et la réalité. L'enfant qui vient d'être mis au monde n'est que besoins et peut
être perçu comme un frein à la réalisation des ambitions ou des désirs
personnels. L'éclatement de la structure familiale traditionnelle au cours
des dernières décennies a nettement révélé ce phénomène au grand jour,
mais ce choc des besoins couvait depuis bien plus longtemps.

Lorsque les mères demeuraient à la maison, se conformant à des
impératifs socio-religieux indépendants de leur volonté, elles n'étaient
pas toutes présentes à leurs enfants pour autant. Elles s'occupaient
d'eux mais n'avaient pas forcément la consistance intérieure pour investir
leurs enfants au-delà des exigences de la vie courante. Mères et
enfants pouvaient avoir l'allure de compagnons d'infortune, prisonniers
de leur interdépendance. Pendant ce temps, les pères s'appuyaient sur
un ordre qui leur convenait à certains égards et s'en tenaient à leur
rôle de pourvoyeur, sans le remettre en question.

Les temps ont changé. Aujourd'hui pères et mères se situent sur
un pied d'égalité. Mais la situation des enfants ne s'en trouve pas améliorée pour autant, car le partage des responsabilités renvoie souvent
davantage au droit de la mère de sortir de la maison qu'à celui du père
d'y entrer. La disparition ou l'allégement de nombreuses contraintes
sociales a fait en sorte que l'enfant en chaque parent peut s'exprimer plus
aisément et le conduire à prendre en compte ses aspirations personnelles, au demeurant fort justifiables.

On constate alors que le besoin de se réaliser, loin de cesser avec la
naissance d'un enfant, se trouve au contraire à son zénith au moment
où se constituent la plupart des familles. La prise en charge d'un bébé
entraîne certes une servitude physique éprouvante, faite de contraintes
ou de corvées comme se lever la nuit, changer les couches, donner le
bain, promener et surveiller le petit, mais c'est sans doute l'isolement

émotionnel qui s'avère le plus pénible pour le parent qui demeure à la maison. Plus la personne a besoin d'être investie et d'affirmer sa valeur (être regardée, écoutée ou considérée), plus la souffrance est intolérable. Se voir autant sollicité par son enfant alors qu'on est soi-même en manque de regards est une expérience particulièrement éprouvante. Et quand, n'en pouvant plus, le parent laisse tomber l'incontournable «J'ai besoin de voir du monde», il veut souvent dire en réalité : «J'ai besoin d'être vu par du monde.»

Même s'ils considèrent leur enfant comme l'être le plus merveilleux qui soit, bon nombre de parents commencent dès sa naissance le compte à rebours du retour au travail (s'ils le peuvent, naturellement). Certains tiennent trois mois, d'autres six. Les plus résistants vont jusqu'à un an. Mais la plupart bénissent le jour où ils referment derrière eux la porte de la garderie, en dépit d'une séparation aux allures déchirantes.

Personne n'échappe vraiment à l'urgence intérieure de devenir quelqu'un. Il est certain que plus une personne a été investie de façon soutenue tout au long de son développement, moins la mise entre parenthèses prolongée de l'enfant en elle-même lui paraîtra douloureuse. Mais amener un enfant à se constituer intérieurement demeure, quelle que soit la disposition du parent, une entreprise hautement méritoire. Le renoncement personnel ne fait qu'ajouter à l'ampleur du défi. Heureusement, les besoins peuvent se concilier ; certains accommodements donneront au parent la possibilité de se réaliser de façon satisfaisante tout en restant présent à son enfant. L'actualisation demeure ainsi possible de part et d'autre, à certaines conditions.

Prendre conscience de ses besoins personnels

La première condition consiste pour le parent à admettre la réalité de ses besoins. Certains parents justifient de diverses façons leur absence ou leur faible implication auprès de leurs enfants : «C'est pour vous autres (les membres de ma famille) que je travaille 18 heures par jour», «J'ai été obligé de sacrifier ma vie de famille pour me consacrer à mon travail», etc. En réalité, peu de gens ont suffisamment de ressources personnelles pour sacrifier quoi que ce soit. Se soustraire à ses obligations familiales est parfois vécu comme un soulagement permanent ponctué de quelques moments de nostalgie. Dans ce cas, se consacrer à son travail ou à sa carrière équivaut à se consacrer à soi-même.

Il en va de même pour les activités où les gens donnent de leur temps à titre bénévole. Si certains parviennent à atteindre un équilibre satisfaisant entre leurs responsabilités familiales et leurs engagements sociaux, d'autres profitent massivement de l'absolution à laquelle leur donne droit le couvert de l'altruisme pour se mettre au service de leur idéal personnel. Certes l'aide aux malades, le secours aux plus démunis, le soutien aux personnes âgées, l'encadrement des loisirs des jeunes sont des domaines où le bénévolat est fort utile, mais il y a souvent une quête personnelle derrière l'engagement qu'il exige. Il importe que le parent qui fait du bénévolat ou qui se consacre à une cause soit conscient de cette aspiration, toute légitime soit-elle, pour éviter qu'elle ne conduise à des excès préjudiciables à celui dont le développement tout entier repose sur la qualité de sa disponibilité.

Une fois que le parent a admis son besoin d'affirmer sa valeur et de côtoyer des gens en mesure de la reconnaître, il lui faut convenir que son enfant présente le même besoin. Pour parvenir à s'occuper d'eux-mêmes, certains parents nient qu'ils agissent à cette fin et que leurs activités extraparentales peuvent porter préjudice à leurs enfants. Non seulement ils ne reconnaissent pas les avantages qu'ils obtiennent en quittant la maison, mais ils se convainquent que leurs enfants n'ont pas vraiment besoin de leur présence. Les enfants sont à leurs yeux des êtres insouciants qui ont avant tout besoin de s'amuser et dont il n'y a pas lieu de s'occuper au-delà des précautions élémentaires que toute bonne gardienne est en mesure d'assurer.

Or, le monde de l'enfance ne correspond pas à ce regard superficiel. Quand on observe un groupe d'enfants dans une garderie ou une cour d'école, on est d'abord frappé par l'animation qui y règne. Apparemment, c'est l'expression d'une bruyante joie de vivre. Mais au-delà de la clameur, on se rend compte qu'il s'agit d'une effervescence empreinte de sérieux. Par des conversations, des alliances, des confrontations ou des jeux, chacun s'affaire tant bien que mal à démontrer qu'il est quelqu'un.

Plus l'enfant a été exposé à l'expérience répétée et soutenue d'être mis en valeur, plus il est en mesure de résister aux assauts de ceux qui, loin d'être l'exception, se nourrissent des travers des autres, et moins il lui est difficile d'évoluer sereinement dans la jungle relationnelle que constituent souvent les garderies et les écoles. C'est pourquoi il est si important que l'enfant puisse avoir accès à un regard attentif et intéressé tout au long de son développement, un regard que seuls des parents sont normalement en position de lui offrir.

Quand le parent est suffisamment conscient de ses propres motivations et reconnaît le besoin de son enfant, l'instance parentale peut devenir fonctionnelle. Il s'agit à partir de là d'aménager la réalité de façon à ce que les deux parties y trouvent leur compte.

Donner la priorité aux échanges parent-enfant

Le plus grand besoin d'un enfant est d'être investi. Et c'est le parent qui est le mieux placé pour le faire. Certes, la situation matérielle ou affective peut restreindre la disponibilité. Le recours à un service de garde se justifie aisément par des obligations professionnelles ou la nécessité de joindre les deux bouts. Le parent qui s'étiole sur le plan émotif dans la relation avec son enfant a aussi besoin de temps pour satisfaire ses propres besoins d'accomplissement, de détente ou de relations sociales. La restriction de la disponibilité est donc à la fois compréhensible et justifiable, dans la mesure où elle n'équivaut pas à un retrait total ou à une démission de la responsabilité parentale. Elle exige néanmoins certains accommodements.

La plupart des compromis sont acceptables. Pour autant que le parent les reconnaisse comme tels plutôt que de s'attacher à la conviction rassurante que la garderie est ce qu'il y a de mieux pour son enfant parce qu'elle lui donne l'occasion de rencontrer d'autres enfants et de s'amuser à satiété. Penser de la sorte élude le besoin de moments de proximité entre l'enfant et le parent, et sous-estime leur importance.

C'est dans l'intimité des relations avec son parent qu'un enfant peut développer le sentiment privilégié d'être quelqu'un d'unique et se laisser aller à l'expérience du moment en toute sécurité, se sachant sous le regard d'un allié inconditionnel. Les périodes prolongées de gardiennage conduisent plutôt à l'entrée en scène du parent intérieur de l'enfant, au stade prématuré. L'enfant ne peut alors que tenter d'assurer sa survie psychique en revendiquant sa part d'investissement et en résistant du mieux qu'il peut aux agressions dont il se sent l'objet dans ses relations avec les autres enfants.

Tout au long du développement de l'enfant, la présence effective du regard parental apporte une contribution capitale au processus par lequel il devient quelqu'un à ses propres yeux. À la condition que les parents fassent davantage que simplement reproduire la garderie à la maison ; il ne faut pas que les enfants y aient autant de difficulté à attirer un regard sur eux qu'à la garderie.

Bien distinguer l'actualisation de soi et celle de son enfant

Le parent doit profiter des périodes où il se trouve seul pour se consacrer entièrement à lui-même de manière à être disponible à son enfant le reste du temps. Le parent intérieur de l'adulte ne peut plus être centré sur lui-même à partir du moment où l'enfant entre dans son champ d'influence; l'investissement doit alors se déplacer automatiquement de soi vers lui.

La proximité de l'enfant et les exigences de l'investissement qu'il requiert ne veulent pas dire que le parent n'a pas le droit de prendre le temps de se reposer, de se distraire ou de vaquer aux multiples occupations associées à la gestion quotidienne d'une vie familiale. Il serait irréaliste pour le parent d'aspirer à s'occuper exclusivement de son enfant chaque fois qu'il est présent. Mais l'enfant doit avoir priorité pour tout ce qui a trait à son besoin d'être quelqu'un. Le parent peut faire la lessive, tondre le gazon, préparer le repas, faire des courses, réparer un appareil ménager, repriser un chandail ou se consacrer à toute autre activité qui relève davantage de la nécessité que d'une quête personnelle. Il ne lui est évidemment pas interdit de tirer satisfaction d'une réparation ou d'un plat réussi, mais il s'agit à ce moment d'un gain secondaire obtenu dans le contexte d'un devoir à accomplir.

Le parent doit éviter de se consacrer à ses propres accomplissements pendant qu'il assume la responsabilité directe de son enfant. Le parent peut alors envisager l'investissement de son enfant selon deux types de circonstances. À certains moments, il est trop affairé pour s'occuper exclusivement de son enfant mais il demeure disponible pour donner du sens à l'expérience de celui-ci ou pour en favoriser le déroulement; par exemple, il interrompra son travail pour apprécier une création, regarder l'exécution d'un geste, écouter une réflexion, ou encore il répondra à ses questions, lui fournira le matériel dont il a besoin. À d'autres moments, le parent peut se consacrer entièrement à son enfant et devenir agent de développement à part entière.

Une pratique fort discutable en matière d'actualisation consiste à emmener son enfant sur les lieux de ses propres prouesses sportives ou artistiques, ou même à son travail. Par exemple, tel père se fait accompagner par son fils à un tournoi de golf ou l'invite à prendre place dans les gradins pendant qu'il dispute un match de hockey ou de football amical. Le parent qui agit ainsi en retire des avantages multiples : il se donne bonne conscience, il se grandit aux yeux de son enfant, il bénéficie de l'appui d'un supporter inconditionnel et, surtout, il projette sur son entourage l'image d'un bel esprit parental. Il n'y a le plus souvent aucune mauvaise foi derrière cette pratique. Il n'est pas mauvais en soi que les enfants voient de temps en temps leurs parents faire étalage de leurs habiletés puisque ce sont leurs premiers modèles d'identification, mais le spectacle d'un enfant qui regarde passivement son père se dépenser sur le terrain a quelque chose de consternant. Du point de vue du développement psychique, c'est le monde à l'envers.

Quelle que soit la sphère d'activités, ce genre de situation devrait être l'exception. Voir un de ses parents se mettre en valeur dans un domaine donné n'a pas un effet très significatif sur le développement de l'enfant. Certes, l'enfant peut partager intensément l'émotion ou l'euphorie au moment où son parent réalise un exploit ou suscite l'admiration générale ; c'est alors le sentiment d'appartenance qui joue. Mais ressentir qu'on est quelqu'un sans l'être n'est jamais pleinement satisfaisant. La participation régulière à des expériences de grandeur ou de valorisation sans pouvoir les vivre soi-même dans la réalité conduit inévitablement à un inconfort existentiel important, qui est bien souvent, par exemple, le lot des fils et filles de personnalités publiques.

Dans la vie quotidienne, les jeunes enfants manifestent spontanément leur admiration lorsqu'ils voient leurs parents effectuer avec aisance des gestes en soi anodins, comme ouvrir une boîte de conserve ou percer un trou, mais qui leur sont encore étrangers. Ils expriment cependant une deuxième réaction lorsqu'ils demandent : «Comment tu as fait ?» Le besoin de se réaliser a repris alors le dessus et c'est à ce besoin qu'il faut d'abord répondre.

À l'occasion, des enfants rendent hommage publiquement à leurs parents ; personne ne doute qu'ils ne soient sincèrement très fiers des accomplissements de leurs parents. Ce genre de témoignage est souvent émouvant et échappe à toute critique. Il s'agit pourtant d'une absurdité relationnelle de nature à susciter un certain inconfort.

Par définition, on ne peut être fier que de ce qui procède de soi. Un collège est fier de ses élèves, un pays de ses soldats, etc. L'objet de la fierté émane d'une façon ou d'une autre de l'entité qui fait l'expérience de la fierté. Or, les parents ne procèdent pas des enfants, bien au contraire. L'enfant qui porte un jugement favorable ou louangeur sur son père ou sa mère ne peut être fier de ce qu'ils sont ; il ne peut ressentir quelque chose d'analogue à la fierté que pour ce que ses parents lui ont permis de devenir.

S'actualiser à travers son enfant

Le parent veut être quelqu'un, l'enfant veut être quelqu'un. Quand son enfant est présent, le parent continue d'avoir besoin de se réaliser, mais il doit se décentrer de lui-même. La meilleure façon de concilier le choc des besoins ? Être quelqu'un... à travers son enfant.

On ne peut faire état d'une pareille éventualité sans que ne soit brandi aussitôt le spectre du parent-vampire qui considère son enfant comme un prolongement de lui-même et se sert de lui pour réaliser ses propres aspirations. Ce danger est réel, et nous y reviendrons au chapitre 17 sur les troubles de l'identité, mais il ne s'agit pas de cela ici.

L'enfant est effectivement une extension du parent. Il est non seulement justifié que ce dernier l'investisse à ce titre, mais, pour la bonne marche de son développement, il est capital qu'il le fasse. C'est à cette condition seulement que peut s'effectuer la jonction du parent à l'intérieur de l'adulte avec l'enfant à l'intérieur de l'enfant.

Il faut que le parent se sente partie prenante de tout ce qui arrive à son enfant pour pouvoir maintenir, jour après jour, mois après mois,

année après année, un regard attentif et intéressé sur ses expériences. Or, s'il est normal qu'un parent souffre quand son enfant souffre, il
n'est pas moins normal qu'il ressente un sentiment d'accomplissement
quand celui-ci se distingue d'une façon ou d'une autre. Considéré sous
cet angle, chaque enfant renferme un fort potentiel d'actualisation de
soi pour le parent, qui doit cependant l'aborder avec le souci de respecter l'intégrité de son enfant.

Le parent n'a droit qu'à une seule attente pour lui-même : se donner
la satisfaction d'avoir conduit son enfant à être ce qu'il peut être de mieux.
Mener à bien cette entreprise aura pour double effet de permettre à
l'enfant de se constituer une valeur personnelle et au parent d'avoir
accès au sentiment d'accomplissement suscité par la conscience que
chaque expression de cette valeur procède de lui.

Comment déterminer ce qu'un enfant peut être de mieux? Le parent
ne risque-t-il pas d'être détourné par ses propres choix? Ses propres
valeurs? Il est certain qu'il y a là un danger. Mais, tout bien considéré, il
est moins grand que le péril associé à l'attitude inverse. Le parent qui
veut à tout prix éviter d'imposer ses choix à son enfant risque carrément
de l'abandonner complètement à lui-même.

Le parent ne peut faire fi complètement de ses propres inclinations,
mais certains repères lui donneront l'assurance qu'il agit dans un
contexte suffisamment sécuritaire pour ne pas causer de préjudice significatif à son enfant. D'abord, s'il a fait l'effort d'être conscient de ses
propres besoins, s'il sait tenir compte de ses limites et s'il s'assure, au
moment où il entre en relation avec son enfant, qu'il a la disponibilité
requise pour répondre aux attentes de ce dernier, il est déjà dans une
disposition d'esprit propice à un investissement sain. Il est alors tout le
contraire du parent en manque, qui perçoit son enfant comme un pourvoyeur affectif potentiel ou comme une entrave à son épanouissement,
et dont le jugement a toutes les chances d'être faussé au départ en raison
de l'énorme pression exercée par ses propres besoins.

En second lieu, le parent se convaincra facilement qu'il ne peut faire de tort à son enfant en le faisant profiter de chaque occasion pour augmenter son emprise sur le monde qui l'entoure. Il tient alors compte de la tendance naturelle de tout être vivant à développer puis à utiliser au maximum son potentiel d'adaptation. Naturellement, l'enfant saisira toutes les occasions qui se présentent pour développer ses habiletés ou augmenter ses connaissances. La plupart des parents répondent d'ailleurs spontanément aux interrogations de leurs enfants, corrigent leurs erreurs et leur donnent les indications qui leur permettront de fonctionner adéquatement dans la vie quotidienne, qu'il s'agisse de parler, de s'habiller, de grimper, d'ouvrir une boîte, de lancer une balle, d'attacher ses souliers ou de conduire une bicyclette.

Toutefois, le parent qui limite sa contribution aux apprentissages les plus élémentaires maintient son enfant au niveau de base de l'actualisation, au-dessous duquel il se retrouverait en situation de carence. Il lui permet certes de fonctionner quotidiennement sans qu'il ait le sentiment d'être déphasé par rapport au reste du monde, mais, pour ce qui est de l'élaboration de la substance intérieure, cette contribution se situe au strict niveau de la survie. L'enfant en soi est viable, sans plus. Montrer à un enfant à frapper une balle, à sauter à la corde, à conduire une bicyclette, à couper sa viande, à lacer ses souliers ou à distinguer une église d'une pyramide demande une mobilisation significative du parent et exige un effort méritoire de l'enfant, mais presque tous les enfants y parviennent. Le sentiment d'accomplissement s'en trouve passablement émoussé.

Pour qu'un enfant développe une identité satisfaisante, il faut que celle-ci s'appuie sur la recherche et l'expression concrète d'une certaine excellence. Et seul un engagement dynamique du parent peut lui permettre d'y arriver. Le parent doit amener l'enfant à aller au bout de ses possibilités dans tout ce qu'il entreprend, même s'il va de soi qu'un enfant ne peut être premier en tout. Pour que l'enfant accède à un sentiment de valeur personnelle qui ne soit pas factice, il faut qu'il puisse compter sur un soutien parental actif et constant, particulièrement dans les trois domaines qui feront l'objet des chapitres suivants, soit le jeu, l'école et les activités de loisir structurées.

CHAPITRE 14

LE JEU COMME STADE PRÉPARATOIRE

La position du parent dans le jeu

Le spectacle d'un père ou d'une mère qui joue avec son enfant illustre pour bien des gens un idéal familial. À y regarder de plus près, tout dépend du rôle du parent à ce moment précis. S'il s'abandonne au jeu comme son enfant, s'il joue par désir d'exceller, de se mettre en valeur ou de vaincre un adversaire au même titre que son enfant, il se situe sur un mode *amical* plutôt que *parental*. Son enfant le percevra comme un véritable adversaire, en dépit de l'impression de proximité affective qui se dégage. Le parent est contre son enfant, même s'il s'agit d'une situation de *faire semblant*. Il se situe dans le registre de l'émulation, il est hors position et l'enfant est hors développement. On peut penser qu'au moins il s'occupe de son enfant, mais en réalité il s'occupe de lui-même en présence de son enfant. Il n'est en aucune façon agent de croissance.

Le parent qui participe à une activité avec son enfant doit être à la fois au-dessus et dans l'activité. Il ne doit pas perdre de vue l'ensemble de la situation dans laquelle il est engagé, même s'il en est un des acteurs. Cette attitude lui permettra d'orienter la situation de façon à ce que l'enfant puisse en tirer le meilleur bénéfice possible.

Prenons l'exemple d'un parent qui pratique un sport avec son enfant. Il doit permettre à l'enfant d'effectuer les apprentissages nécessaires pour que celui-ci satisfasse le mieux possible son besoin de compétition, tout en y trouvant du plaisir. Pour atteindre ce but, il doit se montrer attentif aux lacunes de son enfant et lui enseigner progressivement certains correctifs, sans se montrer trop exigeant. Il doit veiller à ce que l'enfant fasse les efforts voulus pour s'améliorer tout en lui donnant l'occasion de s'actualiser dans le moment présent pour qu'il puisse affirmer sa valeur. Naturellement, le parent devra adapter son propre niveau à celui de son enfant; il faut que la victoire soit difficile, sinon l'enfant n'en tire aucune satisfaction, mais qu'elle demeure à sa portée pour qu'il ait accès au sentiment d'accomplissement. La réussite résultant de l'effort et de la progression du niveau de performance permet par ailleurs à l'enfant d'être reconnu à sa juste valeur au moyen des regards d'appréciation et d'encouragement du parent.

Il est important que, occasionnellement, l'enfant soit confronté à des échecs. Ainsi, il demeurera conscient des limites inhérentes à son niveau de développement et saura qu'il y a place à amélioration. Il apprendra également à résister aux atteintes à l'intégrité personnelle dans la réalité, c'est-à-dire à survivre intérieurement aux éventuelles défaites qu'il connaîtra au cours de son existence.

En somme, pratiquer un sport avec son enfant, c'est tout à la fois être arbitre, entraîneur, adversaire et spectateur. Il faut encadrer, enseigner, donner la réplique et applaudir. Le parent doit faire en sorte que son enfant devienne aussi bon que possible, malgré lui s'il le faut. Évidemment, l'enfant doit vraiment désirer progresser et devenir «bon» dans ce sport. Et il faut en outre que la satisfaction de s'accomplir par cette activité soit réelle et compense l'effort. Enfin, le parent doit veiller à ce que son enfant joue dans un contexte d'émulation agréable où il se sent quelqu'un tout en apprenant à surmonter les difficultés.

Voyons maintenant une situation de jeu associant deux enfants. Le parent respectera le rythme d'apprentissage de l'un et de l'autre, et organisera le jeu de façon à contrôler les variations émotionnelles de chacun. Si les joueurs ne sont pas d'égale force, il veillera à ce que l'un comme l'autre trouve satisfaction ; le plus faible doit sentir que son adversaire (et son parent qui contrôle le jeu) ne manifeste pas trop de complaisance à son endroit, le plus fort doit avoir suffisamment d'opposition pour donner sa pleine mesure. Pour que s'instaure un tel équilibre, le parent maintiendra un regard constant sur l'ensemble de la situation, se montrant sensible à ce que chacun vit de l'intérieur. Il s'agira tantôt de freiner les élans de l'un, tantôt de contrôler les mouvements d'humeur de l'autre, tantôt d'expliquer une stratégie, tantôt de souligner un effort, toujours dans la perspective d'une présence aux besoins et aux limites de chacun. Plus il y a d'enfants, plus la situation est complexe.

Les mêmes considérations entrent en considération pour toute autre activité ludique. Seules les modalités changent. S'il s'agit d'un jeu mettant à l'épreuve les habiletés intellectuelles, le parent devra donner des indices à l'enfant de façon à ce que celui-ci apprenne à raisonner pour parvenir à la satisfaction de trouver la solution. S'il s'agit d'un jeu d'adresse, le parent graduera les difficultés, permettant toujours à l'enfant de réussir, mais au prix de certains efforts. Quelle que soit la situation, le parent veillera toujours à ce que son enfant puisse faire l'expérience immédiate de sa valeur tout en se rapprochant objectivement de l'idéal qu'il souhaite atteindre.

On est loin du parent joueur évoqué au départ. La position parentale, c'est tout sauf être au service de son propre besoin. C'est ce qui la rend si exigeante. Et encore n'en avons-nous abordé qu'une facette. Le parent qui quitte l'aire de jeu ou se lève de table après avoir géré de front les expériences émotionnelles de deux, trois ou quatre enfants ressent souvent une grande fatigue mentale. C'est un résultat pour le moins incongru aux yeux de ceux qui considèrent que jouer avec des enfants ne devrait avoir pour but que s'amuser et passer un bon moment avec eux.

Cette mobilisation d'énergie est-elle vraiment nécessaire? Le parent doit-il aborder le jeu avec autant de sérieux? Il va de soi qu'un parent peut jouer avec son enfant dans le but de lui faire plaisir, et, pourquoi pas, d'y trouver lui-même du plaisir. Mais quand c'est le cas, la position parentale doit rester opérationnelle pour que l'activité soit agréable à l'enfant. Si le parent lutte avec son enfant, il dosera ses gestes de façon à lui fournir le degré d'opposition dont il a besoin sans lui faire mal. S'il s'agit d'une partie de cache-cache, le parent lui rendra la recherche suffisamment difficile pour qu'il ressente l'excitation de l'inconnu et prendra soin de mettre fin au jeu avant que son état émotif ne se transforme en panique. Le parent qui néglige de prendre le recul nécessaire pour adapter le jeu selon les circonstances et l'état de son enfant, pour y mettre fin au besoin, risque fort de voir son enfant privé du plaisir escompté.

Il n'est donc pas question ici de contester à l'enfant le droit de s'amuser. Et le parent peut certainement y trouver son compte, pour autant qu'il conserve un regard attentif et constant sur la situation. Mais la discussion ne s'arrête pas là. D'autres considérations s'imposent, qui ont trait à la notion même de jeu.

La part d'actualisation dans le jeu

Pourquoi les enfants jouent-ils tant et les adultes si peu? Il semble évident que le jeu appartient davantage au monde de l'enfance. On dit de celui qui ne joue plus qu'il a perdu son âme d'enfant, un peu comme on dit de celui qui n'est plus dominé par ses pulsions qu'il n'a plus le sens de la fête. En réalité, l'adulte dont le développement s'est effectué de façon satisfaisante ne joue plus parce qu'il n'a plus besoin de jouer, alors que l'enfant joue parce qu'il a besoin de le faire. Pour l'adulte, il s'agit non pas d'une perte mais du dépassement d'un besoin propre à l'enfance.

Pour Freud, le contraire du jeu, ce n'est pas le sérieux mais la réalité. Il suffit d'observer la gravité de certains adultes pendant une partie de cartes pour en être convaincu. On a tendance, à tort, à associer le jeu à la légèreté et à la gaieté. Dans les faits, il est assez rare que le jeu suscite des élans de cette nature, même chez les jeunes enfants. La joie n'est pas toujours évidente chez l'enfant qui assemble un puzzle ou qui réalise un bricolage, qui prépare son armée de figurines pour l'assaut final ou qui prend soin de sa poupée. Pas plus qu'elle ne l'est chez l'enfant qui construit une route pour ses modèles réduits, se déguise en Ninja ou en princesse, cherche la solution d'une énigme, danse à la corde, s'entraîne sur sa planche à roulettes ou dispute un match de base-ball. Pourtant, il s'agit de mises en situation privilégiées par l'enfant et, de toute évidence, extrêmement riches en satisfactions potentielles. Alors pourquoi l'enfant joue-t-il si ce n'est pas uniquement pour s'amuser? Quels besoins le jeu satisfait-il?

Le jeu est une activité exécutée dans un contexte de *faire semblant*, qui permet à l'enfant de se réaliser en marge de la réalité, en attendant de pouvoir le faire dans la réalité. Nous avons vu dans le premier chapitre que ce qui distingue d'abord l'enfant humain de l'animal, c'est son besoin d'être, de s'incarner dans une représentation de lui-même; ce besoin est à ce point fondamental qu'il est au cœur de ses préoccupations dès l'âge de deux ou trois ans. Or, par nécessité d'adaptation, la valeur humaine se mesure beaucoup en fonction de l'impact sur le milieu, auquel il n'est possible de prétendre qu'au terme d'un long développement tant sur le plan physiologique (force musculaire, coordination, acuité perceptuelle) que sur celui de la maturation cérébrale (accession aux opérations, exigences cognitives multiples, etc.). L'enfant se retrouve ainsi devant le problème suivant: il veut être quelqu'un tout de suite, mais il ne peut donner sa pleine mesure qu'à l'âge adulte. Que faire pour contourner l'attente? Jouer. Le jeu fournit à l'enfant un cadre artificiel à l'intérieur duquel il peut se faire valoir. Plus les standards d'excellence sont élevés, plus l'empreinte interne est forte et plus la satisfaction est grande.

Identification et réalisation

Les jeux fondés sur l'identification pure sont les moins exigeants, ce qui contribue à les rendre attrayants, mais ils sont aussi ceux dont l'effet est le plus fugitif. Ainsi, se déguiser donne l'occasion à l'enfant de faire une expérience de grandeur pendant un moment, en marge cependant de tout support de la réalité. Le sentiment d'être quelqu'un dure le temps que le costume est porté (d'où la difficulté à le lui faire enlever), alors qu'il est beaucoup plus durable pour celui qui a réalisé une performance objective et a incarné sa valeur.

Les jeux où l'enfant se projette dans des situations fictives ont à peu près les mêmes limites. Ce sont généralement des jeux de rôles, inspirés d'histoires, de livres, de films, ou même du monde des adultes: l'enfant donne libre cours à sa fantaisie dans des personnages fictifs ou imités de la réalité, il invente des scénarios au fur et à mesure, il se réfugie dans un imaginaire où l'idéal est à portée de la main.

De telles activités sont issues de la disposition des êtres humains à vivre par procuration et elles sont parties intégrantes du développement de tout enfant. Elles lui permettent d'avoir le sentiment d'être quelqu'un en attendant de le devenir vraiment. Le rôle du jeu est alors de supporter la véritable actualisation. Il ne faut pas cependant qu'elle la remplace.

Pour l'enfant, la tentation est forte de se laisser bercer par l'illusion qu'il peut affirmer sa valeur sans effort. Si on le laisse tomber dans le piège de l'identification à outrance, qui consiste, par exemple, à mouler sa présentation sur celle d'un personnage célèbre ou à se maintenir dans un univers imaginaire, il en souffrira intérieurement car il n'est jamais complètement dupe de son imposture. Le parent doit veiller à ce qu'un équilibre s'instaure entre l'effort réel et l'effort délégué aux divers héros.

Le parent ne peut cependant faire bien davantage à cet égard. Il est rare que l'enfant va solliciter son père ou sa mère pour venir jouer avec ses poupées ou ses camions miniatures. Tout au plus lui demandera-t-il son concours pour installer des accessoires ou pour se faire lire une histoire! L'enfant n'a pas besoin de ses parents pour être quelqu'un d'autre.

La contribution du parent peut être beaucoup plus significative lorsque l'activité demande à l'enfant de manifester sa valeur réelle. L'enfant qui monte un modèle réduit, construit une maison miniature, découpe une fleur, assemble un puzzle, dessine un personnage, frappe sur un tambour, lance une balle, saute à la corde, joue à cache-cache ou aux charades demeure dans un contexte de *faire semblant,* tout en réalisant de véritables performances. La fonction de ces activités est double : permettre à l'enfant d'affirmer sa valeur objective (gain affectif), développer sa compétence dans diverses sphères d'apprentissage (gain cognitif).

L'encadrement du jeu

L'enfant veut être reconnu comme quelqu'un par ses jeux et la tâche du parent est de le guider afin qu'il y parvienne. C'est pourquoi le parent introduira progressivement les éléments d'apprentissage indispensables, obligera l'enfant à faire l'effort de les intégrer et laissera suffisamment de place à la réalisation de l'activité elle-même pour que l'expérience soit satisfaisante.

L'enfant qui dessine veut que son dessin soit beau, celui qui assemble un puzzle veut le terminer, celui qui exécute un bricolage veut qu'il soit réussi, celui qui joue au hockey veut marquer des buts, celui qui joue au Nintendo veut franchir tous les obstacles, celui qui joue aux devinettes veut trouver les réponses. Il faut pour cela qu'il apprenne à tenir un crayon, à observer, à découper, à patiner, à coordonner ses mouvements et à analyser des informations.

Plus l'enfant apprend, plus il augmente son bagage de connaissances, plus il peut se réaliser objectivement et être reconnu. Le jeu remplit alors sa fonction. Il ouvre sur ce qui sera, avec l'école, la voie privilégiée de l'actualisation de soi et il doit être considéré dans cette perspective. À la différence des activités scolaires où l'écart entre les efforts exigés et les satisfactions qui devraient en résulter est, aux yeux de l'enfant, démesuré, le jeu permet d'avoir accès à des expériences plus riches sur le plan émotif et à moins de frais.

De nombreux parents commettent l'erreur de ne considérer le jeu que comme un moment de pur amusement, alors qu'il a pour qualité fondamentale de permettre à l'enfant d'être quelqu'un. Ils croient bien agir lorsqu'ils contemplent avec un émerveillement feint les gribouillages de leur enfant sans jeter un regard critique sur sa production, lorsqu'ils regardent sans broncher ses constructions s'écrouler parce qu'elles sont mal assemblées, lorsqu'ils le laissent marteler sur le piano sans se soucier de lui fournir quelques rudiments de méthode et danser à contre-temps sans l'initier à la notion de rythme, lorsqu'ils lui permettent de marquer autant de points qu'il le veut pour ne pas l'indisposer et devoir subir ses mouvements d'humeur. L'important n'est-il pas qu'il s'amuse? Si seulement c'était le cas!

L'enfant qui joue un air au piano ou qui exécute une danse agit habituellement dans l'espoir d'attirer des regards sur lui. Celui qui réalise un dessin veut qu'il soit affiché. Celui qui marque des buts veut vaincre ses adversaires. Le plaisir ultime est de voir sa valeur reconnue. Sans encadrement, ce qui n'était pourtant qu'un jeu risque fort de déboucher sur le désenchantement à plus ou moins long terme.

Plus l'enfant sera capable d'objectiver son fonctionnement, plus il mesurera l'écart qui le sépare de l'idéal qu'il cherche à atteindre. Il tentera alors de nier ses limites en forçant son entourage à lui refléter l'image qu'il veut voir. Il parviendra peut-être à ce résultat, mais cela ne l'empêchera pas de faire en sourdine l'expérience permanente de ce qu'il n'est pas et d'en souffrir.

L'implication du parent dans les jeux de son enfant est d'autant plus importante que l'enfant, faute de parent intérieur bien constitué, se trouve à peu près toujours dans la position paradoxale de vouloir être bon dans tout sans faire aucun effort. C'est pourquoi le parent doit le plus souvent imposer à l'enfant le minimum d'efforts nécessaires pour qu'il parvienne à accroître sa valeur personnelle. Ainsi, il le fera jouer plutôt que jouer avec lui.

Deux pièges sont à éviter : tout faire pour l'enfant ou tomber dans l'excès contraire en le laissant à lui-même, faute de collaboration de sa part. Les parents ont parfois tendance à proposer leur aide à leur enfant pour ensuite se substituer à lui en cours d'activité, soit par besoin de montrer leur savoir-faire, soit par impatience. Dans le cas d'un jeu électronique ou d'un jeu de dextérité, il peut être difficile de résister à l'envie de prendre la commande et de reléguer l'enfant au rôle de témoin. S'il s'agit d'un puzzle ou d'un jeu de construction, ne vaut-il pas mieux finir soi-même l'assemblage ou le montage pour retourner vaquer à ses occupations au plus tôt ? Il est préférable que le parent limite son temps consacré à l'activité avec l'enfant pourvu que ce dernier augmente réellement son niveau de compétence et se sente partie prenante au résultat.

La situation inverse est plus embarrassante. Lorsque l'enfant ne veut pas écouter les explications du parent ou refuse de tenir compte de ses indications, ce dernier peut-il réagir autrement qu'en lui lançant sur un ton exaspéré : «Débrouille-toi donc tout seul!» Le parent ne peut quand même pas punir son enfant parce qu'il ne joue pas comme il le voudrait. Eh bien, non seulement il le peut, mais il est parfois nécessaire qu'il le fasse, même si la mesure peut sembler plutôt inusitée.

Le préjudice le plus grave qu'un parent peut causer à un enfant n'est pas de l'empêcher de s'amuser, mais de ne pas lui permettre de se réaliser. En démissionnant aussitôt que l'enfant résiste à faire l'effort d'apprendre, le parent cautionne à la fois deux impulsions, soit l'intolérance de l'enfant aux frustrations et sa propre exaspération. Il se retrouve d'emblée hors position. Le jeu ne remplit pas sa fonction première, puisqu'il ne donne pas l'occasion à l'enfant de faire un pas de plus vers la réalisation de soi.

Il est certain que le parent ne peut être présent avec la même intensité ou la même attention dans tous les jeux de son enfant. Pas plus qu'il ne peut réagir avec une sévérité égale dans toutes les situations où l'enfant se montre réfractaire au soutien proposé. Tout dépend du potentiel d'actualisation inhérent à l'activité en cause. Soulignons tout de même qu'il ne s'agit pas de faire de son enfant un chien savant ou de lui faire subir une pression continuelle en vue d'une performance. Le jeu doit rester une occasion d'intervention pour l'aider, en dépit de sa réticence naturelle à l'effort, pour lui permettre de faire un pas de plus vers son idéal et de se considérer davantage comme quelqu'un. C'est cette quête qui se trouve derrière chaque jeu et qui lui donne son sens.

Plus l'enfant vieillit, plus cette recherche de sens ou cette orientation est évidente. Lorsque le coup de patin hésitant du début conduit à une routine de patinage artistique adroitement exécutée ou à une sélection au sein de l'équipe régionale de hockey, le besoin originel devient beaucoup plus transparent.

Le déclin du jeu

Dans le contexte d'un développement favorable, un passage graduel s'effectue à la fin de l'adolescence. L'achèvement de l'infrastructure cognitive et le cheminement scolaire accompli permettent au jeune de prétendre à une certaine compétence dans un domaine ou un autre. Il peut construire pour de vrai, soigner pour de vrai, élever des enfants pour de vrai, diriger pour de vrai, conduire un camion pour de vrai.

Plus l'engagement dans la réalité donne accès à un rayonnement qui correspond aux aspirations personnelles, plus le jeu perd de son attrait. Il ne s'agit pas d'un passage du plaisant au sérieux ou de la fin de la capacité de s'émerveiller, car travailler peut constituer une expérience agréable et jouer, une expérience éprouvante, exempte de légèreté. Il s'agit essentiellement d'un transfert du besoin de se réaliser, d'un passage du *faire semblant* à la réalité. La quête que l'enfant poursuivait dans le jeu se retrouve maintenant dans le travail, au-delà des nécessités matérielles.

Lorsqu'un adulte préfère encore le jeu ou continue d'y trouver une satisfaction excessive, c'est que son engagement dans la réalité ne répond pas suffisamment à ses attentes face à lui-même. De là le sérieux étonnant qui caractérise souvent certaines activités de loisir comme les cartes, la danse, le golf, la chasse et le tennis. Il n'est pas rare que ces activités, a priori considérées comme périphériques par ceux et celles qui s'y adonnent, en viennent à constituer dans les faits l'épicentre de leur univers personnel, prenant le pas sur la famille ou le travail.

La plupart des parents qui se passionnent pour le jeu au point d'en négliger certaines responsabilités risquent d'avoir de la difficulté à mettre leur besoin de performance en veilleuse lorsqu'ils doivent se mesurer à leur enfant dans le contexte d'un jeu. En outre, la passion du jeu restreint la disponibilité, notamment celle qui est requise pour investir un enfant. Une solution possible consiste à s'actualiser à travers eux plutôt qu'en marge d'eux, comme nous l'avons vu au chapitre précédent.

CHAPITRE 15

L'ACTUALISATION À L'ÉCOLE

Au risque de décevoir les parents qui ont un enfant en bas âge et qui pensent que l'actualisation à l'école ne les concerne pas pour l'instant, nous affirmons que l'école commence bien avant l'inscription dans une institution. Le développement cognitif des enfants est si intimement associé au processus scolaire qu'on en vient à perdre de vue qu'il ne peut s'y réduire. Une telle perception conduit de nombreux parents à laisser entièrement à l'école la responsabilité de faire éclore le potentiel intellectuel de leurs enfants. Il s'agit là d'un choix lourd de conséquences si l'on considère qu'on parle ici de l'instrument d'adaptation par excellence des êtres humains. Cette vision est également discutable dans la mesure où elle résulte d'un manque de perspective.

L'école est le catalyseur par excellence de la connaissance et joue de ce fait un rôle capital dans le développement des ressources cognitives. Mais l'intelligence, c'est beaucoup plus que la connaissance. Considérée d'un point de vue cognitif, c'est la disposition à traiter les informations, la capacité de *comprendre* et de *composer avec* le réel. Elle se traduit par une série d'aptitudes qui rendent l'exercice possible, notamment les capacités d'attention, de concentration, de mémorisation, d'établir des correspondances et des différences, et de procéder à des inférences. Sa version achevée est l'aboutissement d'un long processus qui est en partie fonction de la croissance du cerveau et dont l'expression ultime est l'accession à la pensée conceptuelle.

Ce bref aperçu n'avait pour but que d'introduire une distinction fondamentale entre l'intelligence et l'école : l'intelligence peut permettre de bien réussir à l'école, alors que l'école, elle, ne peut pas rendre intelligent. Elle peut alimenter l'intelligence, mais pas la créer.

L'enfant de six ans qui entre en première année s'en va à la guerre d'une certaine façon. Il sera quotidiennement soumis à une profusion d'informations qu'il devra assimiler s'il ne veut pas les ressentir comme autant d'agressions à son estime de lui-même. Phonèmes, syllabes, écritures scripte et cursive, chiffres, tables, déclinaisons, noms de villes et d'arbres, types d'animaux et de feuilles, problèmes de fraction, de logique, etc. Les instituteurs ne sont pas là pour montrer à l'enfant comment apprendre, mais pour transmettre la connaissance. La machine à apprendre doit être déjà rodée et fonctionnelle, ce qui signifie que l'enfant doit pouvoir être attentif, maintenir sa concentration pendant une longue période, mettre à contribution sa mémoire et avoir recours à certains automatismes de raisonnement comme les opérations de classer, de généraliser, de procéder à certaines déductions et de mettre en relation divers éléments d'information. La maîtrise de ces aptitudes est le résultat d'un long développement dont le cours dépend largement de l'implication des parents.

Aider son enfant à réussir à l'école est, dans cette perspective, une tâche qui doit être amorcée bien avant l'entrée à la maternelle. Le parent peut contribuer à la réussite scolaire de trois manières :
1° en préparant son enfant à apprendre ;
2° en l'aidant à apprendre avant qu'il n'entre à l'école ;
3° en l'aidant à apprendre une fois qu'il y est.

Comment rendre son enfant intelligent ?

Pareille question ne peut manquer d'étonner sinon de choquer. On ne parle pas de l'intelligence, c'est la corde sensible du genre humain. Et on n'y touche pas, elle nous est donnée. Prétendre le contraire, c'est un peu se mêler de l'œuvre de Dieu, avec tout ce que cela comporte de présomptueux. On est moins chatouilleux quand il s'agit de la force physique ou de l'apparence. Personne ne conteste que la musculature d'un enfant peut être développée ou sa présentation, améliorée. Pourquoi n'en va-t-il pas de même pour l'intelligence ? Probablement parce qu'il s'agit d'un domaine de comparaison extrêmement délicat; l'intelligence est l'objet premier de la discrimination et de la ségrégation.

Au-delà de toute susceptibilité ou inquiétude, il y a la réalité du fonctionnement cérébral. Le cerveau est un organe en développement, potentiellement capable d'exécuter diverses opérations permettant d'avoir un impact de plus en plus significatif sur l'environnement. Pour maximiser son efficacité, il faut favoriser la mise en action répétée des divers processus mentaux impliqués en fournissant les indications qui vont en favoriser la structuration: méthodes d'observation, stratégies d'analyse, etc. Il n'est pas exclu que le bagage génétique puisse déterminer certaines différences individuelles, mais il y a gros à parier que la qualité du soutien apporté à l'enfant tout au long de son développement contribuera pour une bonne part à la facilité avec laquelle la scolarité sera amorcée. Ne pas miser sur cette possibilité, c'est laisser une bien grande responsabilité à la nature. À l'inverse, s'engager en ce sens, c'est donner toutes les chances à son enfant.

Le parent qui veut rendre son enfant intelligent n'a besoin ni de consulter des manuels spécialisés, ni de se munir d'un arsenal pédagogique complexe. Il profitera simplement des occasions qui se présentent pour faire fonctionner les processus mentaux de son enfant. Il s'agit d'abord de stimuler sa curiosité, puis de l'amener à observer, à se concentrer, à déduire, à mettre en parallèle divers phénomènes et à établir des relations de cause à effet. Plutôt que de se contenter d'effleurer la réalité en n'en retenant que ce que ses sens lui en disent, l'enfant découvrira rapidement qu'il dispose d'un outillage mental qui lui permet de l'explorer et d'influer sur elle.

Il ne faut pas seulement répondre aux questions, il faut les susciter. Ce ne sont pas tellement les connaissances qui sont importantes, mêmes si elles constituent un apport non négligeable, mais le chemin qui y mène. Ainsi, le parent se gardera de gaver l'enfant d'informations recherchées pour faire de lui un petit érudit. Bien sûr, il n'est pas interdit de diversifier les connaissances de l'enfant, mais l'objectif premier du parent pendant la période préscolaire doit être de lui apprendre à apprendre. Il n'a pas besoin d'avoir recours à un matériel sophistiqué, il lui suffit de partir de l'univers personnel de l'enfant de façon à ce qu'il se sensibilise à des phénomènes qui le concernent.

Une promenade en poussette peut facilement servir de prétexte à une série d'échanges qui conduiront l'enfant à se montrer attentif à son environnement, à se questionner, à analyser en se livrant à certaines déductions. Il y a une boîte de couches vide devant cette maison; qu'est-ce que cela indique? Pourquoi la neige fond-elle plus vite sur un côté de la rue que sur l'autre? Il y a beaucoup de courrier dans cette boîte aux lettres; pourquoi? Il n'est pas très important, en soi, de savoir que la boîte de couches indique qu'il y a un bébé dans la maison, que la présence de bâtiments en hauteur d'un côté de la rue crée une zone d'ombre qui ralentit la fonte des neiges de l'autre côté, ou que l'accumulation du courrier révèle une absence prolongée des occupants. Il est plus important que l'enfant s'habitue à observer avec attention, à se concentrer sur demande et à amorcer un processus d'analyse qui lui permette d'aller au-delà de la perception immédiate.

Le parent peut susciter le même genre de questionnement à l'heure du bain, pendant les repas, en regardant la télévision ou en vaquant

aux diverses occupations ménagères. Il prendra garde toutefois de donner les réponses trop vite. Comme dans les situations de jeu, il donnera
à l'enfant le temps de mettre à contribution sa capacité de raisonnement,
par exemple en lui demandant ce qu'il en pense. Qu'est-ce qu'il remarque?
Qu'y a-t-il de particulier? Que peut-il en déduire? Pour qu'il trouve les
réponses, il lui fournira des indices, sans faire traîner l'échange en lon-
gueur. L'enfant devrait découvrir assez rapidement le plaisir de réfléchir
et la satisfaction de trouver la solution. Chemin faisant, il deviendra ce
qu'on appelle familièrement un enfant intelligent.

En fait, il n'est question ici que d'une dimension de l'intelligence. Il
s'agit des *ressources cognitives,* qui incluent notamment les habiletés
à se concentrer, à observer, à mémoriser et à analyser. Il est important
de mettre l'accent sur ces ressources en bas âge, car elles jouent un
rôle déterminant pour amorcer avec aisance la scolarité.

L'intelligence sous sa forme achevée implique, au-delà de ces ressources, l'accession à la capacité de se dégager de l'expérience vécue
dans le moment présent et de considérer les situations en perspective.
L'activité cognitive qui en constitue l'expression privilégiée est le jugement, de tout temps reconnu comme l'aptitude humaine la plus élevée,
la qualité première du sage. Nous y reviendrons dans la cinquième partie consacrée à l'émergence de la conscience.

L'école avant l'école : l'apprentissage précoce de la lecture[10]

Le parent qui tient à ce que l'école soit à la fois la plus enrichissante
et la plus satisfaisante possible pour son enfant peut faire plus que le
rendre réceptif aux apprentissages; il peut les commencer. C'est un
autre sujet délicat qui ne peut être abordé sans éveiller de légitimes

10. Cette section s'inspire des travaux de Sylvie Jodoin, orthopédagogue, sur l'apprentissage
de la lecture en bas âge.

inquiétudes. Apprendre à lire à son enfant de trois ans est-il faisable? Est-ce compliqué? Est-ce pertinent? Pourquoi se donner le mal de faire ce que l'école est appelée à effectuer? N'est-il pas préférable de laisser son enfant jouer en paix pendant qu'il en a le loisir? Qu'est-ce qu'il fera une fois l'école commencée? Ne va-t-il pas s'ennuyer? Être porté à déranger les autres et à développer des troubles de comportement?

Voici les réponses à ces questions. Oui, apprendre la lecture des mots et des chiffres à un jeune enfant est faisable, relativement aisé et grandement pertinent. Bien mené, un tel apprentissage ne comporte que des avantages. Il ne court-circuite pas significativement la mission de l'école. Il ne prend pas la place du jeu s'il en revêt les caractères. Il ne mène pas vers des difficultés de fonctionnement en classe s'il est effectué dans le contexte d'un développement global harmonieux.

LE PROCESSUS D'APPRENTISSAGE

Il est largement démontré que des enfants d'âge préscolaire peuvent apprendre à lire couramment. Les interrogations d'ordre pédagogique portent davantage sur le choix de la méthode. Cet apprentissage peut commencer vers l'âge de deux ans, quand l'enfant a atteint le stade de la symbolisation. Un parent qui consacre entre dix et quinze minutes par jour, quatre ou cinq fois par semaine, à l'enseignement de la lecture des mots et des chiffres, verra son enfant lire avec une relative aisance vers l'âge de quatre ans et demi. Si l'enfant ne parvient pas à ce résultat, c'est peut-être davantage la persévérance et l'enthousiasme du parent que les ressources intellectuelles de l'enfant qui sont en cause. Comme l'enfant d'âge préscolaire est incapable de faire preuve de constance, celle-ci repose entièrement sur la détermination du parent.

LES AVANTAGES

Un enfant peut réussir à l'école sans avoir appris à lire en bas âge. Que l'apprentissage ait été amorcé à deux ou six ans, il arrivera un moment, pendant le cours primaire, où les écarts entre les élèves s'estomperont jusqu'à disparaître complètement. Tout le monde, ou à peu près, finit par savoir lire correctement. Chercher à établir une supériorité de départ relève d'ailleurs d'une vision étroite et malsaine de la pédagogie et du cheminement scolaire. Certes, l'enfant qui sait déjà lire quand il entre à l'école jouit d'un certain avantage, mais c'est un bénéfice éphémère. Il faut donc chercher ailleurs les avantages d'un apprentissage précoce de la lecture.

D'abord, savoir lire permet à l'enfant de s'affranchir de sa dépendance du parent en accédant à un monde d'information illimité. L'enfant qui sait lire est davantage maître de son développement cognitif et de ses expériences. Il peut trouver par lui-même des réponses à de multiples questions sans être assujetti aux humeurs ou à la disponibilité de son père ou de sa mère. Il peut comprendre le fonctionnement de ses jeux, vérifier le sens d'un mot, reconnaître les caractéristiques d'un animal, lire des histoires ou des bandes dessinées quand il le désire. Cette liberté ne peut que favoriser un meilleur épanouissement intellectuel chez n'importe quel enfant.

Autre avantage, moins évident, la lecture permet de mieux apprendre à parler. Les enfants acquièrent d'abord le langage parlé à partir de ce qu'ils entendent. Le défaut de cette méthode est cependant qu'elle en est dénuée. L'enfant fonctionne par approximations qui, même si elles sont corrigées, conduisent à une organisation parfois lacunaire du langage expressif. La conscience de la réalité des phonèmes par la décomposition des mots — c'est la base de la lecture — favorise une meilleure intégration du vocabulaire, car celle-ci s'appuie sur une compréhension de la structure même du langage.

La lecture constitue par ailleurs un exercice cognitif permanent qui permet à l'enfant de développer sa concentration et l'aide à se dégager de la réalité immédiate. Il est alors capable de passer rapidement à l'univers symbolique sur lequel ouvre la langue écrite. L'enfant qui lit s'habitue à introduire un intermédiaire abstrait qui fait le pont entre lui et la réalité. Il se trouve dans une meilleure position pour agir mentalement sur la réalité avant d'agir physiquement. Il développe sa capacité de penser.

L'apprentissage de la lecture en bas âge permet d'établir des fondations solides pour soutenir l'édifice de la connaissance. Le cours primaire devient une étape de consolidation plutôt que d'initiation. L'enfant y renforcera les empreintes déjà fixées et pourra consacrer plus de temps à surmonter les difficultés particulières. Il en résultera un échafaudage cognitif plus robuste et mieux rodé au moment d'amorcer le secondaire.

Enfin, l'enfant qui sait lire aura, pendant plusieurs années, plus de facilité à étudier ses leçons et à faire ses devoirs. Il bénéficiera de plus de temps libre qu'il pourra consacrer à des activités de loisir, structurées ou non. Il évitera ainsi de développer des habitudes de paresse et aura accès à d'autres formes de satisfaction que le succès scolaire.

LES CONTRE-INDICATIONS APPARENTES

Bien des parents croient qu'il est préférable de laisser leur enfant s'amuser en paix pendant qu'il en a le loisir, sans lui imposer des contraintes. Il va de soi qu'il ne faut pas se montrer trop exigeant envers les enfants d'âge préscolaire en les astreignant à un régime d'apprentissage comparable à ce que vivent leurs aînés. Mais il est relativement facile de favoriser l'apprentissage sous forme de jeu, ce qui en altère considérablement l'allure contraignante. L'enfant qui chante une comptine, assemble un puzzle de syllabes pour trouver un mot ou lit une courte histoire qui l'intéresse n'a même pas conscience qu'il se trouve en situation d'apprentissage.

Certains soutiennent que l'enfant qui sait lire au moment où il arrive à l'école risque de s'ennuyer et d'être porté à déranger les autres élèves; ils craignent notamment qu'il ne développe des troubles de comportement. Or, à l'école, le temps strictement consacré à l'apprentissage de la lecture n'est pas aussi considérable qu'il paraît. Le programme scolaire est fort diversifié, se partageant entre plusieurs domaines d'apprentissage: mathématiques, sciences humaines, sciences de la nature, éducation physique, musique, arts plastiques... Les enfants font des travaux, bricolent, discutent, effectuent des sorties, préparent des activités spéciales... L'alphabétisation comporte en outre l'apprentissage de l'écriture.

Certes, l'enfant qui possède de bons rudiments de lecture devra peut-être avoir la patience d'écouter des explications superflues et de s'arrêter plus longuement qu'il ne désire sur des textes qu'il pourrait expédier rapidement. Il lui faudra accepter de ne pas répondre à toutes les questions même s'il connaît la majorité des réponses, évitant de profiter de sa situation privilégiée pour afficher une supériorité dont on sait qu'elle est toute relative. Si l'apprentissage préalable de la lecture a été effectué dans le contexte d'un développement global sain, ces écueils pourront être esquivés. Au moment d'entrer à l'école, un enfant adéquatement investi sera suffisamment rassuré sur sa valeur pour ne pas avoir à la manifester à tort et à travers, et suffisamment discipliné pour tolérer sans trop s'en formaliser d'être exposé, à l'occasion, à des situations peu stimulantes.

Le risque de perturbation est plus élevé si l'apprentissage a été effectué pour satisfaire le besoin du parent de faire étalage des dispositions exceptionnelles de son enfant. Un tel parent aura tendance à n'accorder de l'importance à son enfant que lorsque celui-ci satisfait à ses exigences et répond à ses attentes. L'enfant investi de la sorte fera l'expérience d'une insatisfaction permanente génératrice d'agressivité, parce qu'il se trouvera peu considéré pour sa valeur personnelle. Il ressentira par ailleurs la pression continuelle d'exceller à tout prix parce que c'est le sens qui a été donné à son existence.

Cet enfant-là ne manquera pas une occasion de faire étalage de ses connaissances, s'en servant comme d'une arme offensive qui lui permettra d'évacuer son mal de vivre tout en accomplissant la mission dont il a été investi. Il se montrera facilement méprisant et n'hésitera pas à pointer du doigt ceux qui sont en difficulté. Il sera turbulent dans les moments d'ennui parce qu'il sera toujours un peu souffrant au fond de lui-même et incapable de différer longtemps l'urgence d'affirmer sa supériorité. Le problème ne procède pas de la précocité de l'apprentissage mais de lacunes sur le plan du développement affectif.

L'importance d'un contexte affectif favorable

Ce plaidoyer en faveur de l'apprentissage précoce de la lecture ne doit pas cependant être interprété comme un appui à ceux qui suggèrent de devancer l'âge de la scolarisation institutionnelle. S'il est souhaitable que les enfants soient initiés en bas âge aux rudiments de la lecture, cet apprentissage ne doit pas se faire au détriment de leur développement affectif. Il est pertinent à la condition d'être réalisé à la maison, dans un contexte de proximité affective avec le parent.

Extraire l'enfant de son milieu familial pour l'astreindre à des apprentissages reviendrait à lui causer un préjudice supérieur au bénéfice escompté. Si c'est là le prix à payer pour accélérer l'éclosion de ses ressources cognitives, il vaut mieux laisser tomber les apprentissages précoces et prolonger la période durant laquelle l'enfant peut profiter d'un investissement affectif de qualité.

Les deux clés du succès scolaire

Un enfant peut réussir à l'école même si ses processus cognitifs n'ont pas été l'objet d'une attention particulière et s'il n'a pas été précocement exposé au phénomène de l'écrit. Mais, préparé ou non, l'enfant peut aussi échouer. Le parent a un rôle fondamental à jouer à l'endroit de son enfant qui fréquente l'école, même s'il n'est pas entièrement responsable de tout ce qui peut survenir dans cette institution. C'est à lui qu'il revient d'encadrer le processus scolaire de façon à ce que son enfant en tire le meilleur parti possible.

Des problèmes de développement très variés peuvent conduire un enfant à faire l'expérience d'un échec scolaire : troubles d'anxiété, personnalité immature, problème d'estime de soi, tensions internes déstructurantes, hyperactivité, sous-stimulation, etc. Les causes de ces difficultés sont habituellement convergentes, mettant en cause directement la qualité de l'investissement dont l'enfant a été l'objet. Les mesures correctrices passent alors obligatoirement par un rétablissement de la position parentale, selon des modalités qui peuvent différer selon les cas.

Le parent peut intervenir doublement :

1° par la supervision des leçons et des devoirs,

2° par le contrôle à distance du fonctionnement en classe.

Ce sont là deux clefs déterminantes pour la réussite scolaire.

À moins d'une carence intellectuelle majeure, l'enfant attentif en classe qui exécute avec application le travail d'appoint demandé ne peut pas échouer durant son cours primaire. Ce n'est qu'au niveau secondaire que la complexité des informations à assimiler peut placer un enfant en difficulté sur le plan cognitif.

Analyser l'échec au primaire, c'est se trouver placé invariablement devant l'une ou l'autre des réalités suivantes :

• à la maison, l'enfant n'a aucune discipline de travail, bâcle ses devoirs, les remet à plus tard, expédie ses leçons, n'écoute pas les explications qu'on lui donne, se montre hostile envers le parent qui cherche à l'aider, ne fait pas d'effort pour comprendre ;

- à l'école, il est lunatique, apathique, peu intéressé ou plutôt agité, dérangeant et facilement distrait.

L'échec scolaire considéré sous cet angle est le résultat non pas d'une incapacité d'apprendre, mais d'un manque de disponibilité aux apprentissages. Bien que ce problème puisse avoir plusieurs causes, sa solution passe inévitablement par une supervision étroite de l'ensemble du processus d'apprentissage, incluant le travail à la maison et le fonctionnement en classe. Cela veut dire que le parent doit veiller à ce que les devoirs soient bien faits, les leçons bien assimilées et les périodes de classe bien mises à profit.

La supervision des devoirs et des leçons

Au retour de l'école, l'enfant se présente habituellement avec une certaine quantité de travail qui exige un effort de concentration et de compréhension. Il peut s'agir de mots à mémoriser, de règles à retenir, d'opérations mathématiques à effectuer, d'informations diverses à assimiler, de textes à lire ou à rédiger. Le parent s'assurera d'abord que la plus grande partie du travail sera réalisée dans les meilleurs délais possible. Il est préférable que l'enfant s'exécute peu de temps après son arrivée à la maison, au moment où les notions à l'étude sont encore fraîches à sa mémoire. Sa capacité de concentration ira en déclinant à mesure que son niveau de fatigue augmentera.

Qu'il ait été présent ou non quand l'enfant a fait ses devoirs et étudié ses leçons, le parent doit nécessairement prendre un instant pour vérifier que ce qui devait être fait a été fait, que ce qui devait être retenu a été retenu, et que ce qui devait être compris a été compris. Si l'enfant n'est pas parvenu à ce résultat, le parent doit trouver le problème. Est-ce une question de compréhension? De méthode? D'attitude? Il est possible qu'une consigne ait été mal entendue ou que la logique d'une opération n'ait pas été bien saisie. Comme il est possible que l'enfant s'y soit mal pris pour réaliser un exercice de mémorisation ou pour organiser une recherche. Quand on se situe dans cet ordre de difficulté, une intervention immédiate du parent permet généralement de rétablir rapidement la situation. Le parent peut intervenir en puisant dans ses propres connaissances ou en s'en référant à l'instituteur pour obtenir le complément d'informations nécessaire. Il replacera l'enfant sur la bonne voie en lui fournissant les explications qui lui manquent ou en lui indiquant la marche à suivre.

L'intervention est moins aisée quand il s'agit d'un problème d'attitude. L'enfant doit réussir de façon satisfaisante à l'école pour actualiser son potentiel d'adaptation. Et il doit apprendre ses leçons et faire ses devoirs pour réussir à l'école. À partir de là, il n'y a plus une objection qui tienne. Le parent doit encadrer tout le processus en formulant les exigences nécessaires et, surtout, en veillant à ce qu'elles soient respectées. Moins l'enfant est discipliné, appliqué et persévérant, plus la pression extérieure doit être soutenue. Le parent peut tout déterminer: le moment (tôt), l'endroit (isolé), la méthode de travail, etc. Il peut même demeurer près de l'enfant et superviser chaque étape.

Ce type d'intervention se situe dans le contexte d'un processus global destiné éventuellement à amener l'enfant à s'exécuter de façon autonome. Car il n'est pas question pour le parent de faire office de prothèse cognitive permanente. Certains parents suivent leur enfant à la trace en l'incitant à travailler convenablement et en orientant chaque étape de son travail; il n'y a alors aucune intégration de la capacité de se structurer et l'enfant demeure dépendant du soutien du parent, sans lequel il est incapable de fonctionner. Le processus de supervision doit inclure des mesures qui feront cheminer l'enfant vers une plus grande aptitude à se prendre en main. L'enfant aura non seulement à comprendre, mais aussi à faire l'expérience immédiate qu'il ne se rend pas service en bâclant ses devoirs ou en expédiant ses leçons.

On quitte ici le registre de l'actualisation pour entrer dans celui de l'encadrement, dont il a longuement été question dans la deuxième partie. Il ne s'agit plus de savoir comment le parent amènera son enfant à se réaliser mais comment il l'empêchera de ne pas le faire. Les parents aux prises avec des problèmes d'attitude de leur enfant en ce qui concerne les devoirs et les leçons y gagneront à relire avec attention le chapitre 10 sur les écarts de comportement et le chapitre 11 sur les punitions.

Tenons-nous-en maintenant à insister sur l'importance de la supervision étroite des devoirs et des leçons en tant que condition essentielle à la réussite scolaire. Cette supervision est déficiente beaucoup plus souvent qu'on ne le croit, et pas seulement par indifférence. Plusieurs parents constatent soudain le drame de l'échec de leur enfant sans avoir été en mesure de redresser la situation en cours de route. Ils se préoccupaient du sort de leur enfant et s'interrogeaient sur ses chances de réussite à l'école, mais ils n'avaient généralement pas la proximité nécessaire pour voir venir les difficultés.

Le détachement des parents, leur éloignement de leur enfant pour tout ce qui concerne ses études se justifient parfois par une volonté affirmée, à l'occasion encouragée par l'école, de responsabiliser l'enfant, de le rendre plus autonome. Il ne fait pas ses devoirs? Qu'il s'explique avec son professeur! Il n'étudie pas? Qu'il en subisse les conséquences! Il y a quelque chose qu'il ne comprend pas? Qu'il le dise! Il a oublié un livre? Qu'il s'en passe! Il doit s'habituer à voir à ses propres affaires et apprendre de ses erreurs. Le problème, c'est que pendant qu'il apprend de ses erreurs, il n'apprend pas le reste. S'ensuivent des retards dans les acquisitions et la cohorte d'expériences insatisfaisantes qui y sont associées.

Dans la majorité des cas, la leçon d'autonomie porte très peu parce que la capacité de se comporter de façon responsable n'est pas le résultat d'un apprentissage mais l'aboutissement d'un développement. L'enfant doit pouvoir compter sur le soutien de personnes qui vont lui montrer comment travailler, le tenir en éveil face aux obligations auxquelles il est astreint et le rappeler à l'ordre lorsque la nécessité s'en fait sentir. Cette supervision doit être maintenue le temps que la structure mentale donnant accès à la capacité de mettre en perspective ce qui est vécu soit suffisamment robuste pour demeurer fonctionnelle en dépit de la pression des besoins, des frustrations et des insatisfactions.

Il est certain qu'il faut introduire en cours de route des mesures destinées à dissuader l'enfant de céder trop facilement à la facilité de toujours s'en remettre aux autres. Mais il n'est ni obligatoire, ni indiqué de le placer en situation d'échec pour qu'il y parvienne. Un devoir n'a pas été terminé? Une étude a été négligée? Un livre important a été oublié? Dans chaque cas, il est possible de rétablir la situation (l'aider à compléter son travail, lui faire reprendre l'étude, emprunter le livre) de façon à favoriser la réussite, en imposant simultanément une punition qui aura pour effet de décourager la récidive. Il ne s'agit pas alors de rendre l'enfant plus responsable, mais de l'empêcher de se faire du tort en attendant qu'il le devienne.

L'enfant ainsi encadré se comportera de façon plus appliquée et disciplinée pour éviter les ennuis, tout en appréciant les succès auxquels un tel traitement lui donnera accès. Un jour, il disposera des ressources intérieures pour s'orienter lui-même de façon éclairée. Il pourra alors compter sur un bagage substantiel de connaissances et sur une solide estime de lui-même. À l'opposé, l'enfant que le parent veut trop rapidement responsabiliser est susceptible d'en conserver certaines séquelles, un peu comme celui qu'on force à marcher avant que ses jambes ne soient suffisamment développées. Dénué de méthode, inconstant dans ses efforts, régulièrement pris en faute, exposé à des situations d'échec répétées, il risque de se retrouver mal en point, aussi bien sur le plan cognitif que sur le plan affectif.

LA SUPERVISION DU FONCTIONNEMENT EN CLASSE

Si certains parents hésitent à superviser le travail scolaire exécuté à quelques pas d'eux, on peut imaginer ce qu'il en est pour tout ce qui se passe en classe. Pour qu'un enfant réussisse convenablement sur le plan scolaire, il ne lui suffit pas de bien faire ses devoirs et de bien savoir ses leçons. C'est à l'école que l'essentiel de l'intégration est réalisé. Et, élément non négligeable, c'est aussi à l'école que l'intégration est évaluée.

Chaque apprentissage est effectué selon une séquence en trois étapes: l'intégration, la consolidation et la vérification. Les explications de base sont fournies en classe, la consolidation se fait à la maison, puis l'enfant revient en classe pour rendre compte de ses acquisitions; c'est le moment d'actualisation par excellence, celui où il peut affirmer sa valeur. Pour que tout se déroule bien, il faut que l'enfant soit attentif pendant les explications et concentré pendant les examens. Encore là, il appartient ultimement au parent de veiller à ce que les choses se passent de cette façon.

Selon une opinion largement répandue dans le monde de l'éducation, «ce qui se passe à l'école reste à l'école». Or, nous devons remettre en question cette conviction, car bon nombre de parents se trouvent démunis face aux problèmes de leur enfant à l'école, qu'il s'agisse d'indiscipline, d'anxiété, d'absence d'intérêt ou d'agitation, sans compter les difficultés d'apprentissage elles-mêmes. Ces parents se sentent tenus à l'écart des interventions correctrices effectuées par l'école. L'institution va parfois proposer un *contrat* à l'enfant pour le mobiliser davantage, lui faire suivre des sessions de rattrapage, lui imposer des mesures disciplinaires, lui offrir des récompenses, etc. En somme, elle assure en totalité l'encadrement requis, endossant la position parentale le temps que l'enfant se trouve sous sa responsabilité directe.

Certains parents acceptent facilement cette substitution parce qu'elle leur permet de se décharger de leur responsabilité sans avoir mauvaise conscience. D'autres par contre sont mal à l'aise et ne savent trop dans quelle mesure ils restent responsables de leur enfant quand ce dernier se trouve à l'école. Comme ils ne peuvent répondre à leur interrogation, ils sont enclins à se conformer aux exigences de ceux qu'ils considèrent comme plus compétents en la matière, c'est-à-dire les spécialistes de l'éducation. Leurs doutes sont pourtant justifiés.

La position parentale ne peut être déléguée ni mise en veilleuse, avons-nous mentionné comme principes au chapitre 3. La jonction entre le regard parental et l'expérience de l'enfant doit être aussi constante que notre propre regard sur nous-mêmes. Dans cette perspective, l'école est un prolongement du parent, pas son substitut. Les intervenants scolaires ont un mandat à remplir et doivent recourir à un encadrement qui leur permet de fonctionner de façon efficace. Mais il revient au parent de veiller à ce que son enfant s'inscrive harmonieusement dans le cadre scolaire de façon à en tirer le meilleur parti possible. C'est au parent que l'enfant doit rendre compte de ses faits et gestes ultimement, parce que personne d'autre n'est suffisamment préoccupé par son devenir pour déployer l'énergie nécessaire au rétablissement de la situation lorsque le besoin s'en fait sentir. De même que personne d'autre ne dispose d'une liberté d'action et d'une disponibilité comparables à la sienne.

Pour être efficace, le parent doit avoir la vision la plus complète possible de ce qui se passe en classe. C'est plus qu'un droit, c'est une nécessité. Ses deux sources d'informations sont les résultats des évaluations (examens et autres moyens de contrôle des apprentissages) et les observations de l'instituteur. L'échec scolaire peut provenir d'un manque d'étude, ce qui nous ramène à la situation évoquée précédemment; dans ce cas, le parent peut intervenir directement, à la maison. Il peut aussi trouver sa source à l'école même, par suite d'erreurs d'inattention ou de compréhension.

Les erreurs d'inattention sont faciles à repérer. Il n'y a qu'à comparer les réponses aux examens avec la matière assimilée. Ces erreurs sont les moins inquiétantes, mais elles sont souvent traitées avec une légèreté qui en favorise la reproduction. Elles sont inacceptables parce qu'elles témoignent d'un manque d'estime de soi, d'une incapacité de faire un effort sur soi-même dans les quelques moments privilégiés où l'enfant a l'occasion de manifester sa valeur. Elles doivent faire l'objet d'une vigilance constante et le parent doit réprimander l'enfant jusqu'à ce qu'elles deviennent ce qu'elles auraient toujours dû être, l'exception plutôt que la règle. C'est ce qui se passe habituellement lorsque le parent exerce une pression suffisante.

Lorsque l'échec témoigne d'une mauvaise compréhension des notions à l'étude, c'est que l'intégration n'a pas été bien réalisée. Il faut alors revenir en arrière et reprendre là où l'assimilation a été déficiente. Pour qu'un tel suivi soit possible, il faut que le parent obtienne périodiquement, non seulement les résultats des évaluations, mais aussi les copies d'examens de son enfant. Ce n'est pas toujours possible. Certains professeurs ne voient pas la nécessité de communiquer ces documents aux parents, d'autres sont même réticents aux évaluations, sous prétexte de ne pas créer une émulation qu'ils jugent malsaine à l'éducation des enfants. Ils ne se rendent pas compte qu'il y a un parent à l'autre bout de chaque enfant et que la relation entre les deux doit être constante pour favoriser le processus d'actualisation. Le parent en est alors réduit à fonctionner à l'aveuglette, sans repère précis.

La situation est plus délicate quand c'est le fonctionnement en classe qui est problématique. Le parent dépend entièrement des intervenants scolaires pour se situer adéquatement face à son enfant. Plus les difficultés de comportement sont importantes, plus la communication doit être étroite. Un simple message transmis par écrit au parent peut favoriser la correction d'un écart isolé. Mais quand l'enfant présente un problème persistant d'agitation, d'agressivité ou d'application, une évaluation quotidienne s'impose, communiquée au parent. Il peut s'agir d'une note à faire signer ou de vignettes symboliques, qui indiquent schématiquement au parent comment son enfant s'est comporté : visage triste ou souriant, soleil ou nuage, etc. Le parent se retrouve dès lors en terrain familier. Il a accès à l'expérience de l'enfant, même à distance et en différé, et il peut prendre les mesures qui s'imposent pour rétablir la situation.

Ce n'est cependant pas facile. Certains parents répugnent à sévir pour des écarts de comportement commis sous la responsabilité de quelqu'un d'autre et pour lesquels l'enfant a peut-être été déjà puni. Et il n'est pas rare qu'ils soient encouragés en ce sens par les intervenants scolaires eux-mêmes, qui considèrent de leur compétence de régir la portion de vie qui se déroule à l'école et ne s'en remettent aux parents qu'en désespoir de cause. Il y a alors, de part et d'autre, une méconnaissance de ce qui constitue l'essentiel de la position parentale.

Si les professeurs portent attention surtout au comportement des enfants, le parent, lui, doit prendre en considération le développement de son enfant. À l'école, les autorités attendent un fonctionnement adéquat de chaque enfant et recourent à des mesures incitatives ou dissuasives pour y parvenir : elles agissent sur l'enfant de l'extérieur. Le parent, lui, agit sur son enfant de l'intérieur. Son objectif est d'amener son enfant à fonctionner de façon satisfaisante, non parce que celui-ci craint les représailles, mais parce qu'il sait que c'est ce qui est le mieux pour lui. Le parent ne veut pas que le professeur vienne à bout de son enfant, il veut construire son enfant de façon à ce que personne n'ait à venir à bout de lui.

Dans la classe comme ailleurs, l'enfant doit sentir la présence du parent qui veille, non pas à ce qu'il convienne à la situation, mais à ce qu'il soit ce qu'il peut être de mieux. C'est la raison première de l'alliance intime qui s'est établie dès les premiers mois de la vie et qui a préséance sur tous les contrats scolaires. Son action se situe au-delà des exigences de l'école et c'est pourquoi l'enfant ne peut s'y soustraire. Lorsqu'un enfant annonce à son parent qu'il a déjà été puni à l'école pour le tort qu'il a causé à quelqu'un d'autre, le parent doit lui répondre qu'il lui reste à être puni pour le tort qu'il s'est fait à lui-même.

Cette supervision constante du parent à l'endroit de son enfant, que d'aucuns pourraient interpréter comme une complémentarité idéale entre l'école et la famille, n'est évidemment valable que s'il y a un véritable parent au-dessus de l'enfant. Ce n'est pas toujours le cas. Les autorités scolaires se retrouvent régulièrement dans des situations où les parents se montrent totalement indifférents à l'endroit de leur enfant ou, pire, ne prennent aucune distance et laissent leurs difficultés personnelles orienter leur perception de la réalité. Faire alliance avec l'enfant ne signifie pas s'associer avec lui contre l'école ; cela signifie l'aider à tirer le meilleur parti pour lui-même de ses expériences de vie en tenant compte des exigences propres à chacune. Ce n'est cependant pas parce que certains parents ne tiennent pas leur position comme ils le devraient que l'école doit exclure tous les parents de la vie scolaire. L'école doit vérifier si le mieux est possible pour chaque enfant, et le mieux demeure de favoriser la jonction entre l'expérience de l'enfant et le regard du parent.

L'argument ultime des parents réticents à superviser et à encadrer leur enfant dans son cheminement scolaire repose sur la crainte de le voir développer une aversion à l'égard de l'école. Qu'ils se rassurent. Aucun enfant normalement constitué n'aime vraiment l'école. Parce qu'aucun enfant normalement constitué n'aime être contraint et que l'école est ce qu'il y a de plus contraignant pour un enfant. Mais il y a une différence entre ne pas aimer l'école et la détester. L'enfant qui déteste l'école est celui qui la ressent comme une expérience destructrice. Et ce qui rend l'expérience scolaire destructrice, c'est de ne pas être en mesure de se réaliser pleinement par celle-ci. Pour que l'école soit vécue comme une expérience positive, il faut que l'enfant réussisse. Il faut donc s'organiser pour qu'il y parvienne, que les moyens lui plaisent ou non. Le parent résolu à choisir cette voie pourra constater que son enfant prend plaisir à constater l'amélioration de ses performances et que ce plaisir compense largement les insatisfactions ressenties en cours de route; l'enfant en développera une vision de l'école de plus en plus favorable.

CHAPITRE 16

L'ACTUALISATION PAR LES ACTIVITÉS DE LOISIR STRUCTURÉES

L'école prépare à la véritable actualisation du potentiel de chaque individu et ouvre en ce sens sur de grandes satisfactions futures, mais l'enfant ne veut pas attendre quinze ou vingt ans avant d'avoir accès à ces dernières. Il a besoin de situations où il peut vraiment se dépasser tout en se singularisant, et, du même coup, prétendre à une excellence réelle et objective. C'est ce à quoi servent les activités de loisir structurées.

Ces activités se distinguent du jeu spontané, dont elles revêtent cependant certains caractères, par le cadre formel qui favorise le développement d'habiletés particulières et la reconnaissance de celles-ci. C'est en cela qu'elles sont facteurs de croissance. L'enfant qui pousse du pied un ballon dans sa cour, s'amuse à tracer des arabesques sur une patinoire en plein air, pianote dans le salon, s'ébat dans la piscine familiale, fait des pirouettes sur le gazon ou se transforme en Ninja dans le sous-sol de sa maison joue spontanément. Le même enfant en maillot au stade de football, à un cours de patinage à la patinoire du quartier, à l'école de musique, au cours de natation, dans un gymnase ou dans un dojo reproduit essentiellement les mêmes gestes, mais tant son entourage que lui-même n'ont plus la même perception de l'activité. La différence tient à ce qu'il est passé de la fantaisie à la réalité. Il est en voie de devenir ce à quoi il s'amusait à prétendre et ainsi d'acquérir à ses propres yeux une réelle valeur.

Pour qu'une activité, quelle qu'elle soit, puisse jouer son rôle constituant, il faut qu'elle comporte :

1° une série d'apprentissages progressifs dont l'aboutissement est la maîtrise d'habiletés particulières au domaine concerné ;

2° des modalités permettant d'objectiver le niveau de développement ou d'excellence atteint, et d'en témoigner aux yeux du monde.

Si l'enfant participe à une activité dont la seule particularité est de fournir un cadre (règlements, arbitrage, équipement), la valeur actualisante sera relativement négligeable. Cela ne veut pas dire qu'une telle activité n'est pas valable ; nous ne faisons ici qu'en constater les limites intrinsèques. Pour se réaliser, l'enfant doit s'inscrire dans un processus qui lui permet de progresser et avoir accès à des indices objectifs de sa progression. Les deux moyens dont il dispose pour rendre compte de sa valeur sont l'évaluation et la compétition :

• l'évaluation permet de situer son niveau de développement dans une échelle standardisée ; elle se traduit généralement par des signes ou des symboles distinctifs qui varient selon les disciplines : ceintures dans les arts martiaux, écussons en natation, rubans en patinage artistique, cotes aux échecs, certificats en musique, classes numérotées dans les sports d'équipe et ainsi de suite ;

• la compétition donne l'occasion de faire monter les enchères sur le plan de la valeur personnelle ; la mesure n'est plus le développement mais l'excellence, reconnue ici aussi par des symboles comme les trophées et les médailles.

L'intégration dans des activités à caractère actualisant n'est pas indispensable à la survie intérieure des individus. Mais tenir son enfant

à l'écart de celles-ci, c'est le priver de la possibilité d'accroître significativement sa maîtrise sur son environnement dans un domaine donné
tout en faisant l'expérience concrète de sa valeur. Plus un enfant fait
l'expérience tangible qu'il est quelqu'un de valable, moins il sera ébranlé
par la multitude d'agressions quotidiennes à laquelle il est susceptible
d'être exposé. Encore faut-il que l'activité joue le rôle qu'on attend d'elle,
ce qui ne va pas nécessairement de soi. Quelques conditions s'imposent pour que ce soit le cas, dont certaines vont à l'encontre d'opinions
populaires.

Le choix de l'activité

La question du choix de l'activité ne prête pas tellement à controverse.
Naturellement, le parent tiendra compte des préférences de l'enfant.
Le mieux consiste à lui faire vivre, au départ, différentes expériences
dans des domaines variés, en vue de ne retenir que celles où l'intérêt
et le potentiel de l'enfant convergent. Le parent peut orienter son enfant
en le sensibilisant à certaines réalités, par exemple, les éléments de
l'environnement à maîtriser, comme l'eau, la glace ou le vent, la possibilité de communiquer par les arts d'expression, la nécessité de se
défendre et l'utilité des arts martiaux.

Il est certain que les médias créent un grand intérêt pour certaines
activités, en particulier les sports d'équipe pour les garçons. Le parent
peut en souligner les aspects les plus positifs, comme l'esprit d'équipe et
la fierté, mais il peut aussi servir de contrepoids à la passion populaire
démesurée qui souvent laisse croire à l'enfant qu'il n'y a que cette voie
pour se valoriser et réussir. Dans le seul domaine du sport, des dizaines
de disciplines peuvent être offertes à un enfant, certaines, parfois mécon-
nues, convenant beaucoup mieux que d'autres, plus populaires, à ses
caractéristiques morphologiques ou anatomiques (taille, forme et poids).

Le parent doit prendre garde de ne pas imposer à l'enfant ses choix personnels et de le placer ainsi en position de réaliser des aspirations qui ne seraient pas les siennes. Il peut certes proposer certaines activités à son enfant, pourvu qu'il demeure à l'écoute de ses réactions et soit capable de s'adapter en conséquence, par exemple, en acceptant que l'enfant abandonne l'activité, en revoyant les objectifs à la baisse ou en le réorientant vers une autre activité.

Si l'enfant ne manifeste aucun intérêt, c'est qu'il y a un problème. Il est contre nature pour un enfant de ne pas à tout le moins souhaiter se hisser à la hauteur de ses modèles d'identification. Il y a habituellement, derrière le désintérêt, des carences importantes dans l'estime de soi, qui résultent d'un investissement lacunaire de la part du parent et qui conduisent l'enfant à se maintenir dans un imaginaire rassurant, à l'écart des situations où il pourrait être poussé à ses limites. Le mieux est alors de l'obliger à faire un choix. Il se peut que l'enfant ne manifeste pas un grand enthousiasme à se mobiliser et qu'il ait besoin d'une implication soutenue du parent pour arriver à quelque chose de satisfaisant. Mais que celui-ci ne s'en formalise pas trop, le parent de l'enfant motivé ne s'en tire pas vraiment plus facilement.

L'implication des parents : de l'illusion à la réalité

Le parent qui a inscrit son enfant à une activité après avoir constaté son intérêt sincère de même que de bonnes aptitudes et qui pense qu'il n'a plus qu'à attendre les résultats risque fort de vivre une double désillusion. Il va d'abord se rendre compte que si les enfants sont très prompts à s'emballer pour une activité, leur enthousiasme initial est loin de constituer une garantie de persévérance. Autant les enfants désirent sincèrement se réaliser, autant ils n'ont pas, dans la plupart des cas, la volonté nécessaire pour déployer les efforts requis. Certains parents laissent les difficultés éroder l'engouement jusqu'à le faire disparaître, puis reprochent à l'enfant son manque de détermination. Ils ont perdu de vue que les enfants n'ont pas atteint un niveau de développement suffisant pour conserver leur perspective en dépit des sollicitations du moment. Une légère pression des besoins suffit pour envahir complètement le champ de conscience et déterminer le comportement; la fatigue, l'appel d'un ami, une émission de télévision... et hop! c'en est fini de l'intérêt pour l'activité. Il appartient au parent de tenir lieu de volonté auxiliaire: il doit encadrer son enfant de façon à ce qu'il se rende au point d'arrivée, malgré lui s'il le faut.

Il ne s'agit évidemment pas de forcer l'enfant à des exercices astreignants pendant des années parce qu'il a eu le malheur de laisser entendre que le piano ou le karaté l'intéressait. L'approche la mieux adaptée consiste à réévaluer la situation chaque fois qu'un objectif est atteint. Plus le niveau d'habileté augmente, plus l'enfant devrait être motivé à aller plus loin même si, le moment venu, il est toujours réticent à fournir l'effort. Si le sentiment d'accomplissement ne donne pas une nouvelle impulsion à l'enthousiasme, il y a lieu de se poser des questions sur la pertinence de poursuivre plus loin.

La seconde désillusion concerne les attentes. Le parent confie généralement son enfant à un adulte compétent, auquel il demande de transmettre un savoir dont il pourra éventuellement apprécier l'expression. Le jour venu, il s'installe à un siège (dans une salle de spectacle, un stade, une patinoire, un gymnase, une piscine...) dans l'attente fébrile d'une prestation qui s'avérera fort probablement décevante. Il aura alors tendance à blâmer son enfant, à mettre en doute la compétence du professeur ou de l'entraîneur, ou à conclure, plus résigné, à un manque de talent.

En réalité, c'est d'abord lui qui est en faute. Son principal tort est d'avoir entretenu la fantaisie que son enfant pouvait devenir performant, alors qu'il n'était supervisé qu'une heure ou deux par semaine et qu'il était laissé à lui-même le reste du temps. L'activité, prise isolément, ne rend pas compétent. Elle est le point de départ et le point d'arrivée ; c'est entre les deux que le véritable travail s'effectue. Le cadre permet d'aborder les apprentissages de façon graduée en fournissant l'expertise nécessaire pour développer certaines habiletés et pour en évaluer la maîtrise le cas échéant. Il s'agit en général d'un contexte stimulant où l'enfant peut mettre en pratique ce qui est acquis et recevoir les indications qui lui permettront de progresser davantage. Mais une fois les informations données, le plus dur reste à faire : il faut les intégrer. Une explication technique de cinq minutes peut exiger des heures d'exercice pour aboutir à une intégration satisfaisante. C'est alors que le parent entre en scène.

Plus l'enfant est jeune, plus la supervision doit être étroite. Il est souhaitable que le parent assiste à l'activité pendant une certaine période. Il aura alors l'occasion d'assimiler certaines informations pour être en mesure de pallier les défaillances éventuelles de l'enfant, dont les capacités de mémorisation et de compréhension demeurent limitées. Il pourra simultanément lui prodiguer des encouragements tout en s'assurant qu'il se comporte adéquatement.

Il arrive que les parents soient exclus des lieux de l'activité sous prétexte que leur présence peut perturber leur enfant. C'est un argument contestable. La présence du parent ne peut évidemment que lui permettre de jouer son rôle plus directement et plus efficacement. Et si le parent tient sa position adéquatement, sa présence devrait avoir pour effet de favoriser un meilleur fonctionnement de son enfant et non de le rendre moins attentif. Certes, certains parents moins responsables non seulement délèguent entièrement leur autorité au spécialiste mais ils alourdissent sa tâche en constituant une source de distraction pour leur enfant. Cette éventualité n'est cependant pas suffisante pour interdire systématiquement l'accès de tous les parents à l'activité, car les enfants qui peuvent compter sur le soutien immédiat de leurs parents progresseront beaucoup mieux que les autres.

En plus d'être présent à l'activité, le parent doit superviser les exercices. Il veillera à ce que l'enfant les exécute assidûment et demeurera auprès de lui pour le soutenir et le corriger au besoin. Certains parents croient que, parce qu'ils n'ont pas la compétence du professeur, du moniteur ou de l'entraîneur, ils ne peuvent être utiles à leur enfant. C'est une perception sans fondement. Qu'il s'agisse de piano, de violon, d'arts martiaux, de ski, de tennis, de danse ou de toute autre discipline, il n'est pas nécessaire que le parent maîtrise la technique lui-même, mais il doit savoir ce qu'il faut faire pour qu'un enfant parvienne à la maîtriser et être capable de le communiquer de façon compréhensible. Il tirera profit de ses ressources cognitives, beaucoup plus développées que celles d'un enfant de trois, cinq ou sept ans, pour favoriser l'édification de bases solides sur lesquelles celui-ci pourra s'appuyer.

Plus l'enfant vieillit et se développe, plus il devient apte à prendre en main sa propre progression. C'est heureux, car il y a une limite à ce qu'un parent est en mesure d'assimiler par procuration. Le parent prendra alors ses distances graduellement, en maintenant toutefois un regard critique de nature à mettre en évidence les lacunes que le manque de perspective de l'enfant l'empêcherait de déceler par lui-même. Il continuera évidemment de reconnaître tout ce qu'il y a de méritoire, autant dans les efforts déployés que dans les accomplissements auxquels ils auront conduit.

À propos des attentes

Jusqu'où le parent doit-il inciter son enfant à exceller? Quelle attitude doit-il adopter lorsque son enfant participe à une compétition? Peut-il se contenter de l'encourager ou au contraire doit-il se montrer exigeant? L'important n'est-il pas qu'il participe, comme le veut une opinion largement répandue?

LE DROIT D'EXIGER

Il est compréhensible qu'un parent qui assume les frais de participation de son enfant à une activité et y consacre du temps s'attende à ce que celui-ci fasse un minimum d'efforts pour en tirer profit. Si l'activité ne donne lieu à aucun dépassement de soi, elle ne remplit pas sa fonction première et ne justifie pas l'investissement parental. Il est préférable que l'enfant qui veut uniquement s'amuser et refuse de s'imposer quelque contrainte que ce soit aille jouer au parc avec ses amis. Il s'y trouvera plus à son aise et fera économiser temps et argent à son parent.

L'argument est sensiblement le même pour l'attitude que le parent doit adopter lorsqu'il assiste à un événement auquel participe son enfant. Le parent s'est alors rendu disponible pour reconnaître la valeur de son enfant. En contrepartie, il est normal que celui-ci donne le meilleur de lui-même et que le parent réagisse si tel n'est pas le cas.

Prenons par exemple des parents qui s'interrogent sur l'attitude à adopter devant leur garçon qui se traîne les pieds sur la patinoire quand il joue au hockey. Ces parents sont indisposés par cette nonchalance, mais ils hésitent à la lui reprocher «parce qu'après tout, il va là pour s'amuser». Quand un garçon joue au hockey dans la rue avec ses amis, ses parents ne vont pas s'asseoir sur le bord du trottoir pour le regarder et il ne s'en formalise pas outre mesure. Quand il joue à la patinoire par contre, il trouve normal que ses parents soient dans les gradins. Si la situation est la même et que l'objectif de l'enfant est uniquement de s'amuser, pourquoi les parents pourraient-ils s'exempter d'être présents dans un cas et pas dans l'autre? En réalité, l'expérience de l'enfant n'est pas la même: dans le premier cas il s'amuse, dans le second il s'actualise.

Il est important que l'enfant puisse compter sur un regard extérieur qui *fixe* son expérience et la lui communique pour qu'il puisse l'intégrer dans sa représentation intérieure. Mais pour rendre son regard disponible, il est normal que le parent exige d'avoir quelque chose à regarder. Il faut que l'enfant donne le meilleur de lui-même et accepte les commentaires destinés à lui permettre de s'améliorer. Hélas, certains enfants ont été investis de façon exagérément inconditionnelle, sans avoir eu à faire quelque effort que ce soit. Leur sentiment de grandeur s'en trouve hypertrophié au point qu'ils en viennent à croire qu'il leur suffit d'être là pour valoir la peine d'être regardés.

Quand un enfant se montre attentif aux explications, exécute ses exercices et progresse de façon significative, il vaut la peine que le parent le pousse à s'engager davantage dans son activité. À partir de là, les exigences varieront selon la disponibilité, les aptitudes personnelles, l'évolution de l'intérêt et les possibilités réelles de réalisation de soi. Il reste que chaque fois qu'un parent inscrit son enfant dans une activité, il devrait avoir comme objectif de l'amener au bout de lui-même, quitte à réviser ses attentes en cours de route.

L'attitude optimale pour un parent qui voit son enfant exécuter une performance est de reconnaître le chemin parcouru tout en mesurant l'écart à combler. Il doit être sensible aux efforts déployés et au niveau d'accomplissement atteint, mais demeurer assez critique pour percevoir les limites et relever les lacunes de façon à orienter positivement le cheminement ultérieur de son enfant. Le parent qui ne fait qu'encourager risque de cautionner la stagnation. Celui qui ne fait que critiquer risque, lui, de miner la motivation.

Il n'est pas facile de conserver suffisamment de perspective pour donner l'heure juste à son enfant. Plus un parent est vulnérable et menacé dans son estime de lui-même, plus il aura de la difficulté à se situer adéquatement face aux performances dont il est le témoin. Certains parents misent tellement sur leur enfant pour leur donner accès à une grandeur qui leur a toujours fait défaut qu'ils sont incapables de le voir faillir sans s'effondrer sur le plan émotif. D'autres s'interdisent toute critique parce qu'ils sont convaincus qu'il est néfaste d'encourager la compétition et la performance, ce qui empêche l'enfant d'évoluer vers un niveau de compétence conforme à ses aspirations personnelles.

Parfois, le parent cherche à se convaincre que son enfant est mieux que ce qu'il est pour ne pas avoir à subir la blessure inhérente à la reconnaissance de ses limites. Il relève les détails qui lui permettront de nier l'évidence et de soutenir qu'en dépit des apparences, c'est son enfant qui est le meilleur : « Il est plus petit, il est plus jeune, il est moins entraîné, il a eu une journée fatigante, ce qu'il doit faire est plus difficile, il a été mal jugé, ah s'il disposait d'autant de temps que les autres, il serait aussi performant, il est peut-être moins habile mais lui au moins il... » On pourrait aligner ainsi une multitude d'échappatoires. Les parents sont rarement à court d'arguments quand ils sentent leur intégrité menacée.

Découvrir les facteurs susceptibles d'aider à objectiver le plus adéquatement possible les résultats de l'enfant fait partie intégrante du processus d'évaluation. L'objectif n'est cependant pas de se rassurer sur sa valeur potentielle mais de rendre celle-ci actuelle. Le parent qui veut aider son enfant à s'améliorer doit donc commencer par reconnaître ce que les autres enfants font de bien.

Cette question de la qualité du regard que le parent porte sur le fonctionnement de son enfant en activité est importante. Il est essentiel que l'enfant soit régulièrement placé face à la réalité de ses limites pour évoluer positivement. Or, les adultes qu'il côtoie auront souvent tendance à lui manifester une appréciation inconditionnelle pour éviter de l'indisposer, alors que les enfants qu'il fréquente seront plutôt enclins, eux, à tomber dans l'excès contraire parce qu'ils sont trop menacés dans leur propre intégrité pour reconnaître la valeur de leurs émules. Il revient au parent de rétablir la perspective en opposant aux perceptions déformées proposées à l'enfant un regard à la fois affectueux et sans complaisance.

LES FAUX BIENFAITS DE LA PARTICIPATION

«L'important n'est pas de gagner, mais de participer» est une maxime fort répandue dans le monde du sport amateur. Faussement attribuée au baron Pierre de Coubertin, rénovateur des Jeux olympiques, cette formule en est venue à servir d'argument pédagogique. Professeurs, instructeurs, entraîneurs et parents unissent leurs voix pour tenter de convaincre les enfants que la victoire est une donnée secondaire, que l'essentiel du mérite réside dans le fait de prendre part à l'événement en faisant de son mieux.

Ce point de vue recueille d'autant plus facilement une audience favorable qu'on lui oppose la vision étroite et primitive d'individus qui attachent une importance démesurée à la victoire et exercent une pression malsaine sur les enfants pour qu'ils gagnent à tout prix. Appelés à prendre parti, les parents optent généralement pour la valorisation de la participation de préférence à l'excellence. Ce choix est tout aussi néfaste que l'école de la victoire à tout prix, car inscrire son enfant à une compétition sur la seule base des bienfaits de la participation, c'est le mettre inutilement en position de vulnérabilité sur le plan de son intégrité personnelle. L'action même de participer, quelle que soit la nature de l'événement, n'a en soi aucune valeur sur le plan de l'actualisation.

Lorsque des organisateurs se réjouissent d'être parvenus à rassembler des centaines ou des milliers de concurrents pour une épreuve et concluent, chiffres à l'appui, qu'il s'agit là d'une grande réussite, ils ont raison. Mais le succès auquel ils font allusion est d'abord le leur puisque, à quelques exceptions près, ils sont les rares à s'être véritablement actualisés dans la situation en menant à terme leur projet. Évidemment, ils ne manqueront pas de souligner avec insistance le mérite de ceux qui leur ont permis d'atteindre les objectifs qu'ils s'étaient fixés. Mais quel est ce mérite au juste?

Bon nombre de participants s'enorgueillissent d'avoir fait partie d'un groupe nombreux. Or, il ne s'agit pas là véritablement d'une qualité significative. On fera valoir qu'ils ont peut-être dû s'entraîner sérieusement pour être en mesure de se présenter et qu'en soi, il s'agit d'un accomplissement. L'entraînement ne constitue toutefois pas un accomplissement, mais une préparation en vue d'un accomplissement. Et on ne s'entraîne pas en vue de faire partie d'un grand nombre, mais pour exceller. C'est pourquoi l'expérience de grandeur associée à la sensation de faire partie d'un ensemble plus grand que soi est illusoire et éphémère.

Nous ne soutenons pas ici que seule la victoire a de la valeur, mais plutôt que la seule participation en est dénuée. Les enfants le ressentent bien, qui n'attachent qu'une importance mitigée aux certificats, médailles ou trophées distribués pour souligner la participation à des concours ou à des compétitions. Ils ont tôt fait de les oublier dans un coin de leur chambre ou au fond d'un tiroir.

La valorisation de la seule participation est non seulement inutile mais potentiellement nuisible. C'est que l'enfant se retrouve alors plus souvent qu'autrement en position de faire-valoir, exposé à l'expérience éprouvante de vivre des échecs répétés : il est celui sur qui les autres comptent pour affirmer leur valeur. L'abstention présente au moins l'avantage de lui éviter ce type d'épreuve.

Le parent qui veut aborder le phénomène de la compétition dans une perspective plus saine et mieux adaptée aux besoins réels de son enfant ne doit se centrer ni sur la victoire, ni sur la participation. Son exigence doit se situer ailleurs, quelque part entre les deux. Ce qui est important, ce n'est pas que l'enfant gagne ou qu'il participe, c'est qu'il soit compétitif. Le parent doit se demander : « Le niveau de performance atteint par mon enfant lui donne-t-il une chance de l'emporter ? » Si tel n'est pas le cas, il doit se demander si la participation de l'enfant est de nature à favoriser son évolution vers une éventuelle condition de compétitivité.

Il se peut que l'enfant ait besoin d'être plongé dans l'action pour que son entourage puisse jauger les progrès réalisés. Il se peut que l'enfant ait besoin de se retrouver régulièrement en compétition pour se développer de façon satisfaisante. Il se peut aussi que l'enfant doive concéder un avantage temporaire à ses concurrents (par exemple, si ceux-ci sont plus âgés) qui l'oblige à différer ses espoirs de remporter l'épreuve. L'important est que le parent, au terme de son questionnement, puisse conclure que son enfant est soit compétitif, soit en instance de le devenir.

Dans l'affirmative, il n'a plus à s'interroger sur la pertinence de persévérer. L'enfant n'a qu'à faire de son mieux et le parent, qu'à l'assurer de son soutien inconditionnel, dans la défaite comme dans la victoire. L'enfant aura toujours matière à être fier, en raison de son effort ou de son courage, et en vertu de sa quête constante de dépassement personnel.

À l'opposé, le parent qui finit par constater que son enfant n'est en aucune façon compétitif quel que soit l'angle sous lequel il considère la situation devrait amener l'enfant à reconsidérer l'esprit dans lequel il aborde l'activité. Celui-ci doit se situer à nouveau en fonction de ses limites réelles, de façon à éviter de poursuivre son activité en se nourrissant d'attentes illusoires. Le parent doit surtout empêcher que l'enfant ne normalise ses échecs et ne se croie toujours sur la voie de l'actualisation en recourant à des formules creuses, sans résonance intérieure, du type : « L'important n'est pas de gagner, mais de participer. »

CONCLUSION DE LA TROISIÈME PARTIE

LES LIMITES DE L'ACTUALISATION

S i les pages nombreuses consacrées à l'encadrement étaient le reflet de la place qu'occupent les interventions disciplinaires du parent dans la vie quotidienne, les pages sur l'actualisation trouvent davantage leur correspondance dans la place qu'elle occupe dans la tête de l'enfant. Le besoin de se singulariser et de se mettre en évidence fait pression en permanence. Il se manifeste à la moindre occasion, que ce soit à l'arrêt d'autobus, dans la classe, à table, dans la rue ou en visite. L'enfant fera une blague, racontera un exploit, exhibera ses souliers neufs, se mesurera à la course ou affichera un look particulier. Il faut qu'il attire l'attention et fasse *impression* pour avoir le sentiment fugitif d'exister.

Donner à l'enfant l'occasion d'affirmer sa valeur dans la réalité a pour premier effet d'apaiser cette urgence d'être qui domine son activité. Son besoin de se mettre en évidence demeure et il lui faudra des années pour le dépasser, si tant est qu'il y parviendra, ou pour le ressentir comme moins absolu. L'expérience répétée de l'excellence favorise l'émergence d'une assurance intérieure dont la qualité première est la capacité de survivre sur le plan psychique par ses propres moyens, sans avoir besoin d'être alimenté continuellement par le regard des autres. L'enfant veut toujours attirer les regards, mais pas à n'importe quel prix. Il sait ce qu'il vaut et, en conséquence, il a moins besoin de se faire confirmer qu'il est quelqu'un.

La différence entre l'enfant qui s'actualise et celui qui agit au gré de ses impulsions est à peu près du même ordre que celle qui existe entre la réalité et l'effet d'un hologramme. L'enfant qui s'actualise s'incarne intérieurement dans la réalité, tandis que celui qui n'a pas la possibilité de se réaliser n'a accès qu'à une représentation sans substance de lui-même, produite par un outillage dont le contrôle lui échappe, c'est-à-dire l'œil de celui qui le regarde. Pour perpétuer l'illusion, il doit maintenir des regards braqués sur lui, ce qu'il fera en ayant recours aux moyens du bord, sans égard à la nature de l'image qui en résultera. On le verra ainsi faire des pitreries, agresser, indisposer, mendier l'attention ou faire étalage de prouesses fictives. Tout pour faire réagir, tout pour exister!

L'enfant qui se réalise trouvera aisément confirmation satisfaisante d'une valeur dont il ressent déjà nettement l'existence, ce qui le rend moins tributaire du jugement extérieur. S'actualiser durant l'enfance présente comme autre avantage de favoriser l'acquisition de nombreuses habiletés et compétences (cognitives, athlétiques ou artistiques) susceptibles de paver la voie à des accomplissements futurs de plus grande envergure. L'actualisation induit surtout chez l'enfant un respect de lui-même dans lequel il puisera par la suite pour mener à bien ses nouvelles entreprises.

Les parents découragés par le peu d'enthousiasme et de persévérance de leur enfant devraient se convaincre qu'il faut le forcer à faire des efforts en attendant que l'effort ne le force à se développer par lui-même. Quand un enfant acquiert une valeur, il développe parallèlement une estime de lui-même qui, par la suite, influera positivement sur son fonctionnement. Il aura suffisamment de considération pour lui-même pour faire les efforts requis, ce qui facilitera son encadrement.

Favoriser l'actualisation de son enfant, par ses jeux d'abord, puis dans le cadre de son cheminement scolaire et de ses activités de loisir, ne constitue cependant pas la garantie d'un développement sain et harmonieux. Un enfant peut exceller dans de nombreux domaines et n'être ni heureux ni agréable à côtoyer. D'autres facteurs restent à considérer, qui feront l'objet des parties subséquentes. Il n'en demeure pas moins que la satisfaction du besoin de se réaliser constitue une condition essentielle à l'épanouissement de tout individu, sur laquelle il était d'autant plus important d'insister qu'elle peut facilement être négligée contrairement à ce qui était le cas pour la discipline. La nature humaine est ainsi faite que le parent est davantage porté à se préoccuper de ce qui le dérange chez son enfant que de ce qui dérange son enfant.

Le parent engagé dans un processus destiné à empêcher son enfant d'être ce qu'il ne doit pas être et à lui permettre d'être ce qu'il peut être de mieux doit en même temps donner du sens à ce qu'est l'enfant. Il s'agit d'une responsabilité particulièrement délicate du fait qu'elle influe de façon décisive sur la constitution de l'identité et, partant, sur l'équilibre émotionnel qui en découle.

QUATRIÈME PARTIE

LA CONSTRUCTION
DE L'IDENTITÉ

CHAPITRE 17

LES TROUBLES DE L'IDENTITÉ

L'enfant doit se tourner vers son père ou sa mère pour savoir ce qu'il est parce qu'il ne dispose pas de l'outillage mental lui permettant de donner du sens à ses activités. Il manifeste un besoin insatiable qu'on porte attention à tout ce qu'il fait. Le regard du parent constitue ainsi un rouage essentiel dans le processus par lequel l'enfant façonne son identité. Pour construire sa représentation de lui-même, l'enfant se base non sur ce qu'il vit, mais sur l'image qui lui est retournée par ceux qui le regardent vivre.

Quand le parent est présent à l'expérience de l'enfant et se montre capable de lui renvoyer une vision de lui-même qui reflète fidèlement la réalité, la constitution de l'identité peut se réaliser sans problème. L'enfant se voit exister dans les yeux de son parent et ce qu'il voit est conforme à ce qu'il est. Il se sent alors investi et peut intégrer les représentations de lui-même qui lui sont transmises sans distorsion de sens.

Dans les faits, ce processus est plus complexe. Le regard du parent n'est pas un simple objectif photographique relié à une mécanique quelconque. Il est situé dans un corps vivant, habité par une personne qui a elle-même besoin d'être regardée et dont le regard peut être déformé par l'humeur, les besoins, les valeurs ou les sentiments. La contribution du parent à l'élaboration de l'identité de l'enfant varie donc grandement d'un parent à un autre.

Le parcours vers l'identité apparaît ainsi semé d'obstacles, dont le principal réside dans le manque de disponibilité du parent pour offrir le regard nécessaire. Il peut s'ensuivre divers problèmes ou troubles de l'identité.

Être ou ne pas être : l'absence d'identité

La scène se déroule dans une chambre d'hôpital où une mère reçoit des visiteurs à la suite de l'accouchement de son deuxième enfant. Pendant que ceux-ci s'extasient devant le nouveau-né, son frère aîné, âgé de trois ans, tente d'attirer l'attention en faisant du bruit et des pitreries. Un témoin justifie l'attitude de l'enfant en affirmant que «ce n'est pas facile pour lui, car il doit faire sa place».

Cette réflexion paraît opportune au premier abord parce qu'elle témoigne d'une sensibilité à la détresse exprimée par les sollicitations maladroites de l'enfant. Mais au-delà des considérations en rapport avec le vécu de celui-ci, il y a une reconnaissance implicite que sa quête s'inscrit dans un ordre normal dont il n'y a pas lieu de se formaliser. Il y aurait pourtant matière à le faire.

L'enfant ne doit pas faire sa place. Il ne devrait pas avoir à se battre pour demeurer quelqu'un de significatif aux yeux des personnes qui lui sont chères et conserver sa part d'investissement. L'attitude de l'enfant qui montre une propension à agir de la sorte n'est pas celle d'un être qui a été l'objet d'un investissement sain.

Investir adéquatement un enfant, c'est lui garantir la présence d'un regard sur lequel il pourra compter quoi qu'il arrive, pour autant qu'il respecte celui qui le dispense. Il n'a pas à lutter pour faire sa place, puisque celle-ci est déjà faite et demeurera sienne dans toutes les circonstances. Certes, la naissance d'un nouvel enfant peut susciter un sentiment d'inquiétude, voire de menace chez son aîné, mais le danger sera bref, l'expérience ayant tôt fait d'en démontrer le peu de fondement. Et personne ne pourra dire qu'il doit faire sa place.

LA DISPONIBILITÉ AFFECTIVE APPARENTE

Cet exemple fait néanmoins état de la réalité affective de certains enfants dont les parents sont trop préoccupés par leur propre quête pour être présents à la leur. Ces parents ne se tournent jamais spontanément vers leur enfant ; ils ne l'investissent que par réaction, quand ils y sont contraints. Cela ne veut pas dire qu'ils ne s'en occupent pas adéquatement. Quelques-uns présentent même toutes les apparences de parents exemplaires, soignant les petits bobos, veillant à l'hygiène, favorisant de bonnes habitudes alimentaires, se conformant aux exigences de l'école et observant les règles de prudence élémentaires, mais ils ne sont ni à l'écoute de ce que vit leur enfant, ni en mesure de le faire vivre en eux.

Ces parents sont tout entiers à leur propre quête intérieure et vivent à l'heure de la course au championnat de leur équipe sportive, des péripéties de leur feuilleton favori, de la catastrophe collective qui défraie les manchettes, du projet qu'ils espèrent mener à terme, des querelles du bureau, de leur rencontre de la veille, de la prochaine partie de golf ou de leur dernière acquisition. Il faut que leur enfant les arrache à leur univers intérieur pour se voir exister dans leurs yeux. Il en résulte que chacun des regards obtenus est le résultat d'un effort soutenu de l'enfant, qui évolue dans un contexte où attirer l'attention devient en soi un exploit.

Autant ces parents sont peu présents à leur enfant dans l'intimité de la vie domestique, autant ils peuvent paraître intéressés quand ils se trouvent en public. L'enfant constate alors, non sans étonnement, un intérêt auquel il ne s'est pas habitué. Il s'agit cependant d'une imposture car nous sommes alors, non pas devant un parent qui investit son enfant, mais plutôt devant un parent qui utilise le rapport avec son enfant pour être investi par un tiers.

On peut reconnaître ce phénomène à quelques indices. Certains parents se mettent à converser à voix haute avec leur enfant quand ils croisent un étranger. Or, normalement, deux personnes qui discutent seront portées à interrompre leur conversation quand elles cessent temporairement d'être seules, surtout si l'échange présente un certain caractère d'intimité. Le parent en quête de regard hausse le ton avec son enfant pour être entendu d'un tiers. Il est à ce moment davantage en relation avec la personne qui regarde qu'avec son enfant.

Un raisonnement analogue s'applique aux parents qui, sans retenue, parlent à qui veut l'entendre de tout ce qui arrive à leur enfant. Certains s'adressent à des amis ou à des collègues de travail, alors que d'autres prennent la population entière à témoin des faits et gestes de leur enfant dans des entrevues télévisées ou dans des reportages. Or, de façon générale, la place réelle que l'enfant occupe dans l'intimité de sa relation avec son parent est inversement proportionnelle à celle qu'il occupe dans les conversations. En d'autres termes, plus le parent est porté à investir son enfant en public, moins il est apte à le faire en privé.

Que se passe-t-il, en réalité? Quand un parent parle d'un de ses enfants, il fait référence à un prolongement de lui-même qu'il présente comme un être dissocié. Ainsi il peut à la fois affirmer la valeur de son enfant comme quelque chose d'extérieur à lui et participer à la grandeur qu'il a contribué à susciter. Parfois, et subtilement, le parent présente ses propos comme une critique de son enfant alors que ce qu'il ressent et communique relève davantage de l'admiration: «Moi, ma fille, quand elle a décidé qu'elle ne veut pas…», «Lui, il ne faut pas le contrarier, il a tout un caractère!». Dans tous les cas, le parent incite ses interlocuteurs à l'investir en passant par son enfant, mais ce dernier ne tire aucun profit de l'exercice. Plus un parent parle fréquemment et sans discernement de ses enfants, plus il manifeste le besoin d'affirmer sa propre existence et, conséquemment, moins il est disponible à celui qui compte sur lui pour être investi.

Il ne faudrait pas en conclure que la personne qui raconte à l'occasion une anecdote à propos de son enfant est un mauvais parent. C'est la constance du phénomène qui indique le peu de disponibilité à investir. On ne doit pas non plus penser que les parents qui ne parlent jamais de leurs enfants sont automatiquement de bons parents. Leur attitude peut être aussi bien l'expression d'une absence d'intérêt que d'un choix délibéré de préserver l'intimité de leur relation avec leur enfant.

Il n'en demeure pas moins que l'investissement d'un enfant est un processus intime dont la valeur tient plus à la qualité de la présence à son expérience qu'aux épanchements en public. L'enfant doit ressentir que ce qu'il vit concerne son parent, que ce soit bien ou mal, exceptionnel ou anodin. Lorsque ce n'est pas le cas, lorsque le parent est incapable de se décentrer de sa propre expérience pour donner du sens à ce que fait son enfant, le réflexe de celui-ci sera de se tourner vers d'autres pourvoyeurs affectifs, bien souvent sans plus de succès.

LES SUBSTITUTS AFFECTIFS

L'attachement excessif ou exclusif à un ami, à une sœur, à un oncle, à une voisine, à un grand-parent, à un professeur, à un entraîneur ou même à un animal est presque à coup sûr l'indice d'une lacune sur le plan relationnel. Il n'est pas anormal qu'un enfant ait un ami ou prenne plaisir à jouer avec un animal, mais quand la présence de l'un ou de l'autre tient lieu de nécessité, quand son effet sur la vie affective de l'enfant est plus important que celui du parent, alors il y a lieu de s'interroger sur la qualité de l'investissement dont l'enfant est l'objet et de s'inquiéter de ce que sera son devenir sur le plan de l'identité personnelle.

Un animal, aussi attachant soit-il, ne peut rien apporter de plus que sa présence. Il peut atténuer le sentiment de manque mais certainement pas combler le vide affectif, puisqu'il n'a pas la propriété de donner du sens à ce que vit l'enfant. Il ne peut être agent de développement; sa fonction est uniquement palliative.

L'intimité relationnelle avec un autre enfant ne mène guère plus loin. Quelle que soit la nature de l'attachement qui relie les deux enfants, chacun demeure un être qui a besoin d'être investi et qui dispose de peu de ressources pour répondre aux besoins de l'autre. Le rapprochement entre enfants se fonde souvent sur une quête commune; ils ne sont pas unis par ce qu'ils ressentent l'un pour l'autre, mais par le fait que l'un retrouve chez l'autre ses propres griefs ou attentes face au monde extérieur. Quand l'un s'inquiète de l'autre, ce n'est pas avec le désintéressement que commande l'ouverture à la souffrance d'autrui, mais avec l'excitation que suscite la sensation d'être important pour quelqu'un. Quand l'ami tient lieu de parent, il y a gros à parier que la proximité relationnelle a été établie à partir des carences de chacun. Loin de constituer la promesse d'un enrichissement mutuel, cette relation peut au contraire accentuer la détresse intérieure et conduire à des excès dont l'expression la plus morbide est la conclusion d'un pacte de suicide.

Quand le besoin est déplacé sur un adulte, le risque d'une évolution malsaine n'est pas aussi évident. Mais on reste en droit de se questionner sur la motivation qui anime l'adulte à entretenir un lien privilégié avec un enfant qui n'est pas le sien, mises à part les inclinations d'ordre sexuel qui relèvent de la morbidité affective. Cette personne a-t-elle elle-même besoin d'affection? Ressent-elle l'urgence d'affirmer sa valeur en tant que parent idéal? L'occupation d'un espace affectif laissé vacant par le parent relève rarement d'un altruisme authentique. Celui ou celle qui se laisse entraîner dans un glissement de rôle et en vient à se substituer au parent est déterminé d'abord par sa propre quête, même si la sollicitation dont il se sent l'objet est bien réelle. Il risque d'investir l'enfant le temps qu'il y trouve son compte, puis de prendre ses distances sur le plan affectif quand la réalité des besoins envahissants de l'enfant l'aura entraîné aux limites de son idéal personnel.

La recherche de substituts affectifs mène le plus souvent l'enfant à des désillusions qui le ramènent à son vide intérieur, qu'il en viendra graduellement à ressentir comme un état permanent. Comme il ne dispose pas d'assises intérieures solides, il se trouve dans l'impossibilité de se constituer une identité satisfaisante.

Le devenir de l'enfant peu investi

Les enfants ne réagissent pas tous de la même façon à une carence d'investissement, même s'ils sont tous plus ou moins condamnés à vivre une condition qui les conduira à la dépendance du regard des autres pour avoir le sentiment d'être quelqu'un. Certains vont s'éteindre sur le plan émotif alors que d'autres vont chercher activement à concentrer sur eux les regards disponibles, ne reculant devant aucun moyen pour assurer leur survie intérieure.

Dans le premier groupe, on retrouve des enfants passifs et sans relief, incapables de se mobiliser par eux-mêmes. Ce sont généralement des enfants que rien ne semble intéresser et qui n'intéressent personne. On les qualifie volontiers de lunatiques et de peu motivés à l'école. Ils passent inaperçus partout où ils vont, se montrant incapables d'éveiller quoi que ce soit dans leur entourage. Ils se rabattent sur des gratifications primaires comme la nourriture pour donner une saveur à leur existence et affichent une prédilection pour les activités qui favorisent l'identification, comme la télévision ou le cinéma, de manière à pouvoir «être» à peu de frais. À l'occasion, ils vont prendre vie quand une personne manifeste soudain un intérêt à leur endroit; on les verra devenir plus expressifs et animés pendant un court moment, puis s'éteindre de nouveau en même temps que le regard posé sur eux.

Une analyse du contexte familial dans lequel s'est effectué leur développement révèle souvent que ce sont des enfants qui ont été bien encadrés à défaut d'être bien investis, ce qui a contribué à les mettre hors circuit sur le plan de la quête relationnelle. Leur aptitude à se comporter adéquatement et à contrôler leurs excès ne leur sert qu'à se faire oublier davantage. Ils ont toutefois le mérite de ne nuire à personne.

Le second groupe est constitué d'enfants en apparence plus vivants. En les observant de plus près cependant, on constate qu'ils sont plus actifs que vivants. Un enfant vivant est plein d'entrain, dynamique et entreprenant; il transmet des idées et réalise des projets; il transpire le plaisir de vivre. Ce n'est pas là le portrait type des enfants dont la fébrilité est davantage l'expression d'une détresse intérieure que d'une joie de vivre. Ils sont bruyants, turbulents et mus par une quête agressive qui les porte à chercher constamment à se mettre en évidence sans être capables de mobiliser leurs ressources adéquatement ni de tenir compte des gens qui les entourent. Ils sont accaparants et dérangeants. Ils font des pitreries, parlent plus fort que leur entourage et participent à tous les tours pendables. On peut les décrire comme agités et ayant des difficultés d'attention. Ils sont surtout en manque d'être investis et entièrement déterminés par leur besoin de constituer un centre d'intérêt.

À la différence des enfants du premier groupe, on constate qu'en plus d'avoir été peu investis, ils ont souffert d'un encadrement déficient. Leur condition d'enfant peu structuré leur a permis de canaliser sur eux un certain investissement, mais celui-ci ne leur a été en rien bénéfique parce qu'il était de l'ordre du rejet. Ils en viendront à éprouver les mêmes carences que les enfants du groupe précédent. Dans un cas comme dans l'autre, l'accession à une identité satisfaisante se trouve sérieusement compromise.

Être et ne pas être : l'identité conflictuelle

Si être peu investi produit à coup sûr une condition de carence, l'être massivement n'est pas forcément la garantie d'un développement harmonieux. Il est essentiel que l'enfant qui se tourne vers son parent pour savoir ce qu'il est obtienne une réponse, mais encore faut-il que ce soit la bonne ! Si le regard du parent est faussé par sa propre expérience, la représentation qu'il retournera à l'enfant risque de s'en trouver déformée. Ce regard peut indiquer à l'enfant qu'il est ce qu'il n'est pas ou, à l'inverse, qu'il n'est pas ce qu'il est.

L'enfant ainsi investi se trouve dans l'obligation d'intégrer une représentation de lui-même qui ne correspond pas à la réalité de ce qu'il est. Il en résulte des contradictions internes qui débouchent à plus ou moins longue échéance sur l'éclosion d'un large éventail de problèmes existentiels : tension, anxiété, dépression, insatisfaction, etc. Comment de tels aboutissements sont-ils possibles ?

Chaque parent est le produit d'un développement particulier qui l'a conduit à faire l'expérience de besoins et de limites qui lui sont propres. Il peut être en quête de pouvoir, de richesse ou d'aisance matérielle, de considération sociale, d'affection, etc. Certains adultes tolèrent mal l'agressivité alors que d'autres sont facilement ébranlés dans leur estime d'eux-mêmes ou éprouvent un malaise face à tout ce qui est d'ordre sexuel, et ainsi de suite.

Lorsque vient le temps d'investir son enfant, le parent qui pose son regard risque à tout moment d'être influencé par les désirs et les peurs qui l'habitent. Il peut être tenté de demander à l'enfant d'être ce qu'il veut pour que lui-même, le parent, se sente grandi, même si cette attente ne convient pas naturellement à l'enfant. À l'inverse, il peut lui interdire d'être ce qu'il ne peut tolérer pour que lui-même ne se sente pas remis en question, même si ce que l'enfant est n'a rien de répréhensible.

Il peut ainsi advenir qu'un enfant ressente l'obligation de devenir un athlète, que cela lui convienne ou non, parce que son parent a déplacé ses attentes sur lui. Selon la même logique, un autre enfant peut acquérir la conviction intime qu'il n'a pas le droit de ressentir de l'agressivité, parce que son parent est une personne anxieuse qui perd ses moyens quand elle se trouve placée devant une attitude volontaire, aussi inoffensive soit-elle.

Nous reviendrons plus loin sur les différents destins qui attendent de tels enfants, mais voyons d'abord de quelle manière l'exposition permanente à un regard déformé peut fausser le processus par lequel l'enfant constitue son identité et conduire à certains malaises existentiels.

L'anatomie du surmoi

L'enfant veut être investi. C'est pour lui une question de survie psychique. Pour peu que son parent lui paraisse être un pourvoyeur crédible, il sera attentif à sa façon de se situer et s'appliquera à incarner ce qui sera susceptible de recevoir le meilleur accueil. Il cherchera à être ce qui va dans le sens des attentes du parent et à ne pas être ce qui suscite une réaction défavorable.

S'il était capable de mettre aisément en veilleuse son expérience personnelle pour se conformer aux attentes de son parent, le dommage intérieur ne serait pas bien grand. Il se résumerait probablement à un certain regret de ne pas avoir pu suivre le chemin tracé par ses aspirations originelles. Mais les choses ne se passent pas de cette façon. En admettant même qu'il y ait regret de ne pas avoir suivi une voie personnelle, celui-ci ne rendrait compte en aucune façon des tiraillements internes permanents qu'on constate chez les personnes qui ont été l'objet d'un investissement problématique.

Le phénomène de la persécution interne

L'enfant est indissolublement lié à ses expériences. Il ne peut ressentir ce qu'autrui voudrait qu'il ressente, pas plus qu'il ne peut s'empêcher de ressentir ce qu'autrui voudrait qu'il ne ressente pas. Si un parent présente son enfant comme un être affranchi de ses besoins et disponible aux autres, celui-ci pourra se comporter comme tel, mais ses besoins n'en continueront pas moins de faire pression à l'intérieur, même s'il fait tout pour se convaincre qu'il est aussi détaché que son parent le souhaite. De même, si un parent interdit à son enfant de vivre la peur, celui-ci pourra faire taire en lui les manifestations de cette nature et même les mépriser ouvertement, mais il ne pourra les empêcher d'exister, pas plus qu'il ne pourra s'empêcher de les éprouver, aussi loin de sa conscience puisse-t-il les maintenir.

L'enfant ainsi exposé au regard d'un parent déformé par ses propres besoins se trouve devant un dilemme. Il veut être ce que le parent veut qu'il soit, mais il ne peut s'empêcher d'être ce qu'il est. La seule solution viable pour lui est de dénier ce qui, dans sa représentation de lui-même, ne convient pas aux attentes du parent et de traiter ensuite cette dimension de lui-même comme un corps étranger qu'il n'a pas à assumer. Il peut alors profiter pleinement du regard parental et se constituer intérieurement sur la base de ce qui lui a été suggéré.

Par exemple, il manifestera un désintéressement absolu en contradiction directe avec l'égocentrisme naturel de l'enfance, il fera preuve d'un pacifisme qui interdit toute mobilisation agressive même légitime, il se présentera en tant qu'être asexué en dépit de l'éveil de ses sens, il ne reculera devant aucun affrontement sans tenir compte de la détresse intérieure qu'il s'inflige, il évoluera dans une condition de dépendance qui fait obstacle à la marche normale vers l'autonomie, il cultivera une image de responsabilité qui ne laisse aucune place à l'insouciance pourtant normale en bas âge, il s'astreindra à des apprentissages menant à des accomplissements qui ne correspondent pas à ses aspirations personnelles.

Ce n'est pas là la seule conséquence. Il n'est pas facile à l'enfant de se contraindre à incarner ce qui lui est imposé et encore moins de faire abstraction de ce qui fait pression en lui. Comme le parent n'est pas toujours là pour l'inciter à aller dans le sens voulu, on pourrait s'attendre à ce qu'il soit plus à l'écoute de ses propres besoins et cède davantage à ses impulsions quand il n'est plus sous le regard de son père ou de sa mère ; or, ce n'est souvent pas ce qui se produit. Au fil des échanges quotidiens, l'enfant, par identification, en vient à établir une alliance affective avec son parent, qui le conduit à faire siennes les exigences de celui-ci. Il prend la part du parent contre la facette de lui-même qui est objet de réprobation et qui est considérée comme mauvaise à l'intérieur de lui-même, au point d'en faire la cible de l'agressivité qu'a fait naître en lui la mise à l'écart de ses besoins authentiques. Il dirige cette agressivité sur cette partie de lui-même que son parent juge inacceptable. Il se persécute ainsi lui-même et s'en prend avec acharnement à ceux qui sont au grand jour ce que lui-même ne peut assumer d'être. C'est de cette façon que naît ce qu'on appelle le surmoi.

Prenons le cas d'une mère qui, tout au long de sa jeunesse, a souffert de se sentir réduite à la dimension esthétique de sa présentation au point d'en être venue, dans un mouvement de révolte, à considérer comme avilissant tout effort de coquetterie. Elle ne peut s'empêcher d'émettre des commentaires désobligeants, voire méprisants, devant le spectacle d'une personne qui soigne son apparence, la décrivant comme superficielle et asservie aux stéréotypes sociaux. Exposée à cette vision de la femme, sa petite fille la fera sienne probablement et jettera le même regard indigné sur ceux et celles qui attachent de l'importance à leur apparence. Sa réprobation restera cependant en surface : elle désapprouvera au nom d'une autre. Quand sa féminité s'éveillera et, avec elle, le besoin de plaire qui ouvre naturellement sur une certaine recherche dans la présentation, elle se trouvera en conflit avec elle-même et forcée de réprimer une dimension de son être qui n'en continuera pas moins de tendre à s'exprimer, correspondant à des préoccupations aussi fondamentales que légitimes. Plus la sollicitation à soigner son apparence fera pression, plus l'attitude répressive contraire sera renforcée. Il s'ensuivra un malaise où s'entremêleront l'insatisfaction issue de la contrainte intérieure et l'angoisse de perdre le droit d'exister intérieurement.

Ce genre de cheminement conduit l'enfant à exercer, à son insu, une action persécutrice sur lui-même. Il devient en quelque sorte le gardien des exigences du parent et se forge une identité à l'image de ce qui est attendu, tenant résolument à l'écart ce qui est considéré comme irrecevable dans l'expression spontanée de son individualité. Son destin n'est plus d'être ou de ne pas être, mais plutôt, simultanément, d'être et de ne pas être : être ce qu'il n'est pas, ne pas être ce qu'il est.

Cette dualité intérieure est à l'origine de conflits internes permanents dont l'expression varie d'une personne à l'autre, mais qui témoignent toujours d'un certain mal de vivre. On dira de l'un qu'il est un éternel insatisfait, de l'autre qu'il a une nature tourmentée, d'un troisième qu'il est incapable de profiter de la vie, d'un quatrième qu'il est trop exigeant envers lui-même, et ainsi de suite.

Le persécuteur interne chez l'enfant comme incarnation de l'hostilité des parents

Il ne suffit pas que le parent indique à son enfant qu'il n'aime pas quelque chose pour que celui-ci mette ses besoins en veilleuse et oriente son développement dans le sens voulu. Si tel était le cas, les enfants préféreraient les légumes aux friandises, les études aux loisirs et les grands compositeurs classiques aux groupes populaires. Pour qu'un enfant ressente l'urgence de se conformer aux attentes du parent, il faut qu'il se sente en danger d'être détruit intérieurement. Or, il ne peut éprouver ce genre d'impression que lorsqu'il est l'objet d'un mouvement hostile, qui ne peut lui-même émerger que dans l'éventualité où le parent sent sa propre intégrité menacée. Ce n'est que lorsque celui-ci se sent remis en question par la façon d'être de son enfant et animé par une violence émotionnelle empreinte d'hostilité qu'il est susceptible d'exercer une pression de nature à détourner l'enfant de ses aspirations naturelles.

Il convient de bien distinguer ici la charge hostile de la décharge agressive. Une personne est agressive quand elle est physiquement indisposée. Un animal menaçant, une télévision qui flanche, une automobile qui ne démarre pas peuvent susciter de l'agressivité, c'est-à-dire commander la mobilisation d'une certaine quantité d'énergie destinée à faire disparaître la source de frustration ou le danger. L'hostilité quant à elle est une émotion qui ne concerne que les échanges entre êtres humains et dont une personne fait l'expérience lorsqu'elle est indisposée sur le plan psychique, c'est-à-dire lorsque son intégrité personnelle (ce qu'elle est) se trouve mise en cause.

Se sentir ignoré, repoussé, méprisé, humilié ou rejeté peut faire naître un mouvement hostile qui portera, en retour, à exprimer une violence émotionnelle destinée à atteindre l'autre dans ce qu'il incarne. La personne hostile ne frappe pas les gens qui l'entourent. Pourtant, son aptitude à blesser ou à heurter les autres en cherchant toujours à prendre avantage de leur vulnérabilité est de nature à inspirer une crainte supérieure à la menace que peut constituer une personne impulsive.

Tant que la façon d'être de l'enfant n'est pas ressentie comme menaçante par le parent, ce que celui-ci transmet reste dans le registre de l'agressivité et n'a pas d'effet significatif sur son organisation interne. L'enfant qui lance ses jouets, lève le nez sur un repas, s'esquive au moment des devoirs, bouscule son frère ou dérange sa sœur risque fort d'indisposer son parent, mais ce dernier ne se sentira pas nécessairement remis en question par de tels écarts. Il se mettra en colère, signifiera sa réprobation, prendra des moyens pour décourager la récidive, mais il n'exprimera pas de haine à l'égard de l'enfant. Celui-ci, de son côté, ne vivra pas de grands bouleversements intérieurs par suite des réprimandes dont il a été l'objet.

Quand les exigences et les interdits sont dictés par la raison et exprimés avec tout au plus une bonne dose d'agressivité, sans débordement destructeur, l'enfant les reçoit comme des contraintes objectives, dont il doit tenir compte, mais dont il peut aussi contester le bienfondé avec toute la mauvaise foi dont il est capable. Et, quelles qu'elles soient, les préférences du parent n'influeront en rien sur les élans spontanés de l'enfant et ne pèseront pas lourd face à l'attrait exercé par les figures d'identification populaires qui entraînent des masses de jeunes dans leur sillage.

L'enfant élevé dans le respect de ses besoins et maintenu dans les limites que commande l'adaptation développera ses propres goûts et ses propres intérêts, tout en intégrant graduellement les contraintes qu'il contestait au départ, non par identification pathologique avec son parent (pression du surmoi), mais simplement parce qu'il sera devenu apte à en reconnaître la pertinence. Le regard du parent le soutiendra tout au long du processus le menant à façonner sa propre identité, sans que le parent ne substitue sa propre quête à celle de son enfant et ne l'associe à ses guerres intérieures.

C'est uniquement dans le contexte d'un investissement hostile que l'identité de l'enfant peut se trouver contaminée par l'expérience du parent. L'hostilité se traduit en général par un mouvement de fond qui n'est pas seulement dirigé sur une attitude ou un comportement isolé, mais qui prend pour cible toute une facette de la personnalité de l'enfant. Le parent surinvestit alors une certaine façon d'être qu'il veut voir adoptée par son enfant parce qu'elle convient à ses propres besoins ou, à l'inverse, il désavoue une dimension spontanée de son enfant parce qu'elle le renvoie à ses propres limites.

Dans un cas comme dans l'autre, l'enfant se sent l'objet d'un investissement conditionnel. S'il est poussé à développer une identité sur la base des aspirations du parent, il reçoit le message : «Tu seras quelqu'un à mes yeux si tu es ceci (ce que j'ai besoin que tu sois).» S'il est contraint de faire abstraction d'éléments de son expérience dont le parent ne peut accepter l'expression, le message devient alors : «Tu seras quelqu'un à mes yeux si tu n'es pas cela (ce que je ne peux tolérer que tu sois).»

Les identités conditionnelles

L'enfant incité à faire siennes les aspirations du parent s'oriente vers une organisation de personnalité dominée par la nécessité de se soumettre à un idéal qui a préséance sur lui-même. Par ailleurs, l'enfant contraint de faire taire ce qui est jugé indésirable en lui évoluera davantage dans un monde d'interdits et de restrictions intérieures. Si les enfants peu investis sont condamnés à évoluer perpétuellement en quête d'un regard susceptible de donner du sens à ce qu'ils sont, les enfants investis de façon conditionnelle sont condamnés, eux, à n'être que ce qu'on leur a permis d'être.

La soumission à l'idéal ou l'identité imposée

On retrouve ici des enfants qui ont été l'objet d'un investissement constant et soutenu de la part de leurs parents, ce qui leur a garanti l'accès à une identité à bien des égards satisfaisante et ouvrant sur des réalisations personnelles dignes de mention. Ce sont des enfants qui vont probablement bien réussir à l'école, développer des habiletés particulières, faire preuve de motivation et de persévérance dans l'effort, se montrer capables de se singulariser quand ils en ont l'occasion et de s'affirmer lorsque la situation l'exige. Cependant, en dépit de leurs accomplissements, ils ne paraîtront pas épanouis, mais toujours un peu tendus, préoccupés, comme s'ils étaient habités par l'inquiétude permanente de ne pas être à la hauteur au point de ne jamais être en paix avec eux-mêmes.

Les parents de ces enfants avaient déjà une image précise de ce qu'ils devaient être au moment où ils ont commencé à les investir. Ils ont transmis cette image à leur enfant avec la consigne claire de tout faire pour y correspondre. À la différence des parents plus dégagés sur le plan émotif, qui vont chercher à amener leur enfant à être ce qu'il peut être de mieux en tenant compte de ses besoins, de ses limites et de ses préférences, ils ont, eux, imposé à leur enfant une vision préconçue de son identité future qui a été de surcroît déformée par leurs besoins personnels.

L'enfant exposé chaque jour au regard d'un parent qui lui signifie qu'être quelqu'un c'est agir conformément à l'idéal suggéré en vient graduellement à faire alliance avec son parent et à prendre partie contre tous ceux qui ne se soumettent pas aux exigences de cet idéal, y compris lui-même. La notion d'idéal ne renvoie pas seulement ici à la réalisation, par l'enfant, d'exploits qui permettent au parent de vivre une expérience de grandeur autrement inaccessible ; l'idéal, considéré dans une perspective élargie, renvoie à tout ce qui est considéré par le parent comme l'expression par excellence de sa qualité humaine.

Le parent peut désirer que son enfant soit un surdoué, un virtuose ou un champion dans une discipline quelconque, mais il peut aussi souhaiter qu'il soit un exemple d'altruisme, un modèle d'autonomie, un petit adulte responsable, un militant en herbe, un défenseur des opprimés, un mâle dominant, une féministe prête à monter aux barricades, un bohème contestataire ou un amant de la nature. Cela ne veut cependant pas dire qu'un enfant fiable ou généreux, qui cherche à affirmer sa valeur comme garçon ou se soucie d'être respecté comme fille, qui se montre sensible à la souffrance, critique face aux idées reçues ou conscient de la fragilité de l'équilibre écologique est un être forcément perturbé. C'est l'urgence intérieure conduisant une personne à faire abstraction de ses besoins et de ceux des autres, et à tout subordonner aux exigences de l'idéal, qui est l'indice d'un investissement problématique.

Ainsi, en référence aux exemples précédents, il y a de fortes chances qu'une personne soit aux prises avec une identité en quelque sorte imposée quand elle présente l'une ou l'autre des caractéristiques suivantes :

- elle ne se permet aucun relâchement parce qu'elle se sent responsable de tout ce qui se passe autour d'elle, même quand elle n'est pas concernée ;
- elle est constamment disponible aux autres au point de ne plus l'être pour elle-même ;
- elle ressent continuellement la nécessité de faire étalage de sa force ;
- sa condition d'homme ou de femme devient le centre de son univers personnel au lieu d'être une composante parmi d'autres de son individualité ;
- son anticonformisme devient systématique et indifférencié ;
- ses préoccupations en rapport avec la souffrance ou la communion avec la nature tournent à l'obsession.

On peut soutenir que cette personne a été exposée, durant son enfance, au regard d'un parent qui lui a imposé sa vision de l'idéal et qui a réagi avec hostilité à ses tentatives de s'écarter du chemin tracé pour suivre ses propres inclinations.

La pression hostile du parent engendre un sentiment de menace qui demeure vivace en dépit du passage du temps et qui pousse l'enfant à aller toujours plus loin dans le sens de l'idéal. En vieillissant, cet enfant fera preuve d'une détermination de plus en plus poussée qu'on prendra peut-être pour de la passion. La personne qui s'engage profondément dans une cause sur le plan émotionnel est souvent mue par un sentiment de nécessité qui procède davantage de la peur que de l'exaltation. Par ses multiples combats, c'est sa survie intérieure qu'elle cherche à assurer.

L'enfant investi sur la base de sa soumission à un idéal qui lui est étranger est généralement destiné à être productif et capable de réalisations relevées. Traîner en permanence avec soi un tortionnaire intérieur présente l'avantage de garantir la constance de l'effort. Mais une fois devenu adulte, il ne sera ni bien dans sa peau, parce qu'il agit en marge de lui-même, ni de commerce agréable, parce qu'il est intolérant envers la défaillance et fait toujours passer la cause avant les gens. La personne qui se croira aimée de lui devra prendre garde de ne pas trop s'éloigner de l'idéal commun, sous peine d'être l'objet d'un rejet sans appel.

La soumission aux interdits ou l'identité réprimée

Avec ce second type d'investissement conditionnel, on entre dans le monde de l'inhibition, de la timidité, de la difficulté à exprimer son agressivité, à s'épanouir sexuellement, à affirmer son autonomie ou à établir son indépendance. Il s'agit toujours d'enfants investis de façon conditionnelle par leurs parents, mais en vue de s'abstenir d'être ce que ceux-ci ne peuvent tolérer qu'ils soient plutôt qu'en vue d'incarner ce qui permettrait à ceux-ci de se sentir grandis.

À un moment ou l'autre du développement de son enfant, le parent s'est trouvé devant une réalité à ce point redoutable qu'il ne pouvait en permettre l'expression. La violence de sa réaction émotionnelle a alors été telle que l'enfant n'a eu d'autre choix que de chercher à faire taire en lui ce qui était jugé irrecevable, reléguant aux oubliettes tout un registre d'expériences pourtant légitimes et inoffensives en soi. Il suivra dès lors un parcours similaire à celui des enfants du groupe précédent : exposé au mouvement hostile du parent, il déniera la partie de lui-même qui en est la cible et fera alliance avec le parent contre ce qui est décrété indésirable. Il en viendra ainsi graduellement à développer une aversion pour une façon d'être qu'il réprouve violemment chez les autres sans se rendre compte qu'il la porte en lui.

Ce qui est interdit n'en demeure pas moins présent et cherche constamment à s'exprimer. Quand la sollicitation intérieure devient trop forte, l'enfant ressent une sensation de danger qui se manifeste sous forme d'angoisse. Il intensifie alors la pression contraire de manière à maintenir réprimé ce qu'il ne peut pas reconnaître en lui-même. Il évolue ainsi dans un contexte permanent de rapport de forces intérieur qui mine son fonctionnement et l'empêche de vivre sereinement. Bien que la dimension frappée d'interdit varie selon la vulnérabilité du parent, l'identité qui en résulte est organisée autour de ce que l'enfant n'est pas plutôt qu'autour de ce qu'il est.

Prenons par exemple un parent qui est incapable de composer avec l'agressivité primitive de son petit garçon de deux ans et qui apparaît dépassé dès qu'il se manifeste de façon un peu trop volontaire. Normalement, le message communiqué à l'enfant qui frappe sa sœur ou brise ses jouets devrait être : «Je comprends que tu puisses ressentir de l'agressivité, mais je ne te laisserai pas l'exprimer de manière inadaptée.» Le parent peut s'élever contre l'agir de l'enfant et même contester les motifs qui l'ont conduit à se mettre en colère, mais il ne remet pas en question son droit de ressentir de l'agressivité. L'enfant se trouve alors placé devant la nécessité de moduler ses impulsions et même d'en freiner l'expression, conservant au moins le privilège de les vivre. Ce n'est pas le cas dans notre exemple.

L'enfant en relation étroite avec un parent porté à l'anxiété, éprouvé par ses moindres mouvements d'humeur et impuissant à contenir ses débordements risque de susciter une détresse émotionnelle telle qu'elle conduira le parent à lui transmettre comme message : «Je t'interdis de ressentir de l'agressivité», plutôt que «Je veux que tu exprimes adéquatement ton agressivité». Devant cette attitude hostile, l'enfant en vient à se sentir mauvais lorsqu'il vit de l'agressivité, au point de ressentir l'urgence de faire taire en lui toute mobilisation de cette nature. Dès lors, l'endiguement de l'agressivité devient la pierre angulaire de son organisation de personnalité.

L'extraction massive de la composante agressive influence l'ensemble de sa présentation en même temps qu'elle altère significativement son potentiel d'adaptation. On se trouve devant un enfant inhibé, timide, trop conciliant, incapable de s'affirmer, paralysé par l'angoisse quand il ressent une décharge agressive. Il est devenu ainsi uniquement parce qu'il a été exposé au regard déformé d'un parent qui a décrété mauvais ce qui ne l'était pas en soi, amenant son enfant à se couper d'une dimension essentielle de lui-même.

Voyons la situation d'une petite fille de quatre ans qui éveille simultanément l'intérêt de son père et la jalousie de sa mère au moment où elle sort de l'indifférenciation de la petite enfance et devient une personne sexuée. Ce genre de problème survient dans un contexte où le père est une personne immature et centrée sur ses besoins, qui a choisi son épouse sur la base de son attrait physique. La naissance de sa petite fille l'a laissé relativement indifférent ; il l'a investi de façon fonctionnelle, la laissant aux soins de sa mère, qui, elle, a assumé sainement jusque-là sa relation avec son enfant et l'a investie adéquatement.

Les enjeux relationnels changent lorsque l'enfant passe de la condition de nourrisson à celle de petite femme coquette et enjôleuse. Elle découvre alors qu'elle peut exister dans les yeux de son père par la séduction qu'elle exerce. Cet exercice de charme, en soi inoffensif, peu sexualisé et qui va de pair avec l'apparition du désir de plaire, est accueilli avec complaisance par le père, mais la mère se sent doublement menacée. Elle sait qu'elle perd une exclusivité relationnelle satisfaisante avec sa fille et elle découvre en son enfant une rivale qui cherche à s'imposer sur son propre terrain.

La mère sera tentée de condamner violemment et sans nuance toute expression d'un mouvement de séduction chez son enfant, aussi innocent soit-il. Et la petite fille se verra dans l'obligation de faire front commun avec sa mère contre ce qui est décrété mauvais en elle-même. Elle deviendra ouvertement réfractaire à tout ce qui est de l'ordre du désir de séduire, dénonçant comme non bienvenue toute référence à cette dimension des relations, même dans un contexte approprié. Pourtant, elle soignera son apparence avec une telle recherche qu'on ne pourra s'empêcher de penser que le désir est demeuré bien vivant en elle, même s'il lui est impossible de l'admettre.

D'autres facettes de l'identité spontanée peuvent se retrouver frappées d'interdit parce qu'un parent les juge arbitrairement inacceptables. Tel enfant ne pourra revendiquer l'accès à son autonomie sans susciter rejet et hostilité parce que son parent a besoin de le maintenir en position de dépendance pour conserver sa raison d'être. Tel autre ne s'autorisera pas le droit d'exprimer sa valeur parce que son parent est trop menacé dans son estime de lui-même pour tolérer qu'il lui soit supérieur en quelque domaine que ce soit. Tel autre ne pourra exprimer sa dissidence parce que son parent est trop fragile dans sa position d'autorité pour accepter d'être remis en question. Ce sont autant de situations où le parent ne parvient pas à s'affranchir de ses difficultés et cherche à ce que son enfant se développe en fonction de ses propres impératifs, au prix d'une fausse perception de lui-même.

L'enfant qu'un investissement conditionnel a conduit à faire l'expérience permanente d'un conflit intérieur (entre ce qu'il est contraint d'être et ce qu'il tend naturellement à être) présente généralement une allure tourmentée qui témoigne d'une incapacité à être en paix avec soi-même. Ce genre de malaise existentiel le mènera, une fois devenu adulte, à se sentir aliéné, c'est-à-dire déterminé par des contraintes qui lui sont étrangères, et à ressentir le besoin de chercher de l'aide pour faire le point sur lui-même.

Être sans être : la fausse identité

Les effets négatifs d'un investissement problématique sur la constitution de l'identité sont différents quand il s'agit d'enfants investis à partir des besoins du parent mais sans condition. Le message n'a pas été « Tu seras quelqu'un si tu fais en sorte d'incarner dans la réalité ce que j'ai besoin que tu sois », mais plutôt : « Tu es ce que j'ai besoin que tu sois, peu importe ce que tu feras dans la réalité ». Le parent projette son idéal personnel sur l'enfant et le construit a priori comme quelqu'un d'exceptionnel, investi d'une grandeur à laquelle il lui est possible de s'associer. Son besoin de donner de l'expansion à son être est tellement pressant qu'il accorde d'emblée à son enfant le statut d'être supérieur à travers lequel le monde sera forcé de reconnaître sa propre valeur.

    Cette orientation de départ conduit naturellement le parent à traiter son enfant comme un petit prince ou une petite princesse, se réduisant lui-même au rang de serviteur dévoué. Il se plie à ses caprices, s'extasie devant ses réalisations les plus banales, excuse ses écarts, fait grand état de chaque témoignage de considération de l'enfant à son endroit. Il tolère d'être méprisé par lui, même s'il en souffre et le lui reproche, mais il se dresse devant quiconque voudrait remettre cet enfant à sa place, même si c'est par considération pour lui-même.

    En maintenant activement l'illusion que son enfant est quelqu'un d'extraordinaire et en imposant cette perception aux gens qu'il côtoie, ce parent se donne l'occasion de faire l'expérience d'une valeur qu'on ne lui a pas reconnue quand il était enfant. Ce sentiment, même s'il n'est éprouvé que fugitivement, a une telle résonance en lui qu'il l'incite à persister dans la voie sur laquelle il s'est engagé en dépit des multiples désagréments auxquels il donne lieu, notamment l'ingratitude de son enfant, voire le rejet, ses attitudes tyranniques, ses sollicitations continuelles et ses réactions hostiles.

On peut comprendre les motivations du parent, mais, en favorisant l'imposture de l'enfant, il le place en position précaire sur le plan du développement de son identité. L'enfant en vient rapidement à acquérir la certitude qu'il n'a à faire d'efforts ni pour être aimé ni pour se réaliser. Son intérêt pour quelqu'un devrait selon lui être accueilli comme un privilège par la personne visée. Et sa valeur intrinsèque devrait constituer la garantie des plus grands accomplissements, sans qu'il lui soit nécessaire de s'astreindre à des apprentissages fastidieux.

La réalité est évidemment tout autre. Les déficiences de l'encadrement favorisent à la fois les attitudes déplaisantes et le développement de mauvaises habitudes de travail. Il s'ensuit une dégradation des échanges relationnels avec les personnes potentiellement significatives et une détérioration des facultés cognitives, qui creusent inexorablement l'écart entre la perception que l'enfant a de lui-même et ce qu'il incarne dans la réalité.

La plupart des enfants qui se retrouvent dans cette situation s'éloignent graduellement de la réalité pour être confrontés le moins possible à leur condition d'imposture et cherchent des moyens de perpétuer l'illusion de leur grandeur. Il ne s'agit pas là d'une démarche consciente. L'enfant ressent le danger d'être démasqué, mais son impression ne franchit pas la barrière de la conscience. Il demeure convaincu en surface qu'il est quelqu'un de supérieur et que tout ce qui tend à démontrer le contraire relève d'un malheureux concours de circonstances.

Cette attitude pourra le conduire à se désintéresser de chacune des activités dans lesquelles il s'est engagé, incluant les études. Comme il est dans l'incapacité de s'imposer sur le plan scolaire, il développera un regard critique face à l'école et prendra graduellement ses distances par rapport aux structures conventionnelles. On remarque par ailleurs une tendance marquée à passer d'un champ d'intérêt à un autre. L'enthousiasme de départ est suivi, à brève échéance, par un désenchantement qui conduit au désintérêt, en raison du peu de ressources personnelles pour persévérer en l'absence de gain immédiat.

Le besoin de se donner une allure particulière incitera certains à porter des tenues excentriques, à singulariser leur présentation, à rechercher la compagnie de marginaux ou de faire-valoir qui contribueront à leur conférer un relief distinctif. D'autres s'engageront dans des entreprises hasardeuses, se rendront dans des pays où personne ne veut aller ou tâteront de l'ésotérisme. La quête est toujours la même: faire impression de manière à passer par le regard d'autrui pour donner une consistance à l'image de grandeur que l'on porte en soi.

Au fil du temps, les personnes investies sans condition prendront des allures de caméléon, semblant se métamorphoser aussi bien physiquement que mentalement (attitudes, allure, intérêts). Comme leur identité ne repose pas sur des bases solides, il leur sera possible de changer de visage selon les circonstances. Elles vont le plus souvent chercher à déceler ce qui est susceptible de mettre en éveil leur entourage et à organiser leur présentation en conséquence.

Quelle que soit leur habileté à faire illusion, elle ne suffira pas à les mettre à l'abri de multiples tourments intérieurs. Ils ressentiront constamment le danger d'être révélés à eux-mêmes et oscilleront entre des moments de grande euphorie et des périodes de morosité teintée d'inquiétude. Car, au-delà de l'image à laquelle ils se cramponnent, c'est le vide existentiel qui les guette.

Le rôle déterminant du regard du parent

Ainsi prend fin ce survol des effets d'un investissement lacunaire sur le développement de l'identité. L'objectif n'était pas de passer en revue tous les troubles qui peuvent en découler, mais de présenter les grands types de malaises psychologiques, en insistant sur le rôle déterminant que joue le regard (l'investissement) du parent sur la représentation que l'enfant élabore de lui-même et sur l'effet de ce regard sur l'ensemble de son développement.

En réalité, la position des parents est rarement aussi absolue et le développement des enfants, rarement aussi linéaire que dans les situations évoquées. Il faut retenir de ces illustrations que chaque fois qu'un enfant ne trouve personne au-dessus de lui au moment où il ressent le besoin qu'on donne du sens à son activité, ou chaque fois qu'il est exposé au regard de quelqu'un qui lui renvoie une image déformée de lui-même, la construction de son identité s'en trouve affectée ou potentiellement compromise. Plus les expériences de ce genre sont fréquentes, plus le dommage sera important. C'est pourquoi le parent doit assurer une présence constante et éclairée à ce qui est vécu par l'enfant, ce qui exige qu'il aille au-delà de ses impulsions et considère son enfant avec sensibilité et recul.

CHAPITRE 18

LES TROIS REGARDS DU PARENT

L'investissement sain d'un enfant sur une base continue est un exercice exigeant parce qu'il oblige le parent à un triple effort de conscience. Le parent doit simultanément être présent à l'expérience de son enfant (poser un regard sur celui-ci), être à l'écoute de sa propre expérience dans son rapport avec son enfant (poser un regard sur lui-même), enfin influer positivement sur les autres investissements dont l'enfant est l'objet (poser un regard sur le monde extérieur en relation avec son enfant).

Le regard sur l'enfant

Pour se sentir exister, l'enfant a besoin de ressentir que son parent est concerné par ce qu'il vit, au-delà de son obligation de prendre soin de lui. Il doit faire en permanence l'expérience de l'alliance intime à laquelle nous avons régulièrement fait référence et qui se traduit par la conviction profonde que le regard du parent est indissolublement lié à son vécu. C'est cette présence du parent qui va permettre à l'enfant de donner du sens à ses réalisations, favoriser l'adéquation de ses attitudes et déterminer la qualité de son humeur.

L'enfant qui est conduit à développer des habiletés, à progresser en conséquence, et dont les humeurs, attitudes et comportements font l'objet d'un encadrement approprié, a besoin, pour intégrer en lui-même la qualité humaine à laquelle son parent lui permet d'accéder, que la valeur qu'il incarne par ses relations et réalisations soit recon-nue au moment où elle est vécue. Les représentations communiquées quotidiennement par le parent sous forme d'impressions émotionnel-les constituent précisément cette reconnaissance.

Sans cet apport, l'enfant garde un sentiment d'incomplétude, de l'ordre de ce qu'on retrouve chez ceux qui, bien qu'ayant été choyés par leurs parents sur le plan matériel et éduqués selon les règles, traînent un mal de vivre les menant au constat qu'ils ont été privés de l'essentiel.

Pour assurer une présence de qualité à l'expérience de l'enfant, sus-ceptible de lui donner accès à une représentation de lui-même qui soit conforme à sa réalité intérieure, le parent doit se dégager des observations superficielles et faire porter son regard au-delà des perceptions de surface. Il doit être capable de discerner si la version de lui-même que pro-pose l'enfant correspond à ce qu'il est vraiment. C'est en ce sens que la présence à l'enfant implique pour le parent un effort de conscience, dont le but est de se représenter l'enfant tel qu'il est et non pas tel qu'il paraît.

La grande sœur qui oppose une attitude raisonnable aux récrimi-nations capricieuses de son petit frère est-elle une personne authen-tiquement désintéressée ou plutôt une personne souffrante parce qu'elle se fait violence à elle-même pour se singulariser dans la rela-tion avec ses parents? Le grand frère qui prend la défense de sa petite sœur face aux réprimandes de ses parents témoigne-t-il de sa capa-cité d'éprouver de la compassion ou se sert-il de la situation de conflit pour laisser libre cours à un ressentiment qui lui est propre sans avoir à en assumer l'odieux? L'enfant qui émet des commentaires désobligeants sur un ton humoristique est-il un ironiste maladroit ou un agresseur déguisé? Celui qui fait cadeau d'un jouet dont il ne veut pas ou d'un bonbon qu'il n'aime pas à un autre enfant qui ne l'avait pas sollicité est-il généreux ou calculateur? Celui qui cherche constamment à vérifier s'il a tout ce qu'il lui faut est-il responsable ou anxieux? L'effondrement émotionnel qui suit un reproche est-il la manifestation d'une sensibilité à fleur de peau ou une manœuvre de manipulation?

Pour chaque expérience de l'enfant, le parent doit considérer la situation avec recul et s'assurer qu'il établit la correspondance avec le plus de discernement possible entre ce que son enfant incarne et ce que lui-même entrevoit en posant son regard sur lui. Cette prise de conscience n'est pas toujours aisée, mais le seul fait d'en reconnaître la pertinence place le parent dans une disposition d'esprit qui en favorise l'éclosion.

Le parent qui s'efforce de percevoir au-delà des comportements observables a généralement accès à la réalité affective de l'enfant et se trouve en meilleure position pour agir ou intervenir de façon éclairée. Il peut voir l'agressivité derrière le rire, l'envie derrière le témoignage d'admiration, la tristesse derrière l'indifférence manifeste ou la peur de grandir derrière la revendication d'autonomie. Il pourra ainsi être amené à signifier à l'enfant qu'il est destructeur là où il se présentait sous des traits de légèreté, mais il pourra aussi se montrer sensible au désarroi derrière la vindicte exprimée et traiter avec indulgence ce qui paraissait à première vue commander un jugement sévère. Son regard devient alors un plus juste reflet de ce qu'est l'enfant.

Il n'est cependant pas au bout de ses peines. En même temps qu'il doit empêcher son enfant de le leurrer sur ce que celui-ci est, il doit aussi s'assurer que l'image qu'il retourne à cet enfant n'est pas déformée par son propre vécu, ce qui exige qu'il conserve un regard actif sur lui-même.

Le regard sur soi-même

Chaque fois qu'un parent doit se situer face à ce que fait ou vit son enfant, il doit demeurer à l'écoute de sa propre expérience de manière à ne pas la laisser déformer la représentation qu'il se fait de son enfant. Il n'est pas question ici d'un exercice introspectif complexe mais uniquement d'une modification de perspective, le temps de prendre un peu de recul et de se placer soi-même devant l'objectif.

Est-ce que je rassure mon enfant en lui confirmant qu'il est le meilleur de son groupe parce que c'est le cas ou pour éviter une crise ? Est-ce que je lui dis que son bricolage est beau pour qu'il me laisse tranquille ou parce qu'il est vraiment réussi ? Est-ce que je l'abreuve de reproches parce qu'il a fait quelque chose de répréhensible ou parce que j'ai été contrarié et qu'il me faut quelqu'un sur qui défouler mon agressivité ? Est-ce que je le félicite d'avoir rivé son clou au professeur parce qu'il a agi pour le mieux dans la situation ou parce que j'entretiens de l'animosité envers les personnes en autorité ? Est-ce que je lui fais grief de ne pas avoir fait d'effort parce qu'il s'est vraiment traîné les pieds ou parce que je ne peux tolérer qu'il ne réussisse pas à la hauteur de mes attentes ? Est-ce que je valorise son côté rebelle, anticonformiste, parce que c'est la marque d'un esprit indépendant ou parce que j'entretiens un ressentiment latent envers la société, qu'il actualise par procuration ? Est-ce que je le traite de geignard parce qu'il n'est pas réellement malade ou parce que je suis obligé de mettre mes propres priorités en veilleuse pour prendre soin de lui ? Est-ce que je l'enjoins de céder aux exigences du petit voisin parce que celles-ci sont justifiées ou parce que je ne veux pas déplaire à ses parents ? Est-ce que je décourage ses explorations de petit enfant curieux parce qu'elles risquent de le mettre en danger ou parce que je ne veux pas me donner la tâche de le surveiller ? Est-ce que je le traite de vicieux parce que son développement sexuel prend un cours anormal ou parce que son éveil sexuel évoque mes propres inhibitions?

Quand le parent statue que «ceci est bien» ou que «cela est mal» en étant guidé par ses propres besoins, l'enfant considère néanmoins que c'est un verdict objectif qui s'appuie sur sa condition réelle. En réalité, une fois la situation mise en perspective, on se rend compte que la transmission était faussée et que le message du parent était en réalité: «Ceci est bien, parce que ceci va dans le sens de ce qui me convient» ou «Cela est mal, parce que cela ne me convient pas».

Le parent qui retourne en lui-même l'espace d'un instant se trouve placé devant la réalité de sa propre condition affective et il peut aussitôt en évaluer l'effet sur sa façon de percevoir son enfant. Il pourra, par exemple, constater qu'il a été de mauvaise foi dans l'évaluation du travail de son enfant parce qu'il avait trop d'attentes à son endroit ou qu'il a surévalué son potentiel au départ parce qu'il avait trop besoin de s'associer à une grandeur qui procéderait de lui.

Nous avons vu au chapitre 17 l'effet morbide que peut exercer un investissement déformé sur la constitution de l'identité. Il est donc important que le parent demeure à l'écoute de lui-même et réagisse rapidement lorsqu'il se rend compte que sa perception a été infiltrée par son expérience personnelle. Dans la mesure où le parent rétablit sa perspective et ajuste son investissement affectif en conséquence à l'intérieur d'un court délai, l'enfant n'en gardera aucune séquelle. L'échange sera ressenti comme un souvenir désagréable, mais n'aura aucune incidence sur la constitution de l'identité.

Cette vigilance du parent face à lui-même en relation avec son enfant doit être effective non seulement quand il a à se prononcer sur ce que vit ou fait l'enfant, mais aussi quand il doit prendre des décisions qui peuvent influer sur la perception que l'enfant transmettra de lui-même. De telles décisions peuvent s'appliquer à tout ce qui dans sa présentation contribue à témoigner de sa personnalité, qu'il s'agisse de ses vêtements, de sa coiffure ou de tout autre signe visible.

Le parent devrait toujours avoir pour préoccupation de chercher à harmoniser la présentation de l'enfant avec ce qu'il est de manière à ce que ce qu'il porte rehausse ce qu'il incarne sans le dénaturer. Il faut éviter de chercher à donner un genre à l'enfant. Lorsque c'est le cas, il y a un fort risque que sa présentation extérieure soit une projection de ce que le parent voudrait qu'il soit et revête un caractère artificiel. L'indice objectif pour apprécier la qualité de la présentation d'un enfant est la préséance du fond sur la forme. Aucun des accessoires, vêtements ou arrangements esthétiques ne devrait retenir significativement l'attention. L'entourage de l'enfant doit simplement avoir l'impression dominante qu'il paraît bien, sans être porté à s'attarder à un aspect ou à un autre de sa présentation.

Les choix du parent doivent ainsi être faits en vue de mettre en valeur l'identité de l'enfant et non pas de lui en conférer une. C'est une règle qui s'applique aussi longtemps que le parent est en position de faire des choix pour son enfant.

Ces choix ne concernent pas que les signes matériels de présentation, ils commencent par un autre signe majeur, qui suivra l'enfant toute sa vie : son prénom. Certes, les prénoms sont affaire de goût et n'ont pas à être discutés en tant que tels, mais comme ils sont le plus souvent arrêtés avant la naissance, les parents doivent considérer qu'il s'agit davantage d'une projection d'eux-mêmes à reconnaître pour telle. Ils doivent toutefois songer au devenir de leur enfant, à sa future identité réelle. Le besoin de se singulariser incite parfois des parents à chercher un gain immédiat dans l'affirmation du caractère unique de leur enfant par un prénom original, mais l'enfant aura par la suite à porter le poids de cette singularité avant même d'avoir eu la possibilité de l'incarner.

Là comme ailleurs, le parent doit prendre le temps de distinguer ce qui est susceptible de convenir à ce qu'est ou sera son enfant de ce qui est de nature à fausser sa représentation de lui-même et à nuire à la bonne marche du processus menant à la constitution de son identité.

Quand un parent est présent à l'expérience de son enfant et à l'écoute de lui-même, il se trouve dans une position optimale pour investir sainement son enfant. Mais sa responsabilité ne s'arrête pas là. Car s'il est le principal interlocuteur relationnel de l'enfant, il n'est pas le seul. L'enfant est exposé aux regards de nombreuses autres personnes habilitées à donner du sens à ce qu'il est. C'est au parent qu'il revient de s'assurer que les apports extérieurs contribuent positivement à la constitution de l'identité.

Le regard sur le monde extérieur

La qualité de l'investissement dont un enfant sera l'objet au fil de ses rencontres tient pour une bonne part à la valeur de l'enfant lui-même. Celui qui s'actualise pleinement dans diverses sphères d'activité, qui se comporte de façon adaptée, qui tient compte des autres, qui contrôle ses excès et qui s'inscrit dans des échanges harmonieux suscitera des réactions positives spontanées qui l'alimenteront dans sa quête personnelle et le conforteront dans sa conviction qu'il est quelqu'un de valable.

La première contribution du parent en ce sens est de faire en sorte que son enfant soit quelqu'un de bien, de manière à lui garantir un accueil favorable lorsqu'il entrera en relation avec d'autres pourvoyeurs affectifs potentiels. Le parent doit en outre maintenir un contrôle à distance sur son enfant, visant notamment à prévenir toute évolution vers une détérioration relationnelle préjudiciable. Nous avons d'ailleurs abordé ce type de contrôle parental dans la deuxième partie ainsi qu'au chapitre 15 sur l'actualisation à l'école.

Nous insisterons maintenant sur une autre forme de contribution : le regard direct du parent sur les nombreux échanges entre son enfant et son entourage. Au besoin, le parent interviendra, toujours dans le but d'éviter à l'enfant de se trouver exposé à des mouvements émotionnels de nature à porter atteinte à son intégrité. Cette fois, l'effort du parent consiste à être présent à l'expérience de la personne qui entre en relation avec son enfant; il pourra ainsi vérifier si la représentation que l'enfant fait émerger chez cette personne correspond aux attentes et besoins de celui-ci. En d'autres termes, le parent doit savoir si ce que l'enfant suscite dans un contexte donné lui sera favorable ou non. Selon le cas, il soustraira l'enfant à cet investissement ou il organisera la situation de manière à lui permettre d'en tirer le meilleur bénéfice possible.

Voici quelques exemples de situations où un parent doit prendre position face à un tiers dans le but d'assurer l'intégrité personnelle de son enfant.

Exemple 1. Un invité est sur le point d'arriver à la maison au grand plaisir de son enfant, qui se prépare à le vampiriser sur le plan affectif en lui montrant tout ce qu'il a appris depuis sa dernière visite et en lui racontant chacun de ses faits d'armes. Le parent doit considérer que l'enfant a le droit et le besoin de se mettre en valeur, que son invité a aussi le droit de passer un bon moment et que l'enfant ne sera pas en paix sur le plan émotif tant qu'il n'aura pas fait le plein d'investissement. Le parent choisit de laisser son enfant se mettre en évidence pendant quelques minutes, veillant à ce que tout se passe harmonieusement. Lorsqu'il considère que l'enfant est suffisamment repu pour passer à autre chose, il le renvoie à lui-même et agit de telle manière que son invité puisse être dédommagé pour sa disponibilité. Il s'est ainsi assuré que son invité réserve un accueil affectif favorable à son enfant, tout en évitant que ce dernier ne cherche à se mettre en évidence par des moyens inappropriés et à des moments inopportuns.

Exemple 2. Au cours d'une réunion familiale, tous les invités se rassemblent pour jouer à des jeux de société où ils vont se disputer de modestes enjeux. Le temps passe et les gagnants se succèdent, à l'exception d'un enfant dont l'humeur commence à se détériorer, bien que personne ne s'en soit encore rendu compte. Il sourit plus difficilement et commence à montrer des signes d'impatience et d'irritation. Son parent se retire quelques instants avec lui et lui mentionne sur un ton sans équivoque qu'il ne le laissera pas se montrer sous un jour égocentrique et boudeur aux yeux de tout le monde, parce qu'il a perdu de vue que les enjeux sont insignifiants en comparaison de ce qu'il reçoit dans la vie de tous les jours. Une fois cette mise au point effectuée, le parent demande à son enfant de se ressaisir et de revenir à de meilleures dispositions, faute de quoi il en sera fini de sa participation.

Exemple 3. Une adolescente en visite ridiculise les choix musicaux de sa jeune cousine. Celle-ci se trouve visiblement ébranlée par cette attitude méprisante parce qu'elle reconnaît à son aînée une compétence plus grande que la sienne en la matière. Le parent de la fillette intervient alors pour rétablir la perspective, faisant prendre conscience à l'adolescente qu'elle avait les mêmes intérêts que sa cousine à son âge, donc que la valeur des choix est quelque chose de relatif qui se prête mal aux jugements catégoriques. Puis, prenant sa fille à part, il lui explique, pour dissiper toute impression trouble, que la critique exagérée de sa cousine révèle sa propre insécurité et qu'elle s'accroche à certaines compétences marginales pour se rassurer sur sa valeur.

Exemple 4. Au cours d'une réunion de famille, une tante qui a tendance à se montrer ouverte aux autres tout en ayant elle-même le besoin profond d'être investie demande à son neveu de jouer une pièce au piano. L'enfant accepte de s'exécuter même s'il n'y tient pas outre mesure. Satisfaite de son initiative et considérant qu'elle a mérité de s'occuper un peu d'elle-même, la tante s'engage, dès les premières notes, dans une conversation animée avec une autre personne, sans porter la moindre attention à l'exécution qu'elle a pourtant sollicitée. Naturellement, l'enfant risque de penser qu'il n'est pas intéressant alors qu'il n'a même pas manifesté le souhait de l'être. Pour le préserver de cette expérience désagréable, le parent coupe court à sa prestation et se retire avec lui pour lui expliquer ce qui s'est vraiment passé, de manière à ce qu'il s'affranchisse de l'empreinte intérieure néfaste qui pourrait subsister.

Exemple 5. Une jeune fille qui vient de remporter une médaille dans un concours demande à son parent la permission de l'apporter à l'école pour la montrer à son professeur. Comme le parent a eu l'occasion de constater que cet enseignant est attaché davantage à sa tâche qu'aux enfants eux-mêmes et qu'il se sent menacé lorsqu'il est placé devant l'expression d'une excellence dont il n'a pas été l'instigateur, il refuse d'acquiescer à la demande de sa fille et lui explique que son initiative aurait l'effet contraire à celui qu'elle espère.

Tous ces exemples illustrent l'intégration de la conscience du parent dans l'échange relationnel (réel ou anticipé). Le parent voit ce qui est (ou sera) perçu par l'enfant, de même que ce qui lui est (ou sera) transmis comme impression, et il agit en conséquence. Selon la situation, son intervention visera à:

- organiser la réalité de manière à favoriser un investissement optimal de son enfant (*Exemple 1*);
- empêcher son enfant de se comporter de manière à attirer sur lui des regards dépréciateurs susceptibles d'altérer sa représentation de lui-même (*Exemple 2*);
- rétablir la perspective de la personne qui investit l'enfant si c'est nécessaire pour éviter que celle-ci ne lui renvoie une image déformée de lui-même (*Exemple 3*);
- soustraire l'enfant au regard du tiers s'il s'avère que celui-ci est (*Exemple 4*) ou est susceptible d'être (*Exemple 5*) dans l'incapacité de l'investir adéquatement.

CHAPITRE 19

L'IDENTITÉ SEXUÉE

Sauf exception, il a été question tout au long de ce livre du parent en relation avec son enfant, sans distinction de sexe. Dans la perspective adoptée, la position parentale transcende en grande partie les différences liées au sexe et l'investissement d'un enfant renvoie essentiellement à la même réalité, qu'il s'agisse d'une fille ou d'un garçon. Dans un cas comme dans l'autre, il faut encadrer les excès pulsionnels, favoriser l'actualisation, donner du sens à l'expérience et faire émerger le parent intérieur. Ce sont là les conditions auxquelles tout enfant doit être exposé si le parent veut faire de lui un être bien dans sa peau, conscient de lui-même, capable de se réaliser et en harmonie avec son environnement.

Il n'en demeure pas moins qu'il existe des différences fondamentales entre la condition de garçon et celle de fille, non seulement sur le plan physiologique mais aussi au point de vue psychologique. Il importe de reconnaître cette réalité parce que les différences jouent un rôle important dans la constitution de l'identité et doivent en quelque sorte être validées par le regard du parent pour pouvoir être intégrées par l'enfant à son individualité.

Les sources de controverses

Cette reconnaissance ne va pas de soi. La pertinence des distinctions entre ce qui est propre aux garçons et ce qui est propre aux filles n'apparaît pas évidente à tout le monde, principalement parce que les stéréotypes sociaux pour rendre compte des particularités selon le sexe sont tellement inadéquats qu'ils sont irrecevables.

Les parents doivent composer avec des représentations persistantes de petite fille vue comme un être sans esprit et servile, voué aux tâches ménagères et dont l'accomplissement par excellence est de faire la démonstration de ses charmes, et de petit garçon présenté sous les traits d'un jeune mâle guerrier et d'une brute en devenir. La plupart vont bien entendu se joindre à ceux qui contestent la provenance génétique de telles différences et mettront plutôt en cause l'influence de phéno-mènes socioculturels dont il faut combattre les effets pernicieux. Et comme la vision stéréotypée des différences ne rend pas compte de la réalité, les parents en concluent qu'il n'y a pas de véritables distinc-tions liées au sexe des individus.

À partir de là, la voie est toute tracée. Il faut faire table rase de tout ce qui est traditionnellement associé à l'un ou l'autre sexe, et éduquer les enfants en leur présentant de nouveaux modèles et en leur inculquant de nouvelles valeurs. Plus de poupées, de cuisinières miniatures et de trousses de maquillage pour les filles ; plus de fusils, d'épées et de costumes de Ninja pour les garçons ! On se tourne vers des jeux éducatifs où, pense-t-on, chaque enfant pourra trouver son compte sans être conditionné à perpétuer des rôles sociaux prédé-terminés.

Les parents qui ont tenté l'expérience se sont rendu compte que les fameuses caractéristiques stéréotypées, tout acquises qu'elles soient, ont la vie dure. Même dans les cas où les enfants sont à peu près complètement tenus à l'écart des influences jugées indésirables (publicité, émissions télévisées, jeux et jouets véhiculant les stéréotypes) et systématiquement exposés à des influences jugées plus saines (jeux, activités ou émissions non discriminatoires, ou encore donnant lieu à une inversion des rôles), ils trouvent le moyen d'organiser leurs jeux de manière à recréer les modèles dominants que leurs parents s'efforçaient de rayer de leur univers personnel.

Certes, il est impossible de soustraire entièrement un enfant aux influences extérieures, mais dans un contexte où elles sont réduites au minimum, on peut quand même s'étonner qu'il faille si peu pour le déterminer autant. Il paraît plus indiqué d'en conclure qu'il y a certaines différences entre le garçon et la fille, qui ne remettent aucunement en question le droit à l'égalité en toute chose, mais que les parents doivent prendre en considération s'ils veulent favoriser un développement harmonieux de l'identité de l'un et de l'autre.

Au-delà des stéréotypes : l'empreinte de l'espèce

S'il y a une différence entre les garçons et les filles, celle-ci n'a rien à voir avec l'intelligence, les ressources personnelles, le potentiel d'actualisation ou avec quoi que ce soit qui puisse appuyer la thèse d'une quelconque supériorité d'un sexe sur l'autre. S'il y a des particularités spécifiques aux garçons et aux filles, il faut, pour en retrouver l'essence, chercher du côté de ce qu'il y a de fondamental et d'inéluctable en chacun de nous. Ce sont les lois de l'espèce, plus particulièrement celles qui concernent la reproduction, puisque c'est là que les deux sexes se démarquent le plus manifestement.

Parmi les priorités spécifiques à chacun des partenaires, certaines sont de nature à favoriser leur union. Ainsi, dans le contexte où l'homme doit rejoindre la femme pour s'unir à elle, il est concevable que la poussée intérieure de l'homme inclue la commande de franchir les obstacles, de conquérir, et que la nécessité impérative ressentie par la femme soit davantage de susciter l'impulsion vers elle, d'attirer.

Dans la mesure où cette interprétation apparaît acceptable, nous sommes là devant des attitudes fondamentales inscrites de longue date chez le garçon et la fille, et dont ni l'un ni l'autre ne peut faire intérieurement abstraction aisément, quelles que soient les pressions de l'environnement. Le garçon ressent avec une acuité plus prononcée l'urgence de faire la démonstration de sa disposition à surmonter les difficultés et à triompher des périls. La fille ressent de façon plus immédiate la nécessité de cultiver en elle ce qui lui permettra d'exercer la plus forte attraction possible.

Au-delà de ces deux mouvements de fond, tout est possible. Chacun peut avoir ses préférences, ses intérêts, ses rêves, ses projets et ses ambitions. Chacun peut vouloir se réaliser dans le domaine de son choix et prétendre aux mêmes compétences le cas échéant, quelle que soit la nature du travail. Une jeune fille pourra ainsi se sentir à l'aise dans un emploi traditionnellement occupé par des hommes. De la même façon qu'un garçon pourra se trouver une inclination pour une activité qui intéresse davantage les filles.

Mais quel que soit le chemin emprunté par la petite fille ou par le petit garçon pour constituer son identité, il lui sera impossible de se dégager complètement de l'emprise de l'espèce et de faire totalement abstraction de sa finalité première. C'est ce qui explique qu'en dépit des pressions l'engageant à adhérer à des valeurs pacifistes, le garçon n'en persiste pas moins à rechercher activement les situations d'émulation et à afficher un fort penchant pour les jeux à connotation guerrière, et que la fille, malgré les exhortations répétées à ne pas accorder d'importance aux considérations esthétiques pour échapper au rang d'objet, n'en développe pas moins précocement le souci de soigner sa présentation et un penchant pour la coquetterie.

Il est important que les parents tiennent compte de cette réalité pour qu'elle soit harmonieusement intégrée par l'enfant comme une composante parmi d'autres de ce qui constitue son identité. Il va de soi que le parent doit veiller à ce que l'affirmation virile ne débouche pas sur un agir destructeur, tout comme il doit s'assurer que les attributs superficiels ne soient pas surévalués au détriment de la valeur personnelle. Dans le contexte d'un investissement sain, de tels aboutissements ne sont pas à craindre. Par contre, la négation du droit de l'enfant de s'incarner comme être sexué selon les particularités propres à son sexe risque de le mettre en contradiction avec lui-même et de donner naissance à des conflits internes qui s'apparenteront aux troubles de l'identité décrits au chapitre 17.

Il ne s'agit pas d'orienter le garçon ou la fille en fonction de schèmes sociaux préétablis, mais uniquement d'accepter et d'accueillir ce qui est dans la nature de chacun des sexes avec suffisamment d'ouverture pour permettre à l'enfant de se constituer une identité qui intégrera harmonieusement la trame originelle inscrite en lui. L'aboutissement optimal du développement n'est pas pour le garçon de devenir un homme et pour la fille de devenir une femme, mais pour les deux de devenir des personnes dont une des caractéristiques est d'être un homme ou une femme.

Ceux et celles dont le fonctionnement est principalement déterminé par leur condition d'homme ou de femme sont des individus dont le développement n'a jamais été complété et qu'on a malheureusement tendance parfois à présenter comme représentatifs de ce qui constitue la normalité de l'un et l'autre sexes. Celui qui apparaît sous des traits machistes est un homme qui n'a pas atteint le statut de personne. Celle qui se réduit elle-même à sa condition d'objet de séduction ne l'a pas atteint non plus. Ils ne représentent pas leur sexe, mais en constituent une version primitive dans laquelle tout individu un tant soit peu évolué a peine à se reconnaître.

L'investissement d'un enfant doit à la fois tenir compte de sa spécificité comme fille ou garçon, et lui fournir le moyen de la transcender pour éviter d'y être assujetti. Et pour compléter son travail, le parent doit faire en sorte que l'être sexué déterminé par ses impulsions devienne une personne déterminée par sa conscience.

CONCLUSION DE LA QUATRIÈME PARTIE

IDENTITÉ ET SANTÉ MENTALE

Nous avons complété la présentation générale du rôle du parent dans le processus par lequel un enfant en vient à donner du sens à son expérience et à acquérir une identité. Il était plus difficile d'approfondir et d'illustrer cet aspect de la position parentale autant que nous l'avons fait pour la discipline et l'actualisation parce qu'il s'agit d'une dimension plus intérieure et moins concrète de la relation avec l'enfant.

Alors que les observations présentées dans les deuxième et troisième parties étaient surtout axées sur le *comment faire*, elles étaient ici davantage en rapport avec le *comment être* et avaient comme principal objectif de favoriser une compréhension qui, elle, devrait avoir pour effet d'améliorer la qualité de la présence à l'enfant.

Au parent qui reconnaît à son enfant le besoin permanent d'être investi et qui est conscient de l'importance des trois regards à poser, il reste à faire l'exercice répété de faire converger sa sensibilité et sa conscience pour donner vie intérieurement à son enfant. Dans la mesure où la disponibilité affective du parent est authentique et orientée par un regard lucide, l'enfant pourra constituer sa représentation de lui-même sur des fondements solides qui résisteront aux remises en question de l'adolescence et conduiront à l'établissement d'une identité incarnée et pleinement assumée. L'enfant aura la conviction d'être quelqu'un indépendamment de l'intérêt qu'on lui porte, sa perception de lui-même correspondra à la réalité de ce qu'il est et il évoluera en marge des phénomènes de persécution, se reconnaissant le droit d'être ce qu'il est et ne s'obligeant pas à être ce qu'il n'est pas.

Plus tard, sa façon d'être au monde sera harmonieuse et sa vie professionnelle comme sa vie personnelle s'en trouveront simplifiées d'autant. Il s'orientera en fonction de ses intérêts véritables en situant l'idéal là où il doit être, c'est-à-dire une marche au-dessus de ce qu'il sait être en mesure d'incarner présentement. Il nouera des relations en se présentant tel qu'il est plutôt que tel qu'il voudrait que les autres le perçoivent, sans réduire les autres à ce qu'il a besoin qu'ils soient.

Dans cette perspective, l'enfant investi sainement serait vraisemblablement immunisé contre les troubles existentiels graves. On ne risque pas de trouver chez lui d'effondrement dépressif ou de débordement anxieux problématique, deux états qui découlent directement de l'intériorisation de contraintes qui minent en permanence l'intégrité de l'individu. Certes, il ne sera pas à l'abri des déceptions, du découragement, des inquiétudes ou des doutes, mais ses difficultés devraient demeurer passagères et circonstancielles. Elles ne donneront pas lieu à des détériorations majeures, de l'ordre de celles qui conduisent à l'alcoolisme, à la toxicomanie ou à certains troubles mentaux. Ces malheureux aboutissements sont souvent associés étroitement, à tort à notre avis, à des désordres organiques, et à ce titre considérés comme susceptibles de frapper n'importe quel individu indépendamment de son développement personnel. Or, la santé mentale passe d'abord par la qualité du regard qui est posé sur l'enfant dans le contexte d'un investissement global donnant accès à un encadrement sain et à la réalisation du potentiel personnel.

Cependant, l'accession à une identité harmonieuse assumée et établie sur des bases solides dans un tel contexte ne suffit pas à faire de l'enfant un être humain de qualité. Le parent qui s'est appliqué à encadrer adéquatement son enfant, qui lui a permis de se réaliser pleinement et qui a posé sur lui un regard sincère et intéressé en s'efforçant de ne pas le faire dévier par ses propres besoins aura certes déterminé positivement le cours de son développement et contribué sensiblement à son épanouissement personnel, mais s'il s'est limité à se centrer sur son enfant sans lui apprendre à se décentrer de lui-même et à devenir le témoin de sa propre expérience, alors sa tâche restera inachevée et son enfant demeurera un être incomplet. Le parent aura peut-être fait de lui un individu entreprenant, productif, sûr de lui et libre de conflit intérieur, ce qui l'aura rendu apte à des accomplissements relevés qui feront dire de lui qu'il est quelqu'un de grand, mais on ne pourra pas dire de lui qu'il est quelqu'un de bien.

Pour qu'un enfant devienne quelqu'un de bien, il faut qu'au terme de son développement il soit capable de faire ce que ses parents ont eu pour mandat de faire à sa place pendant de nombreuses années. Il faut qu'il soit capable de se dégager de son expérience du moment, de se regarder évoluer en perspective et, à partir de là, d'orienter son fonctionnement de manière à faire ce qui lui apparaît être le mieux en tenant compte de lui-même et des autres. Il faut qu'il devienne un être conscient. Le parent doit avoir le souci constant de développer cette dimension de la réalité intérieure de son enfant pour que, le moment venu, ce témoin soit en mesure de prendre le relais efficacement et que l'enfant devienne un être humain à part entière.

CINQUIÈME PARTIE

L'ÉMERGENCE
DE LA CONSCIENCE

CHAPITRE 20

LA CONSCIENCE DE SOI

L'objectif du parent, avons-nous mentionné à plusieurs reprises, n'est pas de conditionner son enfant à se comporter adéquatement en récompensant ses efforts et en punissant ses écarts de conduite, mais plutôt de se servir des récompenses et des punitions comme mesures de soutien pendant qu'il prépare son enfant à déterminer lui-même son fonctionnement de façon éclairée. Cette distinction est importante parce qu'elle fait référence à ce qui différencie plus que toute autre chose le devenir des enfants humains de la destinée des animaux.

Examinons ce qui se passe quand un parent promet à son enfant de lui acheter des friandises s'il étudie bien et le menace de l'envoyer dans sa chambre s'il persiste à frapper ses frères et sœurs. Si l'enfant obtempère uniquement pour obtenir la récompense ou par peur de la punition, sa logique de fonctionnement s'apparente à peu de choses près à celle qui prévaudrait chez un animal de compagnie. L'autorité renforce d'un côté, dissuade de l'autre, et maintient ainsi les comportements dans un registre acceptable. Ce type d'encadrement ne conduit cependant à aucune évolution personnelle. Si le parent cesse les gratifications, l'enfant ne fait plus les efforts demandés ; s'il cesse de le punir, l'enfant ne maîtrise plus son comportement et se laisse aller à ses impulsions destructrices.

Si le parent souhaite que son enfant devienne persévérant dans son travail, il faut que l'enfant fasse des efforts non seulement pour avoir accès à un bénéfice immédiat mais aussi, et surtout, parce qu'il est capable de voir plus loin que les insatisfactions du moment et de reconnaître l'importance des études dans sa vie. Pour qu'un enfant en vienne à contrôler par lui-même ses excès d'humeur, il faut qu'il s'abstienne de passer à l'acte non seulement parce qu'il appréhende les conséquences de son geste, mais aussi parce qu'il sait que l'objet de son agressivité, le frère ou la sœur qu'il s'apprête à frapper par exemple, a une valeur qui ne se réduit pas au sentiment agressif qu'il éveille dans le moment présent.

L'enfant peut ainsi parvenir, au fil de son développement, à assumer son fonctionnement et à l'adapter en tenant compte de lui-même et des autres. On parle alors de l'émergence de sa conscience, qui se traduit par l'aptitude à se dégager de ce qui est vécu dans l'immédiat et à le mettre en perspective. La réorganisation mentale associée à cette évolution donne accès à la capacité de considérer la réalité avec le recul nécessaire pour agir en fonction de ce qui est le mieux plutôt qu'au gré de l'impulsion du moment.

Il s'agit d'un aboutissement capital dans la vie de l'enfant, dont les effets se feront sentir dans toutes les sphères de son activité. Il est donc important de bien comprendre la notion de conscience de soi, de connaître le cheminement qui y donne accès et de savoir ce qui en constitue l'expression optimale. Voyons d'abord la notion en elle-même.

Dans son usage courant, le terme conscience sert à rendre compte de deux phénomènes. Il désigne d'une part la condition d'éveil perceptuel ; on dit par exemple qu'une personne blessée est consciente parce qu'elle n'est pas évanouie ou, au contraire, qu'elle gît inconsciente. D'autre part, le terme évoque le représentant intérieur des obligations morales; on dit qu'une personne agit selon sa conscience, qu'elle aura son méfait sur la conscience ou qu'elle doit prendre une décision en son âme et conscience.

La conscience de soi, en tant qu'aptitude de l'enfant à se référer à son témoin intérieur, ne correspond pas à ces définitions. Elle s'expérimente plutôt comme une présence à soi qui est indépendante de l'activité perceptuelle et dont la fonction première n'est pas d'être la gardienne d'un ordre moral quel qu'il soit.

La conscience de soi n'est pas l'éveil perceptuel

Pour démontrer que la conscience de soi ne se réduit pas à la perception, attardons-nous à deux situations où les deux phénomènes sont dissociés : le rêve et le somnambulisme. Quand une personne rêve, tout son système perceptuel est au repos ; pourtant elle demeure le témoin de son expérience, qui a la particularité de s'actualiser dans une mise en scène imaginaire. Voici comment on peut expliquer ce qui se passe. La personne s'endort en ayant à l'esprit des préoccupations qui n'ont pu être résolues ou aménagées de façon satisfaisante : inquiétude particulière, performance à exécuter, relation problématique, responsabilité à assumer, etc. Ces soucis continuent d'habiter la personne pendant son sommeil et déterminent divers scénarios qui, et c'est là ce qui nous intéresse ici, s'actualisent dans une trame dont le rêveur est le témoin en plus d'en être l'acteur principal. Le rêveur demeure ainsi présent à ce qu'il vit, donc conscient de lui-même, tout en se trouvant hors circuit sur le plan de la perception.

C'est l'inverse dans le cas du somnambulisme. La personne se déplace en évitant les obstacles et exécute différents gestes avec la même dextérité que d'habitude, ce qui constitue autant d'indications que son système perceptuel est pleinement opérationnel. Mais elle n'est pas consciente de l'expérience qu'elle vit, ce qui témoigne d'une dissociation des deux fonctions mentales.

Par ailleurs, il y a des moments dans la vie quotidienne où la perception et la conscience sont toutes les deux en fonction simultanément, tout en étant dissociées à l'évidence. Par exemple, un conducteur d'automobile peut se perdre dans ses pensées pendant plusieurs minutes tout en continuant à exécuter les gestes appropriés au contexte dans lequel il se meut. Dans ce genre de situation, la perception et la conscience sont toutes les deux effectives, mais elles se situent dans des espaces-temps différents : l'activité perceptuelle continue à orienter le fonctionnement au moment présent, permettant à la personne de réagir adéquatement aux situations, pendant que la conscience est présente à une expérience qui l'entraîne dans un autre lieu et dans un autre temps. La conscience suit l'expérience là où elle se vit, pendant que la perception demeure associée à l'instant présent.

La conscience, au sens d'aptitude à poser un regard sur soi-même, est donc un phénomène qui ne se réduit pas aux dispositions perceptuelles des animaux. Elle est un état de recul par rapport à la réalité, à ce qui est vécu, qui permet de considérer soi-même et les autres en perspective. Plus une personne est capable de se dégager de l'expérience du moment, aussi envahissante soit cette dernière, pour maintenir un regard lucide sur la réalité, plus elle se maintient dans le registre de la conscience. À l'opposé, plus une personne est facilement submergée par ses émotions et déformée par son vécu dans son évaluation de la réalité, plus elle se situe dans le registre de l'inconscience.

Ainsi énoncée, cette définition de la conscience comporte plusieurs implications sur lesquelles nous reviendrons dans les chapitres suivants. Retenons à ce stade que la conscience de soi renvoie à la présence d'un regard habilité à porter un jugement sur ce qui est vécu. Cette particularité n'est pas sans évoquer le spectre du censeur intérieur auquel la personne doit rendre compte de ses actes et qui départage le bien du mal, mais la conscience de soi n'a que peu à voir avec l'image inquiétante d'un œil accusateur prêt à accabler.

La conscience de soi n'est pas la conscience morale

La conscience de soi-même renvoie uniquement à la disposition d'une personne à se regarder agir, sans mouvement émotionnel violent attaché à ce regard. Ce serait plutôt le contraire. Dans le contexte d'un développement sain, la présence à soi-même est ressentie un peu comme l'est un bon parent : sensible, intéressé mais non complaisant. Elle est le témoin de ce que nous sommes dans une situation donnée et cherche à en tirer le meilleur parti possible en tenant compte de soi-même et des autres.

Si je suis tenté de différer l'exécution d'une obligation éprouvante mais nécessaire, la réaction de ma conscience ne sera pas de me blâmer pour mon manque de courage, mais de m'indiquer que je risque de me placer moi-même en difficulté et de faire pression pour que je m'exécute, non parce qu'il le faut, au nom de valeurs socialement déterminées, mais parce que c'est mieux ainsi.

Si je ressens une attirance pour une personne dans un contexte où je ne considère pas légitime d'y donner suite, ma conscience va vraisemblablement m'inciter à renoncer à aller dans le sens de mon mouvement spontané, tout en se montrant davantage sensible à la détresse découlant du renoncement qu'indignée par l'impulsion inacceptable.

Si je souhaite intérieurement que la fatalité empêche une personne d'accéder à une fonction qui autrement me reviendrait, ma conscience ne se scandalisera pas d'une telle pensée. Elle déplorera simplement que j'en sois réduit à compter sur les malheurs d'un autre pour me réaliser et considérera que, pour autant que je ne sois pas à l'origine de l'infortune d'autrui, il n'y a pas matière à se formaliser de ce qui demeure une fantaisie sans conséquence.

Ces trois exemples permettent de distinguer la conscience comme témoin de soi-même de la conscience morale. La conscience de soi ne reproche pas à l'enfant en nous-mêmes de vivre ce qu'il vit. Ce qui est important à ses yeux, ce n'est pas tant ce que je suis que ce que je fais de ce que je suis. Elle peut se montrer critique à l'égard de la façon dont je vis les choses et même porter des jugements sévères à mon endroit quand mes impulsions m'entraînent sur la voie de l'inadaptation, ce qui peut avoir une influence sur mon état émotionnel du moment, mais elle ne me déteste pas.

Une personne en état de conscience se trouve en position de considérer ce qu'elle est dans le moment présent en perspective, ce qui lui permet de voir la réalité telle qu'elle est plutôt que telle qu'elle voudrait qu'elle soit. Par exemple, si quelqu'un constate que son ressentiment face à un collègue de travail est injustifié parce qu'il est motivé par l'envie d'une situation professionnelle pourtant légitime et méritée, sa conscience ne contestera pas cette animosité, mais elle lui indiquera :

1° ce qui en est véritablement à l'origine ;

2° ce qu'il doit éviter de faire (s'en prendre à la personne qui en est la cible désignée) ;

3° ce qu'il doit faire s'il n'a pu s'empêcher de donner libre cours à son agressivité (faire amende honorable, présenter des excuses) ;

4° comment il doit s'y prendre pour aménager la réalité de manière à se dégager de ce qui le place en déséquilibre (prendre les moyens pour être à la hauteur de ce qu'il veut être).

La personne ainsi confrontée à une vision peu flatteuse d'elle-même pourra être conduite à vivre des émotions difficiles, éventuellement de l'ordre de la dépression. Mais ce qui est vécu alors ne résulte pas de l'acharnement morbide d'une instance intérieure tyrannique gardienne de la morale et du bon droit. Il s'agit plutôt de la conséquence normale d'une révision à la baisse de l'estime de soi-même, commandée logiquement par la constatation que ce que l'on a été dans une situation donnée n'était pas conforme à ce que l'on sait être le mieux.

En tant que témoin de soi-même, la conscience peut créer des conditions qui occasionneront une certaine détresse. La personne doit admettre, par exemple, qu'elle n'est pas aussi intéressante, performante, courageuse, attirante ou persévérante qu'elle le voudrait. Cependant, en tant qu'attitude envers soi-même, la conscience n'est pas porteuse de violence et est au contraire sympathique à la détresse qu'elle suscite.

Si, dans l'exemple précédent, la personne ne se reconnaît pas le droit de vivre du ressentiment parce qu'une telle émotion témoigne d'une imperfection personnelle qu'elle ne peut admettre, elle réagira intérieurement par une charge agressive contre elle-même. L'expérience vécue est alors plus éprouvante et davantage en rapport avec ce qu'on associe à la présence d'un gardien intérieur des valeurs morales. Lorsque le verdict intérieur donne ainsi lieu à une violence dirigée contre soi-même, on quitte le registre de la conscience pour entrer dans celui de la persécution interne dont il a été question au chapitre 17. Le regard sur soi-même est infiltré par le monde pulsionnel de l'individu et se met au service de préoccupations qui lui sont étrangères. C'est l'aboutissement d'un développement problématique qui n'a rien à voir avec le processus menant à l'émergence de la conscience.

Dans le contexte d'une évolution saine, la conscience est une alliée intérieure qui, quand elle est fonctionnelle, présente l'immense avantage de ne pas être asservie aux exigences déterminées par l'espèce. Elle permet à l'enfant de s'extraire de l'univers logique élémentaire et encore égocentrique où ce qui prévaut est «ce qui est le mieux pour moi, tel que je le ressens présentement», et d'accéder à la logique évoluée du jugement où ce qui prévaut est «ce qui est le mieux en soi, indépendamment de l'expérience du moment». Il ne faudrait cependant pas croire que le passage d'un univers à l'autre s'effectue naturellement avec l'âge. La maturation cérébrale rend possible l'accession à la capacité d'être conscient, mais elle ne la rend pas effective.

CHAPITRE 21

LE CHEMINEMENT VERS LA CONSCIENCE

Tous les enfants disposent du substrat mental qui donne éventuellement accès à la capacité de prendre du recul face à soi-même et de devenir témoin de son expérience. Mais ils n'en font pas tous le même usage, une fois leur développement parvenu à son terme. L'aptitude à mettre en perspective ce qui est vécu et à s'orienter en fonction de ce qui est le mieux en dépit de la pression intérieure des besoins varie considérablement d'un individu à un autre.

Même à un âge tardif, certains enfants sont encore incapables de différer un plaisir ou de tolérer une frustration en vue d'accéder à une satisfaction de plus grande valeur. Ils ne peuvent porter un jugement critique sur ce qu'ils vivent ou ce qu'ils font, se refusant par exemple à remettre en question une attitude ou à admettre une erreur, ils ne tiennent généralement aucun compte de leur entourage et ils expriment tout ce qui leur vient à l'esprit sans aucune retenue. Leur présentation immature, impulsive et égocentrique contraste avec celle d'autres enfants qui, à un âge précoce, apparaissent capables de voir plus loin que la gratification du moment, sont suffisamment présents à eux-mêmes pour tirer profit des remises en question qu'ils suscitent, prennent en considération ce qui est vécu par leurs proches et ne se confient pas spontanément au premier venu.

Cette grande variabilité est possible parce que l'accession à la conscience n'est pas une simple modalité du processus de développement, mais l'aboutissement d'un cheminement personnel ardu et même éprouvant. L'enfant en développement n'apprend pas la conscience, il doit s'arracher à l'inconscience.

Le passage de l'inconscience à la conscience

L'état naturel de l'enfant est l'inconscience, qui se caractérise principalement par l'absence de recul face à ce qui est vécu. L'enfant est porté par ses impulsions et son regard sur lui-même comme sur les autres est déterminé par les besoins du moment. Il voit ce qu'il a besoin de voir.

Durant les premières années de sa vie, sa vision des choses peut être résumée ainsi : il ne fait jamais quoi que ce soit de répréhensible, il ne commet jamais d'erreur, il est le meilleur, le plus grand et le plus important ; tout ce qui peut le satisfaire est bien, tout ce qui le contrarie est mal ; il devrait être le centre de préoccupation des gens qui l'entourent ; il ignore les besoins des autres, qu'au mieux il considère comme un mal nécessaire.

Il s'agit là d'une façon de voir le monde pour le moins confortable, que nul enfant ne peut être enclin à délaisser sans réticence. Il suffit de nier pour ne pas être coupable, de parler fort pour avoir raison, de modifier la réalité pour transformer les échecs en exploits, de se sentir indisposé pour s'autoriser à agresser, de vouloir un objet pour se l'approprier, de mettre en relief les travers des autres pour s'élever, de se joindre à d'autres pour se sentir fort, de porter une casquette pour se sentir grand, et ainsi de suite. Au lieu de s'astreindre à agir sur la réalité, l'enfant n'a qu'à agir sur l'image qu'il en a de manière à ce qu'elle lui convienne, ce qui lui simplifie considérablement l'existence.

L'éclosion de la conscience vient bouleverser cet ordre des choses. Ce que l'enfant ressent comme satisfaisant n'est plus nécessairement le mieux, ce qu'il ressent comme indisposant n'est plus nécessairement le pire. Il lui devient moins aisé de se leurrer sur lui-même et de fuir la réalité de ce qu'il est. Il n'y a rien là pour l'inciter à entrer de plain-pied dans le monde de la perspective. La réaction spontanée de l'enfant serait plutôt de céder à la facilité et de se cantonner dans l'inconscience. C'est en ce sens que le déplacement vers la conscience est vécu comme un arrachement. Pour passer de l'inconscience à la conscience, l'enfant doit littéralement s'arracher à lui-même. C'est une expérience exigeante et souvent douloureuse sur le moment, mais profitable à long terme.

À certains égards, la situation de l'enfant est comparable à celle du pilote d'avion qui doit continuellement être en mesure d'opposer une force à l'attraction terrestre pour tenir son appareil à distance de la Terre et observer celle-ci en perspective. De la même façon, l'enfant doit développer une force intérieure qui lui permettra de demeurer le témoin permanent de son expérience, en dépit de l'attraction pulsionnelle qui s'exerce sur lui. Quand l'enfant est laissé à lui-même, le risque est grand qu'il ne parvienne même pas à prendre son envol. C'est là que, encore une fois, le parent entre en scène.

La contribution du parent

Par référence à l'exemple du pilote d'avion, le parent doit prendre en compte deux aspects s'il veut faciliter la mise en perspective de ce qui est vécu : la valeur de l'appareil qui permet la perspective et la force d'attraction à laquelle il doit résister. Le parent agira simultanément sur l'un et l'autre.

RÉDUIRE LA PRESSION DES BESOINS

L'équation de base est simple : plus un enfant est bien investi, moins les pressions intérieures seront fortes ; et moins ces pressions sont fortes, plus il lui sera facile d'accéder à l'état de conscience. L'enfant dont le seuil d'excitation est toujours maintenu à un niveau acceptable parce qu'il est bien encadré, qui s'actualise pleinement et qui est investi de façon soutenue et harmonieuse sans être soumis à des sollicitations contradictoires (obligation d'être ce qu'il n'est pas, interdiction d'être ce qu'il est), évolue dans un climat de sérénité qui lui facilitera grandement la tâche quand viendra le temps de prendre du recul face à lui-même.

Comme l'enfant n'est pas débordé par ses impulsions, que sa valeur personnelle n'est pas menacée, qu'il n'est pas engagé dans une quête frénétique d'investissement (carence) ou asservi à des exigences intérieures irrationnelles (conflits), il se trouve dans une disposition d'esprit propice aux prises de conscience. Il est en état d'entendre ce qu'on lui dit, il peut survivre aux remises en question dont il est l'objet et il n'a pas de parti pris qui déforme a priori son jugement parce qu'il est libre de ces contraintes intérieures que nous avons décrites au chapitre 17.

C'est tout le contraire chez l'enfant qui a été peu ou mal investi. Il est en état d'excitation continuelle, il vit dans la peur que son peu de valeur ne soit révélé, il est dominé par un besoin pressant de se mettre en évidence ou sommé intérieurement de se rallier à une vision déformée de la réalité, il est soumis à des pressions intérieures telles qu'elles submergent son champ de conscience et le rendent inopérant. Ou bien il ne veut rien entendre, ou bien il est incapable d'intégrer ce qu'on lui dit, ou bien il s'avère incapable d'en tenir compte dans l'orientation de son fonctionnement.

Pour faire émerger un enfant de l'inconscience, il faut ainsi que le parent commence par réduire l'effet de ce qui l'y maintient. Sa première tâche est de faire en sorte que son enfant soit en harmonie avec lui-même de manière à réduire au minimum sa résistance aux appels de la conscience. Les indications présentées dans les chapitres précédents allaient dans ce sens. Un enfant bien encadré, qui a l'occasion de s'actualiser et qui est investi sainement, est apte à devenir un être conscient.

Il peut le devenir, mais il ne l'est pas encore. Il lui reste une étape capitale à franchir, pour laquelle il devra pouvoir compter sur le soutien de son parent. Au premier abord, il n'est pas évident qu'un parent puisse et doive faire plus que tout ce qui a été proposé jusqu'à présent. Beaucoup de parents considèrent que lorsqu'ils sont parvenus à faire de leur enfant un être discipliné, hautement performant, dynamique, créatif, qui s'assume pleinement et qui est à l'aise dans ses relations avec son entourage, ils peuvent dire mission accomplie parce qu'ils lui ont permis d'atteindre le sommet de sa qualité humaine. Or, ce n'est pas le cas.

Un enfant motivé, enthousiaste, serein et ouvert est certainement quelqu'un de valable dont les parents peuvent être fiers. Mais, s'il ne présente que ces qualités, il demeure un être humain inachevé dont les limites se manifesteront au fil du temps dans certaines difficultés, la plupart du temps en rapport avec la qualité de son jugement et sa capacité de tenir compte des autres. Plus que quelqu'un de valable, c'est en devenant quelqu'un de bien qu'un enfant atteint son plein épanouissement comme être humain. Et c'est le développement optimal de la capacité de prendre du recul face à soi-même et d'accéder à la conscience qui rend possible cette ultime évolution.

FAVORISER L'ÉVEIL DE LA CONSCIENCE

L'enfant a naturellement tendance à voir les choses de la manière qui l'arrange (il a toujours raison, il n'est jamais en faute), sans aller au-delà de ce que ses sens lui suggèrent (ce qui le satisfait est bien, ce qui ne le satisfait pas est mal) ni s'interroger sur ce qui influence ses jugements, détermine ses attitudes et motive ses comportements. La tâche du parent est de le révéler à lui-même.

En dépit de sa propension naturelle à perpétuer sa condition d'être inconscient, l'enfant a tout ce qu'il faut pour considérer la réalité en perspective. Comme le pilote d'avion, il ne peut s'envoler sans assistance, mais en altitude, il est capable de contempler le spectacle qui s'offre à ses yeux.

Les enfants ne présentent pas tous ce genre de disposition. La personne déficiente mentale se caractérise par son inaptitude à voir la réalité au-delà de ce que ses sens lui suggèrent, même quand on la lui met sous les yeux. Le travail éducatif a souvent pour objectif de l'amener à une certaine autocritique, mais les tentatives en ce sens conduisent le plus souvent à des échecs. C'est qu'il ne s'agit pas d'un simple apprentissage, mais de la mise en action d'une fonction mentale à laquelle elle n'a pas accès : elle souffre en quelque sorte de cécité psychique.

Dans le cas d'un développement cérébral conventionnel, l'enfant dispose, avec l'âge, d'un regard de plus en plus nuancé sur la réalité à l'intérieur de laquelle il évolue, ce qui lui donne accès à ce que l'on appellerait en langage télévisuel une meilleure définition d'image. Et pour autant que son implication émotionnelle n'est pas trop importante, il peut se maintenir lui-même dans un registre de conscience acceptable. Mais dès que la pression des besoins prend de l'ampleur ou qu'une menace devient imminente, l'envahissement émotionnel gagne en intensité et le ferme à la réalité. Il lui est facile d'être conscient quand il est peu concerné par ce qui se passe ; c'est plus difficile quand son implication émotionnelle augmente, alors que c'est précisément à ce moment qu'il a le plus besoin de l'être.

Le parent portera donc attention en permanence à l'expérience de son enfant, prêt à intervenir quand celui-ci perd de vue la réalité. C'est plus facile à dire qu'à faire : le parent doit regarder la réalité telle que son enfant la voit, la comparer avec ce qu'elle est réellement et lui montrer l'écart entre les deux. Illustrons par quelques exemples, destinés à faire mieux comprendre les rouages de ce processus.

Exemple 1. Un petit garçon serre dans ses bras, avec plus de force que de raison, le jeune bébé du couple d'amis en visite, prétextant une affection aussi suspecte que soudaine. Si le parent demeure en surface, il dira à son enfant de s'y prendre plus délicatement parce que «c'est encore un bébé». La réalité est alors éludée ; l'enfant est contrôlé, mais il maintient son indisposition à l'égard du bébé et l'écart persiste entre ce qu'il ressent et la connaissance qu'il en a. Si le parent veut éveiller la conscience de son enfant, il le prendra à part et le placera face à sa détresse émotionnelle latente, lui laissant savoir qu'il n'a pas de raison de se sentir menacé mais que s'il est trop jaloux pour se comporter adéquatement, il ne prendra pas le bébé dans ses bras. Que l'enfant admette ou non la réalité, il l'a alors sous les yeux et il ne pourra plus en faire abstraction par la suite, ce qui pavera la voie à une adaptation possible.

Exemple 2. Une petite fille fait grand état de la victoire qu'elle a remportée dans un contexte où l'opposition n'était pas très forte. Le parent qui se contente de jouer un rôle superficiel se dira que l'important est qu'elle soit fière d'elle, même s'il n'y a aucune commune mesure entre l'exploit réel et l'importance que sa fille lui accorde. Celle-ci ressent alors un inconfort intérieur ; au fond d'elle-même, elle n'est pas dupe et éprouve la souffrance d'être moins qu'elle ne le voudrait, mais son besoin de projeter une image de grandeur est trop pressant pour qu'elle tienne compte du danger à affirmer une valeur que les regards extérieurs vont tôt ou tard infirmer. Si le parent veut faire appel à la conscience de l'enfant, il situera sa performance dans une juste perspective et mettra sa fille en garde contre le risque de se conférer une valeur qu'elle n'incarne pas encore dans la réalité. Elle risque de vivre dans la crainte que ce qu'elle est vraiment soit révélé au grand jour et de perdre de vue les efforts qu'il faut déployer pour acquérir une réelle valeur à ses propres yeux.

Une situation comparable est celle de l'enfant qui exhibe fièrement le résultat relativement élevé obtenu à l'école, en prenant soin de passer sous silence que la moyenne du groupe est de plusieurs points supérieure à la sienne. La satisfaction exprimée est alors pour le moins sujette à caution.

Exemple 3. Une jeune fille qui n'ose pas afficher ses préférences personnelles en présence de ses amies parce que celles-ci ne les partagent pas s'associe plutôt à ces dernières pour ridiculiser les jeunes qui ont des goûts semblables aux siens. Le parent peu attentif à l'expérience intime de son enfant ne relèvera pas la contradiction ou, au mieux, constatera sa versatilité sans s'y attarder. Le parent soucieux de mettre à contribution la conscience de son enfant se verra dans l'obligation de lui révéler son attitude réelle en lui faisant comprendre que ne pas s'assumer équivaut à se renier elle-même, à reconnaître que ce qu'elle est n'a pas de valeur à ses propres yeux. Il peut lui expliquer que la valeur personnelle est indépendante du jugement des autres, qu'on ne peut être bien dans sa peau quand on ne se respecte pas et que l'important est de ne pas se mentir à soi-même, tout en reconnaissant qu'il n'est pas toujours facile de s'assumer tel que l'on est.

Exemple 4. Un garçon généralement indifférent à l'égard de son frère lève tout à coup la tête lorsqu'il entend sa mère faire une remontrance à celui-ci ; soudainement intéressé, il cherche à savoir de quoi il s'agit. Habituellement, le parent qui se trouve dans une telle situation dira à l'enfant de se mêler de ses affaires. Ce n'est pas une attitude tout à fait inadéquate, mais elle comporte une limite importante dans la mesure où elle maintient le rapport dans le registre action-réaction, sans mise à contribution de la conscience. Il en résulte que l'enfant retourne à ses occupations sans savoir ce qui a causé sa curiosité et ce qu'elle signifie. Le parent qui s'arrête un instant pour mettre cette ingérence en perspective constatera le caractère sélectif de l'intérêt de son enfant et lui fera partager ce point de vue en s'étonnant qu'il ne trouve son frère intéressant que lorsque celui-ci est en difficulté. Il lui sera relativement aisé de faire voir à son garçon que, dans ce cas précis, sa curiosité est motivée par un sentiment de rivalité. Si compréhensible qu'elle puisse l'être, cette animosité n'en demeure pas moins une expression peu relevée de lui-même, sur laquelle il aurait intérêt à réfléchir. L'important ici est que l'enfant n'entretienne pas l'impression illusoire que son mouvement était détaché et empathique, alors qu'il était égoïste et sans sollicitude.

Dans cette première série d'exemples, l'enfant est placé face à lui-même. Le parent s'applique à mettre en évidence l'écart entre les sentiments réels de l'enfant et la perception qu'il en a (*Exemple 1*), entre sa valeur manifeste et les illusions qu'il entretient sur lui-même (*Exemple 2*), entre ses préférences authentiques et celles qu'il affiche (*Exemple 3*), entre ses motivations apparentes et celles qui l'animent véritablement (*Exemple 4*).

Certains parents considèrent que ce type de mise en perspective est risqué. Il y aurait danger de blesser l'enfant en lui mettant sous les yeux une réalité difficile à assumer. Certes, l'enfant ne trouve pas facile de se trouver placé devant la réalité, mais c'est la seule façon de le faire évoluer positivement, autant dans ce qu'il est (croissance de l'enfant en soi-même) que dans sa compétence à prendre en charge ce qu'il est (croissance du parent en soi-même). Et dans la mesure où la conscience de soi est imposée dans le contexte de la recherche affectueuse d'un mieux-être plutôt qu'assénée à l'enfant avec agressivité pour lui river son clou, elle ne laissera aucune séquelle intérieure, au-delà du désagrément du moment.

Voyons à présent ce qui se passe quand la perspective est élargie et que l'objet de la conscience n'est plus l'enfant pris isolément, mais l'enfant en relation avec d'autres personnes.

Exemple 5. Un garçon qui vient d'apprendre sa sélection au sein d'une équipe sportive d'élite se précipite sur le téléphone pour vérifier si son ami, avec lequel il est toujours plus ou moins en compétition, a aussi reçu une réponse positive. Si le parent en reste au niveau du strict besoin de son enfant, sans élargir la perspective, cette initiative lui apparaîtra naturelle et il ne verra pas en quoi il y aurait matière à la remettre en question. Il le verra d'ailleurs encore moins s'il est lui-même animé par la même curiosité que son enfant. S'il observe la situation avec recul, il fera voir à son enfant que son impulsion est strictement égocentrique et ne tient pas compte de l'expérience de l'autre dans l'éventualité où celui-ci aurait essuyé un refus. Pour l'enfant, l'effort de conscience est de comprendre que la souffrance qu'il s'impose en différant son appel (frustration superficielle) n'a rien de comparable avec celle qu'il infligerait à son ami en l'obligeant peut-être à faire état de son échec (atteinte à son intégrité). Et si la sonnerie du téléphone retentit quelques instants plus tard, l'enfant aura la satisfaction de pouvoir se dire qu'il a été le plus conscient des deux !

Exemple 6. Une fillette rentre chez elle portant un bracelet qu'une amie qui n'en voulait plus lui a offert et qu'elle a accepté même si elle n'y tenait pas vraiment. Le parent qui ne va pas au-delà de l'évidence verra là un geste d'appréciation à l'égard de son enfant et lui fera remarquer sa chance d'avoir une amie aussi gentille. L'enfant s'en tiendra à cette version de la réalité jusqu'au moment où l'amie en question cherchera à prendre avantage sur elle en invoquant son droit à un juste retour des choses. Le parent qui sait prendre le recul nécessaire amènera son enfant à considérer que la réalité de ce qui a été vécu ne correspond pas à l'image projetée. Il lui fera observer que l'enfant dont le besoin était le plus manifeste n'était pas celle qui a reçu mais celle qui a donné. Comme elle ne tenait pas à recevoir ce bracelet, il faut en conclure que c'est son amie qui avait besoin de l'offrir ; en se départant de quelque chose dont elle ne voulait plus, elle s'est donné à bon compte l'illusion d'être généreuse et a placé sa vis-à-vis en position de lui être redevable sans motif valable.

Exemple 7. Un garçon qui commence à se trouver trop âgé pour courir l'Halloween[11] et qui a préféré rester à la maison pour distribuer

---

11. Tradition nord-américaine en vertu de laquelle, le 31 octobre, veille de la Toussaint, les enfants parcourent les rues revêtus de déguisements et quêtent des friandises de porte en porte.

des friandises aux visiteurs voit surgir un groupe d'enfants relativement âgés, parmi lesquels se trouve un de ses camarades de classe. L'apercevant, celui-ci s'écrie «Ah non! Pas Jean-Michel!», puis il ouvre son sac en claironnant: «Joyeuses Pâques!» Le garçon est mal à l'aise et, ne sachant trop comment réagir, il se contente de lui adresser un sourire forcé en lui remettant quelques sucreries. À première vue, le parent qui a été témoin de la scène n'a vu là rien de plus qu'une rencontre anodine qui ne méritait pas qu'il s'y arrête. Pourtant, elle comportait une double agression dirigée vers son garçon, qui risque d'en conserver un arrière-goût émotionnel désagréable. Un effort de perspective peut conduire le parent à communiquer à son enfant que:

1° lorsqu'une personne en aborde une autre en disant «Ah non, pas untel!», c'est sa façon de dire aux gens qui l'entourent «Lui, je le connais», sans être contrainte d'admettre qu'elle trouve là matière à se mettre en valeur;

2° si son copain a ressenti le besoin de tourner la situation en ridicule en disant «Joyeuses Pâques!» au lieu de prononcer une formule de circonstance, c'est parce qu'il n'accepte pas d'avoir cédé à l'envie de se livrer à une activité qu'il juge lui-même puérile et qu'il s'est senti menacé au moment où il s'est retrouvé devant quelqu'un qui a fait ce que lui aurait voulu pouvoir faire.

L'enfant comprend alors qu'il n'est pas concerné par l'agressivité exprimée et il peut s'en dégager.

Exemple 8. Un jeune garçon saisit la casquette d'un de ses camarades et s'amuse à l'empêcher de la récupérer en la refilant à d'autres enfants, au grand dam de l'enfant lésé qui, tout en feignant de trouver ça drôle, est à l'évidence envahi par une exaspération qu'il parvient de plus en plus difficilement à dissimuler. Le parent peut ne voir là que taquineries d'enfants sans conséquences et laisser la scène se poursuivre, mais la réaction du parent conscient sera tout autre. Il indiquera à son garçon que ce qu'il considère comme un jeu est plutôt une agression déguisée témoignant d'un besoin de dominer l'autre et que la réaction enjouée de sa victime ne correspond pas à la réalité de son vécu, davantage de l'ordre d'une détresse éprouvante. Ainsi, quand ce garçon aura l'impulsion de recommencer, il ne pourra se leurrer ni sur ce qu'il vit ni sur ce qu'il provoque.

Cette série d'exemples démontre comment la mise en perspective peut conduire à s'affranchir du ressenti immédiat et à déterminer avec lucidité ce qui est le mieux en soi, que ce soit pour son propre bien (*Exemples 6* et *7*) ou pour celui de l'autre (*Exemples 5* et *8*). Que l'effort de prise de conscience vise l'enfant seul ou l'enfant en relation avec d'autres, l'objectif est toujours le même : reconnaître ce qui se passe véritablement et déterminer ce qu'il y a de mieux à faire à partir de là.

Tant que l'enfant ne voit pas la réalité telle qu'elle est, il lui est impossible de faire des choix éclairés. Plus il est placé face à ce qu'il est et face à ce que les autres sont dans une situation donnée, plus il lui est difficile d'en faire abstraction par la suite. Certes, ce seul accès à la conscience ne constitue pas la garantie que l'enfant fera ce qu'il sait être le mieux, mais c'est une étape indispensable pour qu'il évolue en ce sens.

CHAPITRE 22

L'AVÈNEMENT DU PARENT INTÉRIEUR

Une incarnation de l'état de conscience

L'éveil de la conscience de l'enfant ne se réduit pas à une simple évolution cognitive. Il modifie radicalement sa vie intérieure en introduisant un nouveau personnage dans son univers personnel. L'enfant qui voit ce qui est vécu n'est pas le même que celui qui vit les choses. L'accession à la conscience modifie la situation intérieure de l'enfant en faisant entrer en scène un nouvel interlocuteur qui, bien que situé dans la même enveloppe physique, a comme particularité de ne pas se trouver à la solde de l'organisme dont dépend sa survie.

Il ne s'agit pas d'une simple métaphore. Quand un enfant devient conscient, il se produit comme un passage d'une roue d'engrenage à une autre dans l'activité cérébrale. L'enfant passe d'un état où il est entièrement déterminé par l'expérience du moment à un état où il s'affranchit de son expérience et vit son rapport avec la réalité autrement parce que son regard sur celle-ci est différent. Il y a en lui quelqu'un qui réagit, il y a aussi quelqu'un qui loge dans un coin évolué du cerveau et qui a la propriété unique de ne pas être directement infiltré par les expériences vécues.

C'est une entité sans parti pris dont la principale finalité est de déterminer ce qui est le mieux selon les situations. On aura reconnu le parent intérieur du second chapitre, dont la fonction première est d'être le témoin de la réalité.

Le passage du témoin extérieur (le parent réel) au témoin intérieur (le parent en soi) s'effectue graduellement tout au long du développement. Aux environs de la septième année, une évolution cérébrale significative se produit, directement en relation avec la propriété humaine de ne pas simplement réagir à ce qui est ressenti, mais de pouvoir traiter parallèlement l'information à un deuxième niveau, de façon autonome et indépendante. L'enfant devient capable de vivre les choses et de se regarder les vivre.

En plaçant régulièrement son enfant devant la réalité de son expérience, le parent réel favorise l'expansion de cette nouvelle dimension intérieure, qui va s'imposer graduellement. Il en résulte que l'enfant parvient de plus en plus difficilement à se soustraire à son propre regard sur lui-même et à se leurrer dans son évaluation de la réalité, que ce soit la sienne ou celle des autres.

Il passe alors de l'univers de la réaction à celui du choix. Il ne peut plus aller spontanément dans le sens de ses impulsions avec la tranquille certitude que ce qui le satisfait dans le moment présent est bien et que ce qui l'indispose est mal. Si son impulsion l'entraîne à contresens de l'adaptation, il le sait. Le parent intérieur le remarque et prend position, un peu à la manière du parent réel. Il suscite un inconfort qui tire sa source du décalage que l'enfant ressent entre la vision de ce qu'il veut être et celle de ce qu'il est vraiment. Dès lors, la porte est ouverte à un réajustement du fonctionnement, dans le sens de l'adaptation, qui sera effectué d'autant plus aisément que l'enfant ne sera pas trop souffrant ou en besoin.

Placé devant la réalité de motivations douteuses ou appelé à quelque effort de conscience, l'enfant doit pouvoir survivre intérieurement. Le recul ou la mise en perspective de certaines situations ne doit pas le conduire à des impasses émotionnelles avec lesquelles il serait incapable de composer. Il faut cependant qu'il soit soutenu au moment de la prise de conscience, puis orienté dans son expérience quotidienne de manière à ce qu'il n'ait plus de raison de se tenir à distance de la réalité. On en revient à l'importance de la qualité de l'investissement.

Chaque fois qu'un parent se voit dans l'obligation de révéler certains aspects de l'expérience de l'enfant à sa conscience, il doit prendre le temps de se demander ce qui a empêché la jonction de s'effectuer naturellement. L'enfant est-il assujetti à un trop grand besoin? Est-il trop sensible au rejet? Est-il trop menacé dans son estime de lui-même? Son manque de recul tient-il au caractère encore rudimentaire de son regard sur la réalité? Est-il déterminé par la nécessité de nier une réalité intolérable? Le parent n'a pas à se livrer à une analyse laborieuse. Il peut simplement considérer le manque de perspective de l'enfant comme un signal de détresse, laquelle demande à être comprise et prise en compte dans les attitudes à venir.

Dans un contexte où l'enfant est ainsi soutenu dans son cheminement vers la conscience par son parent véritable, son parent intérieur se trouve en situation optimale pour se développer. Cependant, le processus est long et exige que le parent tienne sa position avec beaucoup de persévérance.

La croissance du parent intérieur

Le parent ne voit pas toujours les progrès de son enfant. Même si celui-ci est de plus en plus capable de se référer à son parent intérieur, il met souvent cette capacité en veilleuse en présence de son parent et le contraint à maintenir l'arrimage originel entre son expérience et la conscience parentale. La position de l'enfant oscille ainsi constamment selon que son parent est présent ou non.

D'UN TÉMOIN À L'AUTRE : LA PÉRIODE DE RODAGE

Nombre de parents s'étonnent que leur enfant, après avoir protesté contre une position avec véhémence, défende cette attitude devant ses amis avec les arguments mêmes qu'il contestait. Par exemple, une mère qui a vu son fils lui adresser une pluie de reproches parce qu'elle trouvait insensé de consacrer des centaines de dollars à l'achat de chaussures de sport à la mode, a la surprise de l'entendre, à son insu, faire la leçon avec assurance à ses amis sur l'absurdité de gaspiller de l'argent de manière aussi inconséquente.

Discutant avec sa mère, une fille nie avec agacement qu'elle est ennuyée par le désistement de sa meilleure amie dans un projet qu'elles avaient conçu ensemble. Un peu plus tard, sa mère l'entend, à la dérobée, faire des remontrances à l'amie en question au téléphone, lui assénant avec indignation que lorsqu'on fait une promesse, on la tient et que lorsqu'on commence quelque chose, on la finit !

Ces changements d'attitude n'ont rien d'anormal. C'est au contraire leur absence qui est suspecte. Prendre son propre fonctionnement en main signifie souvent, pour l'enfant, aller à l'encontre de ses impulsions, renoncer à satisfaire certains besoins, regarder en face des réalités déplaisantes ou s'imposer des obligations désagréables. Quand il se trouve en présence d'un parent réel, il préfère généralement lui laisser l'odieux de faire triompher la conscience et il donne libre cours à l'enfant en lui. Il conteste, revendique, ne retient que les arguments qui lui conviennent et refuse de faire quelque effort que ce soit pour faire sa part dans le cheminement vers le choix le plus adapté. Mais, une fois seul avec lui-même, son parent intérieur se remet en fonction et sa conscience s'éveille. Les arguments qu'il repoussait du revers de la main sont analysés et intégrés. L'enfant en tient compte, non parce qu'il est assujetti à la volonté de son parent, mais parce qu'il en reconnaît le bien-fondé.

À l'inverse, lorsque l'enfant se trouve sous le regard d'un parent qui n'assure pas une présence soutenue et éclairée, son développement s'en trouvera affecté de l'une ou l'autre des façons suivantes :

- dans le cas où un défaut de conscience du parent est seul en cause, le témoin intérieur de l'enfant s'atrophiera faute d'avoir été suffisamment mis en éveil ; l'enfant se comportera de manière inconséquente aussi bien en l'absence du parent qu'en sa présence ;

- dans le cas où une immaturité de fond se greffe au défaut de conscience du parent et conduit ce dernier à se placer en position de dépendance face à son enfant, le témoin intérieur de celui-ci sera appelé à prendre une expansion disproportionnée par rapport aux ressources cognitives et affectives. Cet enfant paraîtra raisonnable, en présence de son parent ou non, mais cette maturité est superficielle, car l'enfant n'aura ni le discernement nécessaire pour se situer adéquatement face à la réalité (ressources cognitives) ni la force intérieure sur laquelle il faut pouvoir s'appuyer pour demeurer au-dessus de la mêlée face aux sollicitations émotionnelles de toutes sortes (ressources affectives).

En somme, si l'enfant se montre inconséquent dans toutes les situations et doit constamment être repris, c'est l'indice que son témoin intérieur n'est pas fonctionnel. S'il se montre raisonnable en tout temps, c'est le signe qu'il tient une position suradaptée, de nature à fausser son jugement et à l'éprouver sur le plan émotif. Le juste équilibre se trouve dans le va-et-vient entre les deux positions : l'enfant persiste dans son attitude d'enfant quand il se trouve en relation directe avec son parent, mais il se montre raisonnable quand il est exposé aux regards extérieurs.

La maison, ou tout autre lieu permettant une intimité relationnelle parent-enfant, constitue un terrain d'exercice pour l'enfant. Les affrontements répétés avec le parent favorisent l'émergence de la différenciation intérieure (enfant en soi-parent en soi), en raison de la situation privilégiée dans laquelle l'enfant se trouve : il dispose de toute la latitude pour laisser à l'enfant qui fait pression en lui la possibilité de s'exprimer sans réserve et il a sous les yeux une conscience en action qui lui donne les indications nécessaires pour établir ses propres repères intérieurs.

MAINTENIR LE CAP

Pour que l'enfant parvienne à développer des repères intérieurs valables, il faut que le parent tienne sa position avec constance. Il doit constituer un phare pour l'enfant, qui a besoin de distinguer clairement la route à suivre, même dans les moments où il prend le parti de s'en éloigner. Le parent qui a vu la réalité telle qu'elle est et a été en mesure de déterminer ce qui est le mieux pour son enfant doit se situer de façon conséquente face à celui-ci et demeurer logique avec lui-même par la suite. L'enfant exposé à cet éclairage de la réalité en conservera l'empreinte en lui-même et il ne pourra plus en faire totalement abstraction par la suite. Même s'il est engagé profondément sur la voie de l'inadaptation, il ressentira un inconfort intérieur susceptible de l'amener à se remettre en question et, éventuellement, à réorienter son fonctionnement.

Certains parents en viennent à abandonner certaines exigences qu'ils considèrent par ailleurs justifiées, parce qu'ils savent que leur enfant n'en tiendra pas compte quand il sera seul ou ailleurs. Quand ils constatent que leur enfant n'en fait qu'à sa tête, ils sont naturellement portés à s'interroger sur l'efficacité et l'utilité des exigences. Quelques-uns en concluent que leur intervention ne vaut pas la peine d'être maintenue. C'est là une erreur !

Quand un parent prend position face à son enfant, il agit sur lui à la fois de l'extérieur et de l'intérieur. Il exerce un contrôle sur son fonctionnement (action extérieure) et il implante du même coup dans la conscience ce qui est le mieux (action intérieure). C'est l'effet convergent du contrôle et de la mentalisation qui permet à l'enfant d'évoluer vers une harmonisation optimale de son fonctionnement.

Même quand il a peine à assurer un encadrement efficace, le parent qui maintient sa position n'en continue pas moins d'agir sur son enfant de l'intérieur. L'enfant est confronté à la réalité, qui le suivra partout où il ira, suscitant l'inconfort salutaire auquel nous avons déjà fait allusion. C'est comme si le parent disait à l'enfant : «Voici ce que j'exige de toi, parce que ceci est le mieux pour les raisons que je vais te communiquer. Si j'ai l'occasion de constater que tu déroges à cette règle de conduite, tu en subiras les conséquences. Mais que je sois en mesure ou non de contrôler ton fonctionnement, tu ne pourras échapper au regard de mon allié à l'intérieur de toi, qui tire sa force de ma conviction.»

Prendre le parti de la résignation peut conduire un parent à tolérer que son enfant fasse en sa présence ou sous son toit des choses qu'il désapprouve pour conserver un certain contrôle sur la situation ou en limiter les effets néfastes. Par exemple, tel parent permettra à son enfant de consommer des drogues ou d'avoir des relations sexuelles à la maison même s'il désavoue ces comportements. Dans un cas comme dans l'autre, il justifiera sa permissivité par un effet de moindre mal : puisqu'il ne peut empêcher son enfant d'agir comme bon lui semble, il lui semble préférable que celui-ci fasse ses expériences dans des conditions satisfaisantes sur le plan de l'hygiène, de la salubrité et de la sécurité.

Si une telle attitude présente des avantages appréciables dans l'immédiat, ses conséquences seront le plus souvent désastreuses sur le plan relationnel. À partir du moment où un parent cautionne la morbidité, il rompt le lien intérieur qui donne son sens à sa relation avec son enfant. Il peut continuer à veiller sur lui concrètement et à lui témoigner de l'affection, mais il n'a plus d'effet sur son cheminement intérieur. Aussi sensible qu'il soit à ce qui arrive à son enfant, il en devient le spectateur. Il est plus sécurisant pour un enfant d'être placé devant un parent qui tient sa position adéquatement et maintient le cap face à son inconséquence que d'être entouré par un parent qui se dérobe devant l'inadaptation et le laisse à la merci de ses excès.

En ce sens, le jeune qui consomme de la drogue dans sa chambre à quelques mètres de ses parents est plus seul que celui qui doit se terrer dans un coin secret, loin du regard parental. Ce dernier entretient un dialogue intérieur qui crée l'impression d'une présence attentive et préoccupée, tandis que le premier est confiné à un univers personnel dans lequel le témoin intérieur ne peut prendre appui sur le parent réel pour s'imposer à l'enfant en lui-même.

La nécessité de tenir la position parentale à bout de bras face aux débordements de toutes sortes de l'enfant ne dure pas éternellement. Le parent intérieur devient graduellement un interlocuteur important dans la tête de l'enfant, ce qui se traduit par un élargissement de son champ de conscience. Cela signifie concrètement que l'enfant est de plus en plus fréquemment en état de conscience. Il ne suffit plus qu'il se sente un peu menacé ou légèrement en besoin pour perdre toute perspective. Il résiste mieux aux assauts émotionnels dont il fait l'expérience, même en présence de ses parents, car ceux-ci peuvent davantage compter sur la collaboration de son témoin intérieur. L'entrée en scène de ce parent intérieur permet de passer du ton de l'affrontement à celui de la discussion.

Dans un contexte de développement optimal, au moment de l'entrée dans l'adolescence, l'espace cérébral mis à la disposition de l'enfant depuis l'âge de six ans pour qu'il se construise un interlocuteur intérieur a été suffisamment aménagé pour que l'éloignement émotionnel du parent qui caractérise la puberté soit compensé par un rapprochement avec celui-ci à un niveau supérieur du fonctionnement. En d'autres termes, lorsque l'enfant en soi s'affranchit du parent réel, le parent en soi se rapproche de celui-ci. C'est à cette condition que le parent réel pourra mener jusqu'à son terme l'entreprise amorcée le jour de la naissance de son enfant : faire de lui quelqu'un de bien.

CHAPITRE 23

DEVENIR QUELQU'UN DE BIEN

L'enfant qui a été encadré sans complaisance, s'est actualisé, a évolué sous le regard attentif et lucide de son parent, et a vu émerger en lui un parent intérieur prêt à prendre le relais, en somme qui a franchi avec bonheur tous les stades que nous avons décrits, s'apprête-t-il à devenir quelqu'un d'une envergure peu commune, capable des plus grandes réalisations et animé par les sentiments les plus nobles? L'observateur verra-t-il éclore un super enfant à mi-chemin entre l'héroïsme et la sainteté? Non, car l'enfant conscient ne participe ni de l'un ni de l'autre. Il sera certainement capable de réalisations relevées et d'accomplissements dignes de mention, mais il ne sera pas nécessairement destiné à se hisser aux plus hauts échelons de l'échelle sociale, à repousser les limites de la connaissance dans son champ de compétence, à réécrire le livre des records dans sa discipline de prédilection, à s'illustrer dans le domaine des arts ou à laisser son nom dans l'histoire.

La conscience favorise le développement des aptitudes, mais elle ne crée pas le génie. Elle pave la voie à l'excellence, elle ne produit pas le champion. Elle peut même faire obstacle à la réussite si le chemin qui y mène passe par la voie de l'inadaptation. La marche vers les plus hauts sommets, aussi grisante soit-elle, pourra difficilement être menée à terme si elle exige des attitudes préjudiciables à soi-même ou aux autres. Le témoin intérieur sera là pour rappeler à l'enfant en soi que l'idéal doit être au service du développement personnel et non l'inverse.

Par ailleurs, l'association de la conscience à la volonté de faire pour le mieux peut donner à penser que l'état de conscience, un peu comme l'état de grâce, conférera à l'enfant une allure de sainteté. Il n'en est rien. La confusion tient à une équivoque terminologique. L'enfant conscient est en effet un être raisonnable, mais pas dans le sens où bien des gens l'entendent, qui associent le raisonnable à la capacité de faire abstraction de ses besoins et de s'oublier facilement pour les autres. L'enfant conscient est raisonnable au sens où il peut tenir compte de sa raison, c'est-à-dire être raisonné par lui-même. Il a ses manies, ses travers et ses imperfections, comme n'importe quel enfant. Il a des besoins à satisfaire qu'il n'aime pas voir ignorés. Mais il peut être conduit sur le terrain de l'adaptation parce qu'au fond de lui-même il a un parti pris pour ce qui est le mieux. Cette orientation ne l'empêche pas de dévier régulièrement de sa route et de se perdre dans des excès aux antipodes de la sainteté. L'enfant conscient ne cherche pas à faire du bien (sainteté), mais plutôt à bien faire (adaptation).

Même si l'enfant a été initié très tôt à l'expérience de la conscience, puis révélé à lui-même de façon soutenue pendant de nombreuses années dans le contexte d'un investissement global approprié, il n'est pas un être parfait ou supérieur. Il est un être évolué. Le développement de l'interlocuteur intérieur qui caractérise l'état de conscience lui confère deux aptitudes, l'une cognitive, l'autre affective : la faculté de juger et la disposition à estimer. Plus que toute autre chose, ces deux aptitudes le singulariseront et témoigneront de sa qualité humaine.

La faculté de juger

Au-delà des habiletés à observer, à mémoriser, à manier un instrument ou un outil avec dextérité, à jongler avec les chiffres, à maîtriser le langage ou des abstractions, l'expression par excellence de la qualité intellectuelle d'un être humain est son aptitude à faire preuve de jugement. Le jugement ennoblit l'intelligence. À la différence des autres habiletés qui sont le résultat d'un apprentissage, elle est l'aboutissement d'un développement. On peut enseigner à un enfant à résoudre des problèmes d'une grande complexité, mais on ne peut lui inculquer la faculté de porter un bon jugement.

C'est la perspective qui permet le jugement. Plus une personne peut prendre du recul face à l'expérience qui se vit dans le moment présent, plus elle est apte à la considérer avec discernement. Or, la mise en perspective ne s'apprend pas. Il s'agit d'une disposition d'esprit que permet l'entrée en fonction du témoin intérieur de l'individu. Plus le parent intérieur est développé et plus l'état de conscience est permanent, plus la personne est en mesure de prendre en compte l'ensemble de la réalité et de porter des jugements éclairés.

Il y a une relation étroite entre la capacité de jugement et le développement personnel qui empêche de réduire cette faculté à une aptitude cognitive comme les autres. Sans elle, l'homme ne serait sur le plan intellectuel qu'un animal mieux outillé que les autres. Avec elle, il transcende sa condition animale. Son activité mentale n'a pas pour seule finalité de lui permettre de satisfaire aux exigences de l'espèce, elle est orientée en vue de déterminer ce qui est le mieux indépendamment de la pression intérieure des besoins.

Cette disposition peut transparaître graduellement chez l'enfant. Il est possible de la discerner quand sa réaction face à ses impulsions, aux sollicitations dont il est l'objet ou aux règles auxquelles il est appelé à se soumettre consiste à faire un pas en arrière et à considérer la réalité dans son ensemble. Il cherche à reconnaître ce qui le détermine et ce qui détermine les autres, et à arrêter ce qui convient le mieux selon sa situation affective et celle des autres. Il devient alors capable d'aller au-delà de la simple logique factuelle, ce qui constitue un progrès tout à fait exceptionnel. Au lieu de se limiter à mettre en relation les faits objectifs, tâche que peuvent faire les ordinateurs les plus performants, il élargit son regard pour inclure dans son évaluation la trame émotionnelle qui les sous-tend. Cette disposition à discerner ce qui échappe à l'observation directe par son caractère intangible constitue le fondement même du jugement.

Depuis des mois, un garçon vit dans l'attente fébrile d'expérimenter un nouveau manège au parc d'attractions. Il en parle régulièrement dans son entourage, frissonnant en imaginant les sensations qu'il vivra. Son frère est cependant loin d'être aussi enthousiaste. Le jour attendu arrive et les deux enfants font la course jusqu'au jeu en question. Le frère y parvient le premier et fait soudain montre d'une exultation spontanée à la vue du manège et à la perspective immédiate de s'y installer. Malheureusement, il ne reste qu'une place et il ne sera plus possible d'avoir accès à ce manège par la suite. Quelle est la meilleure décision?

Selon une logique factuelle, le premier arrivé devrait avoir préséance. À la rigueur, le parent pourrait s'en remettre au hasard en choisissant le participant à pile ou face, ou encore décider que si les deux ne peuvent y aller, alors personne n'ira. Mais s'il tient compte de la situation émotionnelle des deux enfants et qu'il estime le niveau de détresse que susciterait la privation, il arrivera à la conclusion qu'il n'y a aucune commune mesure entre la souffrance anticipée chez l'un et chez l'autre, et il tranchera en faveur de celui dont le besoin était le plus manifeste au départ. Il a alors fait preuve de jugement.

Cette capacité de prendre en compte les éléments plus intangibles de la réalité ne va pas de soi. Les enfants, lorsqu'ils atteignent l'âge de raison, ont d'ailleurs le réflexe d'aller en sens inverse. Ils introduisent à profusion des règles auxquelles il ne faut pas déroger, cherchent à tout objectiver, sont à l'affût de tout illogisme et ne manquent pas une occasion de pointer du doigt celui qui manque de rigueur dans ses explications. Ils réduisent la justice au respect d'équivalences quantitatives et qualitatives : « il en a plus que moi », « je l'ai dit le premier », « lui, il n'a pas été puni », « le sien est plus beau », etc. Il s'agit d'une réaction normale. Leur pensée commence à peine à se structurer et ils ont besoin de repères objectifs pour comprendre le monde et organiser leurs rapports avec la réalité. Plus l'accès à la conscience a été favorisé précocement, plus on verra rapidement l'enfant se dégager de l'objectivation à outrance et prendre en compte des éléments plus subjectifs dans son appréciation. Il fait alors ses premières armes en tant que personne apte à porter un jugement.

Le parent reconnaîtra que le passage de la conscience au jugement est en voie de se faire quand son enfant :

- s'abstient d'aborder un sujet parce qu'il sait qu'il suscitera un malaise chez son interlocuteur ;
- choisit un partenaire de travail en mettant de côté ses affinités naturelles parce qu'il sait qu'il sera plus productif ;
- opte pour une activité de préférence à une autre plus attrayante parce qu'il sait qu'elle convient mieux à ses aptitudes et qu'elle sera finalement plus satisfaisante ;
- décline une offre invitante parce qu'il sait qu'elle l'obligera envers quelqu'un en qui il n'a pas confiance,
- refuse de s'associer à une revendication en dépit de la pression exercée sur lui parce qu'elle ne tient compte que des besoins de ceux qui la soutiennent ;
- se désiste en faveur d'un autre enfant parce qu'il le sait davantage en besoin ;
- renonce à mettre en boîte un copain qui fait étalage d'une supériorité factice parce qu'il est plus sensible à sa détresse qu'agressé par sa vantardise ;

• achète un cadeau en fonction non pas de ce qu'il aurait envie d'acheter mais de ce que la personne a envie de recevoir.

Avec le temps, les enjeux émotionnels se complexifient et obligent l'enfant à prendre de plus en plus de recul pour distinguer toutes les facettes de la réalité. S'il est bien guidé dans son cheminement vers la conscience, la mise en perspective deviendra pour lui une seconde nature, une façon usuelle de réagir dans des situations qui lui commandent d'en appeler à son jugement. On verra alors se constituer quelqu'un dont les ressources intellectuelles ne se réduisent pas à des compétences cognitives, mais qui enrichissent sa qualité humaine et contribuent à faire de lui une personne bien. Quelqu'un qui évolue dans la vie avec le souci de faire ce qui est le mieux pour lui-même sans faire de tort aux autres, et le mieux pour les autres sans se faire du tort à lui-même. Quelqu'un dont le rapport avec la réalité est harmonieux parce qu'il demeure en permanence en contact avec elle et s'oriente en fonction de ses exigences. Il n'aura pas renié pour autant son univers d'enfant et partagera les mêmes intérêts que les autres jeunes de son âge. La seule réserve qu'il suscitera tient à ce que certains de ses camarades trouveront agaçant de ne pas le sentir communier à l'inconscience collective.

La réaction des adultes sera également partagée. Certains trouveront difficile de composer avec un enfant dont le parent intérieur est largement mis à contribution parce qu'ils n'auront pas facilement prise sur lui. Ils ne pourront pas simplement s'imposer d'autorité, mais devront justifier leurs positions, ce qui pourra être perçu comme un affrontement, voire une menace. D'autres, par contre, apprécieront de pouvoir trouver un interlocuteur crédible lorsqu'ils s'adressent à l'enfant. Et si la nature de l'échange leur permet d'avoir accès à son regard, ils feront une autre expérience agréable que permet assez rarement le contact avec un enfant : ils se sentiront considérés.

La disposition à estimer

Le développement du parent intérieur n'a pas que des retombées cognitives. En fait, sa propriété d'être le témoin de la réalité et de favoriser le jugement, toute importante qu'elle soit, ne demeure qu'une incidence. Elle ne renvoie pas à ce qui en constitue l'essence. Le parent intérieur s'expérimente d'abord comme une présence à soi-même. Il accompagne l'enfant en soi dans ce qui s'apparente à un dialogue intérieur permanent. L'éclosion de ce témoin se manifeste pour l'observateur extérieur par la transition vers une plus grande intériorité. L'enfant n'exprime plus d'emblée tout ce qu'il ressent, mais il le porte d'abord à l'attention de son témoin intérieur qui prend position face à l'expérience et détermine ce qui peut être exposé au regard d'un tiers.

L'indice que l'enfant évolue en ce sens est la difficulté croissante d'avoir accès directement à son expérience. C'est que son regard ne sert plus uniquement à exprimer ce qui est vécu, il peut aussi en être le témoin. Quand l'enfant commence à prendre une distance par rapport à lui-même, c'est le parent intérieur qui envahit le champ perceptuel. Le regard s'en trouve le premier modifié. Lui qui, en temps normal, est le véhicule privilégié de ce que vit l'enfant en devient le spectateur attentif. La passion et la quête qui y transitaient sont remplacées par la sensibilité et la disponibilité à soi-même. L'enfant en soi demeure en éveil, mais il agit à l'abri de son propre regard; celui-ci fait écran tout en lui retournant une image de lui-même à partir de laquelle il peut se construire intérieurement.

Lorsque le parent intérieur est ainsi aux commandes, le regard de l'enfant est toujours le même, qu'il soit tourné vers lui-même ou dirigé sur le monde extérieur. Celui qui s'attend à avoir accès au monde intérieur de l'enfant quand il le regarde dans les yeux a la surprise d'y trouver plutôt le reflet de lui-même. Il se voit exister dans les yeux de l'enfant. C'est cette capacité d'avoir accès à un regard sur lui-même qui rend l'enfant apte à se donner du sens et lui permet de s'affranchir au moins partiellement de sa condition originelle de dépendance affective.

L'enfant n'est plus seul. Il est en relation étroite avec un interlocuteur qui est concerné par ce qu'il voit et lui donne l'occasion de faire l'expérience d'un sentiment nouveau, inaccessible à ceux chez qui cette différenciation intérieure (parent-enfant) ne s'est pas effectuée : il s'agit de l'estime de soi.

Contrairement à ce que soutiennent parfois certains ouvrages de psychologie populaire, l'estime de soi ne se calcule pas. On dit des personnes qui ont tendance à se dévaloriser ou à avoir peu confiance en elles-mêmes qu'elles manquent d'estime de soi, qu'elles doivent augmenter cette estime en se valorisant. Or, l'estime que l'on porte à soi-même ne fluctue pas ainsi en fonction des actes de valorisation. Un individu a beau déployer des efforts méritoires et réaliser accomplissement sur accomplissement, s'il ne dispose pas d'une référence intérieure habilitée à reconnaître sa qualité comme personne, il demeurera incertain de sa valeur personnelle et cherchera continuellement à la faire confirmer. À l'inverse, une personne peut se tenir à distance des réalisations spectaculaires et éprouver une solide estime d'elle-même qui lui permet d'évoluer sereinement, sans être à la remorque des appréciations extérieures.

La disposition à éprouver du respect et de la considération pour soi-même comme pour les autres est intimement liée à l'avènement du parent intérieur. À partir du moment où l'enfant se trouve sous son propre regard, il devient capable de reconnaître en lui-même quelqu'un de bien. Ce constat, lorsqu'il est effectif, induit le sentiment dont on rend compte par la notion d'estime de soi.

Ce sentiment n'est certainement pas présent chez l'enfant qui passe son temps à se vanter d'être meilleur que les autres. Lorsqu'une personne ressent la nécessité de clamer sa supériorité à tout moment, c'est qu'elle cherche à pallier son incertitude intérieure par une confirmation extérieure ; en conséquence, elle ne dispose pas d'une grande estime d'elle-même.

L'estime de soi ne se traduit pas non plus par un état d'euphorie permanente. Les expériences de grandeur exaltantes sont occasionnelles et toujours engendrées par une expansion de l'enfant en soi, à la suite d'une réalisation qui repousse les limites de l'idéal personnel ou d'un échange relationnel avec une personne qui nous fait participer à l'idéal qu'elle incarne. On ne retrouve pas ce caractère d'ampleur émotionnelle dans l'estime de soi.

Celle-ci s'expérimente davantage comme une attitude face à soi-même. On la reconnaît aux égards qu'une personne a pour elle-même. Une personne qui a de l'estime pour elle-même est d'abord une personne qui se traite bien. Il n'y a pas de corrélation entre les réalisations ou les accomplissements d'un individu et le degré d'estime qu'il porte à lui-même. Avoir de l'estime pour soi-même, c'est compter sur une présence intérieure qui est toujours là pour nous rappeler qu'on est quelqu'un qui mérite considération, pour s'assurer qu'on le demeure et pour veiller à ce qu'on se traite comme tel, peu importe que l'on soit seul ou devant des milliers de personnes.

Une personne qui a une bonne estime d'elle-même a le souci de se présenter d'une manière qui la met en valeur, à ses propres yeux d'abord, à ceux des autres en second lieu. Elle se mobilise pour s'actualiser au meilleur de son potentiel, mais ne s'oblige pas à outrepasser indûment ses limites personnelles au nom d'une cause ou pour satisfaire à un idéal. Elle se contraint à faire ce qui est le mieux quand elle le peut, que cela lui plaise ou non, même quand elle se trouve à l'abri des regards extérieurs. Elle s'abstient de se mettre en évidence si ce qu'elle est dans un contexte donné ne correspond pas à ce qu'elle sait pouvoir être, par exemple quand les conditions sont défavorables pour engager une relation ou pour accomplir une performance. Elle tient à distance les personnes qui manifestent une attitude réductrice à son endroit, qui la traitent comme si elle était moins que ce qu'elle est pour pouvoir maintenir l'illusion qu'elles sont ce qu'elles voudraient être. Elle ne se livre pas à quelqu'un dont le parent intérieur n'est pas suffisamment développé pour qu'elle puisse attendre de lui une considération comparable à celle qu'elle s'accorde à elle-même.

Les gens qui vont entrer en relation avec cette personne peuvent avoir accès au même regard et aux mêmes égards. S'ils se présentent comme estimables, ils seront estimés. Dans le cas contraire, ils verront son regard s'éteindre et seront désinvestis ; les échanges demeureront convenables, mais ils seront maintenus à un niveau superficiel.

C'est cette disposition qu'on s'attend à voir progressivement se détacher des autres caractéristiques personnelles et devenir, avec le jugement, un des principes directeurs du fonctionnement de l'enfant. Lorsqu'un parent commence à observer qu'au-delà des récriminations, des excès d'humeur et des argumentations, son enfant, une fois renvoyé à lui-même, en vient toujours à nuancer ses jugements, à faire preuve de discernement dans ses décisions, à prendre le parti de se respecter quand il y a lieu de le faire et à tenir compte des gens avec lesquels il est en relation, alors ce parent est en droit de considérer que le relais du témoin est en voie de s'effectuer et que la relève intérieure est assurée.

S'il peut tenir fermement le gouvernail pendant que son enfant traverse les eaux tumultueuses de l'adolescence, il verra émerger au terme de cette phase un jeune adulte mature qui maîtrise sa destinée parce qu'il évolue en permanence sous l'éclairage d'un regard intérieur lucide et attentif, à la fois guide et confident.

CONCLUSION DE LA CINQUIÈME PARTIE

LA MÉTAMORPHOSE DE L'ENFANT

Nous voici en mesure de mieux apprécier la distance qui sépare l'enfant dont le fonctionnement est totalement déterminé par les récompenses et les punitions de celui pour qui elles ne sont que des incitations temporaires à aller dans le sens de ce qu'il considère de toute façon comme le mieux. La différence entre l'enfant dont le parent vise à développer la conscience et celui qu'il se contente de conditionner n'apparaît pas évidente à prime abord, puisque les deux se montrent sensibles à la perspective d'être récompensés ou punis. Il faut attendre qu'ils soient parvenus au terme de leur développement pour avoir une vision plus nette de ce qui les distingue.

Chez l'enfant en instance de devenir un être conscient, le témoin intérieur se constitue à l'abri des regards, un peu comme le papillon dans son cocon. Une fois arrivé à maturité, cet enfant se libère des contraintes du renforcement ou de la dissuasion, devenus des moyens anachroniques. Il prend son fonctionnement en charge en abordant la réalité en perspective, avec tout le recul nécessaire. De son côté, l'enfant chez qui aucune transformation intérieure n'a eu lieu demeure au ras du sol, prisonnier d'une logique qui ne va pas au-delà du gain immédiat ou de la menace imminente.

C'est cette métamorphose intérieure qui permet à l'enfant de devenir un être achevé. Lorsqu'elle est réussie et que le regard de l'enfant
sur lui-même devient pleinement fonctionnel, alors le temps est venu
pour celui ou celle qui lui a donné vie de se retirer, ayant fait naître un
parent chez lui auquel il peut relayer le témoin.

Conclusion générale

L'exploration des multiples facettes du rôle parental démontre largement qu'être parent ne peut se réduire à une fonction de soutien ou d'entretien. Ce rôle renvoie plutôt à un état qu'il n'est possible d'incarner qu'au terme d'un cheminement personnel indépendant du fait même d'avoir un enfant et qui permet de devenir agent de croissance pour soi-même et les autres. C'est la disposition intérieure dans laquelle une personne se trouve plus que le rôle social associé à la condition de parent qui caractérise le parent véritable. En ce sens, il est possible d'avoir un enfant sans être un parent et, à l'inverse, de ne pas avoir d'enfant et de pouvoir quand même faire preuve d'une attitude parentale.

Cette perspective aide à comprendre l'échec de certains parents en dépit de leurs efforts éducatifs louables. Au lieu de se demander si le père et la mère de l'enfant ont été de bons ou de mauvais parents et de s'engager sur un terrain qui mène à la conclusion qu'ils ne peuvent en rien être tenus responsables du sort de leur enfant, il faut plutôt se demander si ce père et cette mère ont été des parents ou non. Et si, au-delà de leur compétence à gérer le quotidien, la position qu'ils ont tenue dans la relation avec leur enfant leur a permis de se proposer comme agent de son développement.

Il n'est pas question ici de culpabiliser les parents, mais plutôt de les sensibiliser à l'importance d'aller au-delà de l'évidence, qui confine la position parentale à une condition biologique. Cette position doit plutôt être reconnue pour ce qu'elle est dans son essence : l'expression par excellence de la qualité humaine. Elle permet au parent de construire un pont permanent entre l'expérience de son enfant et le regard qu'il projette sur celle-ci.

C'est cependant un engagement exigeant. Le parent qui y souscrit aura probablement l'impression que son fonctionnement est régi par le principe des vases communicants : plus son enfant apparaîtra épanoui aux yeux du monde, plus il se sentira épuisé. Il sera parfois enclin à envier la joie de vivre d'autres parents, perdant de vue que s'il ne peut exprimer la sienne avec autant d'enthousiasme, c'est parce qu'il a fait en sorte que son enfant en soit porteur. Être parent, avec soi-même comme avec ceux qui sont exposés à notre rayonnement, c'est d'abord être conscient. Or la conscience est un état qui ne fait pas bon ménage avec l'insouciance qui fonde souvent, dans le quotidien, l'entrain et la bonne humeur, comme elle se marie mal avec les épanchements à ciel ouvert. En contrepartie, la conscience est la voie privilégiée vers la santé mentale. Elle permet de faire mentir l'adage qui soutient : « Lorsque les enfants sont petits, ce sont de petits problèmes ; lorsqu'ils sont grands, ce sont de grands problèmes. »

Et l'affection dans tout ça ?

Tout au long de cet ouvrage, nous avons fait abstraction d'une dimension relationnelle et émotionnelle que d'aucuns considèrent pourtant comme essentielle dans la position parentale. Il s'agit de l'affection du parent pour son enfant ou, en termes plus appuyés, l'amour parental. Cette dimension serait-elle absente de l'état de conscience qui caractérise le parent ? Serait-elle négligeable ou insignifiante ?

Nous avons insisté sur l'importance d'encadrer les excès pulsionnels de l'enfant dans toutes leurs expressions, de favoriser son actualisation, de lui donner du sens de manière à ce qu'il puisse constituer son identité et de le révéler à lui-même pour en faire un être conscient. Mais nulle part il n'a été question explicitement de l'affection que le parent doit manifester à son enfant. Ne serions-nous pas passés à côté de l'essentiel?

Si l'affection n'a pas été abordée en tant que thème majeur, c'est parce qu'elle n'a pas de consistance propre. Elle est ce dans quoi baigne tout le reste. On ne donne pas *de* l'affection à un enfant, on lui donne *avec* affection des soins, des valeurs, du sens, de la conscience, etc. Dans cette perspective, l'affection sous-tend tous les thèmes abordés.

L'affection ne se réduit pas aux effusions de tendresse auxquelles elle conduit parfois et qui répondent sans doute aussi bien au besoin de celui dont elles émanent qu'au besoin de leur destinataire. Dans son expression la plus dépouillée, l'affection est d'abord un témoignage des yeux ou, plus précisément, du regard. La personne l'éprouve pour la première fois vis-à-vis d'elle-même lorsque son parent intérieur se tourne vers l'enfant vulnérable en elle et accueille sa peur de vivre en lui faisant ressentir qu'il n'est plus seul. Elle l'éprouve plus tard quand elle retrouve cette même vulnérabilité chez le petit être qui prend vie devant elle.

Dans le contexte de la relation parent-enfant, l'affection peut ainsi se définir comme le regard sensible que le parent porte sur la difficulté d'être enfant. C'est ce regard qui donne sa couleur singulière à chacun de ses gestes et qui permet à son enfant de ressentir que son parent est avec lui et non contre lui, même dans les moments d'affrontement. Ce regard est la seule expression de l'amour qui soit sans attente parce qu'il exprime une disponibilité et non un besoin.

En ce sens, accéder au niveau de développement qui permet de devenir parent, c'est davantage que devenir agent de croissance ; c'est acquérir la propriété d'aimer. Et cette disposition est, tout compte fait, le plus bel héritage à transmettre à un enfant.

Table des matières

TROISIÈME PARTIE
LA MARCHE VERS L'ACTUALISATION

CINQUIÈME PARTIE
L'ÉMERGENCE DE LA CONSCIENCE

IMPRESSION
IMPRIMERIE GAGNÉ

IMPRIMÉ AU CANADA